集人文社科之思　**刊**专业学术之声

集刊名：日本文论

主办单位：中国社会科学院日本研究所

主　　编：杨伯江

执行主编：唐永亮

COLLECTION OF JAPANESE STUDIES

编辑委员会

名誉编委

武　寅　刘德有　〔日〕米原谦　〔日〕滨下武志

编　　委（按姓氏笔画排序）

王　伟　王新生　汤重南　孙　歌　刘江永　刘岳兵　刘晓峰

吕耀东　李　薇　杨伯江　杨栋梁　宋成有　张季风　张建立

吴怀中　尚会鹏　周维宏　胡　澎　胡令远　赵京华　高　洪

徐　梅　唐永亮　崔世广　韩东育　董炳月

编　辑　部

唐永亮　叶　琳　李璇夏　陈　祥　张耀之　孟明铭

2019年第1辑（总第1辑）

集刊序列号：PIJ-2019-365

中国集刊网：www.jikan.com.cn

集刊投约稿平台：www.iedol.cn

COLLECTION OF JAPANESE STUDIES

日本文论

1 **2019**
（总第1辑）

杨伯江　主编

社会科学文献出版社
SOCIAL SCIENCES ACADEMIC PRESS (CHINA)

主编寄语

　　《日本文论》是由中国社会科学院日本研究所主办、日本学刊杂志社承办、社会科学文献出版社出版发行的学术集刊，于2019年6月创刊发行。《日本文论》是日本学刊杂志社旗下学术期刊《日本学刊》的姊妹刊，我们对这两种出版物的基本定位是"相互关联、互为补充、各具优长、相得益彰"。

　　《日本文论》的所谓"文论"，非狭义"文艺理论"之简称，而取广义的"以文议论"之意涵。相对学刊侧重关注日本政治外交、经济社会等前沿动态和战略研究，文论以"长周期日本"为研究对象，秉承我所重视基础研究的传统，借鉴曾创办学术期刊《日本问题资料》的经验，通过长时段、广视域、深层次、跨学科研究，深刻透析日本，广泛涵盖社会、文化、思想、政治、经济、外交及历史、教育、文学等领域。

　　《日本文论》强调中国问题意识与全球视野。21世纪的国际关系及其研究空前复杂而丰富，国别研究学科化、区域研究立体化、特殊研究普遍化趋势明显，日本研究需要放到更宏大的体系中加以定位与把握，才能更好地服务于中国的经济社会发展与改革开放事业。

　　《日本文论》立足基础研究，关照重大问题，兼顾交叉、边缘以及新兴学科，注重刊发具有全球和区域视角的综合性比较研究成果，尤其是论证深入而富于启迪的厚重成果；注重刊发应用人文社科基础理论的学理性文章，特别是以问题研究为导向的创新性研究成果。

　　《日本文论》将依托日本学刊杂志社，充分利用编辑团队的办刊运营经验，努力为学界同仁打造继《日本学刊》之后又一个理想的发文平台，推动中国特色日本研究学科的进一步发展。祈望业内专家为本刊惠赐优秀作品。

杨伯江

2019年6月

目　录

理论探讨　平成时代研究

平成时期日本的社会变迁

　　——从瓦解走向重构 ……………………………………… 王　伟 / 1

社会史·文化史

中日文化交流中的道文化东传问题（上） ……………… 蒋立峰 / 32

21 世纪初期日本的文化战略探析 ……………………… 崔世广 / 58

中国的日本哲学思想史研究如何从朱谦之"接着讲"

　　——纪念朱谦之先生诞辰 120 周年 ……………… 刘岳兵 / 102

政治史·外交史

近代日本国粹与国际的路线之争 ……………………… 周颂伦 / 148

冷战时期中国的外交战略与对日政策 ………………… 归泳涛 / 162

经济史

有泽广巳经济思想及其对战后日本经济体制的影响

　　——兼谈政府主导型经济发展模式对赶超型现代化国家的利与弊

　　…………………………………………………………… 王新生 / 181

海外日本研究

日本环境文学研究的历史发展脉络 …………… ［日］野田研一 / 198

钓鱼岛问题的历史考察

　　——以中华民国驻长崎领事的"感谢状"的分析为中心

　　……………………………………………… ［日］村田忠禧 / 213

CONTENTS

Theoretical Discussion: Studies on Heisei Period

Japan's Social Changes in the Heisei Period

   —*From Disintegration to Rebuilding*   *Wang Wei* / 1

Social History · Cultural History

The Spread of Taoist Culture in China-Japan Cultural Exchanges（I）

                                 Jiang Lifeng / 32

Japan's Cultural Strategy in the Early Twenty-first Century   *Cui Shiguang* / 58

How to Have "Carrying-on Narration" on the History of Japanese

   Philosophical Thoughts in the Light of Zhu Qianzhi

     —*Commemorating the 120th Anniversary of Zhu Qianzhi's Birth*

                                 Liu Yuebing / 102

Political History · Diplomatic History

The Controversy between Nationalism and Internationalism in

   Modern Japan   *Zhou Songlun* / 148

China's Foreign Strategy and Japan Policy in the

   Cold War Era   *Gui Yongtao* / 162

Economic History

The Economic Thoughts of Arisawa Hiromi and Its Impact on Japan's

   Economic System in the Postwar Era

     —*The Advantages and Disadvantages of Government-led Economic*

     Development Model for Catching-up Countries   *Wang Xinsheng* / 181

Overseas Japanese Studies

The Historical Development of Japan's Study of Environmental

Literature   *Noda Kenichi* / 198

A Historical Review of Diaoyu Island Issue

—*Centre on the Letter of Thanks from the Chinese*

Consul in Nagasaki   *Murata Tadayoshi* / 213

《日本文论》（总第 1 辑）
第 1～31 页
© SSAP，2019

平成时期日本的社会变迁

——从瓦解走向重构

王　伟

内容提要：二战后日本形成的社会体系在平成时期出现重大变化，从瓦解走向重构。少子老龄化导致人口结构失衡，人口红利消失殆尽，人口负债成为日本经济发展的沉重负担，日本开始重新定义"老年人"。同时，结婚率下降、女性劳动参与率上升、单身家庭增多等因素带来的个体化和多样化，使战后日本家庭模式发生改变，面临加强维护或更加多样化发展的选择；雇佣的流动化使非正式员工增多，调转工作员工比例上升，日本型雇佣体系难以为继，劳动就业体系向灵活多样方向转变。日本长期忽视泡沫经济崩溃后出现的收入差距问题，导致差距扩大、贫富分化，中流社会演变为"格差社会"。工作方式改革或将在缓解社会不平等方面有所作为。

关 键 词：平成时期　个体化　多样化　流动化　少子老龄化　贫富分化

作者简介·王伟，中国社会科学院日本研究所研究员。

随着明仁天皇的退位，日本持续 30 年的"平成"时代落下帷幕，新年号为"令和"。二战后日本的天皇成为一种象征，天皇的退位或即位以及年号的更改都不会给日本内政外交及民众生活带来实质性的改变。从这个意义上说，年号不过是划分一个时期的符号，"平成"的落幕为我们回顾和总结 20 世纪 90 年代以来的日本提供了一个契机。在这 30 年的时间里，世界发生了冷战结束、经济国际化及全球化、金融危机、反全球化等重大事件，日本国内也发生了泡沫经济崩溃、"1955 年体制"终结、阪神大地震、东日本大地震等大事件。这些发生在平成时期的标志性事件，给"平成"打上时代的烙印。在此大背景下，平成时期的日本社会在很多方面也发生了巨大变化，值得我们关注和研究。

研究分析平成时代的日本社会有多种角度，社会变迁视角不过是其中之一。所谓"社会变迁"，就是社会结构的变迁①，指社会结构诸要素的运动、变化和发展②。由于篇幅的关系，本文在社会结构诸要素中选取人口、家庭、劳动就业及阶层收入等几个有代表性的社会领域，分别用"少子老龄化""个体化和多样化""雇佣的流动化""贫富分化"等关键词，对平成时期的日本社会变迁进行分析探讨。"社会变迁是社会体系根据外部环境变化或内部因素变化而进行结构重建，在新的社会结构下实现更高层次的功能。"③ 标题中的"瓦解"和"重构"正是指二战后日本在上述几个领域形成的社会体系已发生重大改变，正在向新的体系转换。

一　人口少子老龄化——重新定义"老年人"

人口是社会结构中的核心要素，人口及其变迁一直是被广泛关注的社会结构的基本问题。④ 平成时期日本社会经历的最大变化就是人口变化，具体说就是少子化带来的少儿人口（0~14岁）减少，老龄化带来的老年人口（65岁及以上）剧增，总人口规模缩小。日本人口老龄化和少子化起始于20世纪70年代，进入平成时期以后进一步加剧，成为日本社会的重大课题。

（一）少子老龄化进展

1. 人口老龄化程度严重

1970年日本的老龄化率达到7.1%，日本开始进入老龄化社会；1994年老龄化率达到14.1%，日本正式进入老龄化社会；2007年老龄化率达到21.5%，日本进入了超老龄社会。日本不仅是最早迈入老龄化社会的亚洲国

---

① 富永健一『社会構造と社会変動—近代化の理論—』、岩波書店、1987年、35頁。
② 陆学艺等：《社会结构的变迁》，北京：中国社会科学出版社，1997年，第1页。
③ 富永健一『行為と社会システムの理論』、東京大学出版会、1995年、215頁。
④ 陆学艺等：《社会结构的变迁》，第1页。

家，也是世界范围内率先进入超老龄社会的国家。截至 2019 年 1 月，日本老龄化率达 28.2%，[①] 是世界上老龄化程度最为严重的国家。另外，从 65 岁及以上的老年人口数量来看，1979 年超过 1000 万人，1998 年超过 2000 万人，2012 年超过 3000 万人，[②] 截至 2019 年 1 月达 3562 万人[③]，日本进入未曾有的超老龄时代。

日本人口平均年龄[④]在二战后逐渐增长，进入平成时期后增长速度明显加快。在 1947 ~ 1989 年的 42 年里由 26.6 岁上升到 37.2 岁，平均每年上升 0.25 岁，而在 1989 ~ 2016 年的 27 年里由 37.2 岁上升到 46.7 岁，平均每年上升 0.35 岁。年龄中位数[⑤]在 1947 ~ 1989 年由 22.1 岁上升到 37.0 岁，年均上升 0.35 岁，在 1989 ~ 2016 年由 37.0 岁上升到 47.1 岁，年均上升 0.37 岁。老年抚养比在 1947 ~ 1989 年从 8.0% 上升到 16.7%，上升 8.7 个百分点，在 1989 ~ 2016 年从 16.7% 上升到 45.2%，上升 28.5 个百分点。老化指数（老少比）在 1947 ~ 1989 年由 13.6% 上升到 61.7%，在 1989 ~ 2016 年由 61.7% 骤升到 219.2%。[⑥] 从这几个反映老龄化程度的指标来看，平成时期日本人口老龄化速度明显加快。

2. 出生率持续下降，人口减少

考察少子化情况有两项指标非常重要，一是总和生育率，二是少儿人口占比。总和生育率是衡量妇女生育水平的综合指标，它着眼于一定时期内（一年）的生育状况，是一年内妇女（15 ~ 49 岁）生育率的总和。如果总和生育率长期且持续低于人口更替水平，那么该国家或地区就进入了少子化

---

① 総務省統計局『人口推計　2019 年（平成 31 年）1 月報一』、http：//www. stat. go. jp/data/jinsui/pdf/201901. pdf ［2019 - 02 - 10］。

② 国立社会保障・人口問題研究所『日本の将来推計人口（平成 29 年推計）』、http：//www. ipss. go. jp/pp - zenkoku/j/zenkoku2017/db_zenkoku2017/s_tables/app1. htm ［2019 - 02 - 10］。

③ 総務省統計局『人口推計—2019 年（平成 31 年）1 月報一』、http：//www. stat. go. jp/data/jinsui/pdf/201901. pdf ［2019 - 02 - 10］。

④ 平均年龄是反映一定时间总人口年龄水平的指标。平均年龄逐渐提高，表明人口在逐渐老化；平均年龄逐渐降低，表明人口在逐渐年轻化。

⑤ 年龄中位数是将全体人口按照年龄大小顺序排列，居于中间位置的那个年龄。年龄中位数越高，人口老化程度越高。

⑥ 国立社会保障・人口問題研究所『人口統計資料集（1989）』、http：//www. ipss. go. jp/syoushika/bunken/data/pdf/J08464. pdf；『人口統計資料集（2018）』、http：//www. ipss. go. jp/syoushika/tohkei/Popular/Popular2018. asp? chap = 0 ［2019 - 01 - 25］。

阶段。日本总和生育率在二战后初期高达4.54，20世纪50年代后大幅下跌，1960年跌至2.0，"丙午之年"的1966年下降到1.58。此后10年左右的时间，总和生育率基本维持在人口更替水平附近，在石油危机之后的1974年则下降到更替水平之下。从此日本总和生育率一蹶不振，1995年跌破1.5关口，落入"低生育率陷阱"；2003年下降到1.3以下的极低生育率水平，陷入超少子化困境；2005年低至1.26，成为日本战后最低水平；2006年后有所回升，2017年为1.43，仍处于超少子化水平。[①] 生育率长期处于低位，导致另一少子化的指标，即少儿人口占总人口比例下降。二战后初期的1947年，该指标为35.3%，1997年降低至15.3%，与老年人口比例（15.7%）发生逆转，至2018年12月已降至12.2%。[②]

进入平成时期的少子老龄化的进展使日本人口发展由增加转为减少。明治维新以后，日本人口进入快速发展通道。从明治元年的1868年到二战结束的1945年，在近80年时间里，日本总人口从3400万人增长到7200余万人，[③] 增长了1倍多。战后日本人口持续增长，1967年突破1亿大关。20世纪70年代中期后，日本人口进入缓慢增长阶段，在平成20年即2008年达到峰值12808.4万人。2009年后日本进入人口减少时代，到2018年末日本人口为12632万人。[④] 至此，日本总人口已连续10年减少，较人口高峰期减少了176万余人。在人口惯性的作用下，日本人口势头（population momentum）已由增长转为减少[⑤]，而且这种趋势难以在短期内扭转。根据日本国立社会保障与人口问题研究所推算，日本总人口今后将进入长期缩减过程，2053年将减少到1亿人以下，为9924万人，2065年将进一步减少到8800余万人。[⑥]

---

① 王伟：《日本少子化进程与政策应对评析》，《日本学刊》2019年第1期。

② 総務省統計局『人口推計—2019年（平成31年）1月報—』、http：//www. stat. go. jp/data/jinsui/pdf/201901. pdf ［2019 - 02 - 10］。

③ 国立社会保障·人口問題研究所『人口統計資料集（2017改訂版）』、http：//www. ipss. go. jp/syoushika/tohkei/Popular/Popular2017RE. asp？chap＝0 ［2019 - 02 - 10］。

④ 総務省統計局『人口推計—2019年（平成31年）1月報—』、http：//www. stat. go. jp/data/jinsui/pdf/201901. pdf ［2019 - 02 - 10］。

⑤ 石井太「人口モメンタム」、人口学研究会編『現代人口辞典』、原書房、2010年、168 - 169頁。

⑥ 国立社会保障·人口問題研究所『日本の将来推計人口—平成29年推計—』、http：//www. ipss. go. jp/pp - zenkoku/j/zenkoku2017/pp29_ReportALL. pdf ［2019 - 02 - 10］。

3. 人口结构失衡

在少儿人口减少和老年人口持续增长的同时，劳动年龄人口（15～64岁）开始减少，日本人口结构进入长期失衡状态。首先，根据日本国立社会保障与人口问题研究所在 2015 年人口结构基础上进行的推算，日本少儿人口在 50 年后的 2065 年将减少到 898 万人左右，100 年后的 2115 年将减少到 520 万人，其占总人口的比重将从 2015 年的 12.5% 下降到 2065 年的10.2%，2115 年维持在 10.3% 水平。[①] 其次，日本劳动年龄人口在二战后持续增长，1995 年达到峰值的 8726 万人，此后转为减少，在 2015 年国势调查时为 7728 万人。根据日本国立社会保障与人口问题研究所的推算，日本劳动年龄人口将在 2040 年和 2056 年分别跌破 6000 万人和 5000 万人，2065年将减少到 4529 万人，2115 年将减少到 2592 万人。相应的，劳动年龄人口占总人口的比重将从 2015 年的 60.8% 持续下跌，2065 年降至 51.4%，2115 年后维持在 51.3%。[②] 相比之下，老年人口将在 2015 年 3387 万人的基础上继续增加，2030 年达 3716 万人，2042 年达到高峰的 3935 万人，此后进入减少阶段，2065 年降到 3381 万人，2115 年进一步降到 1943 万人。但由于同期少儿人口和劳动年龄人口的减少，老年人口比例仍将持续上升。老年人口比例 2015 年为 26.6%，平均不到 4 个人中就有 1 位老年人，到 2036年将上升到 33.3%，即每 3 个人中就有 1 位老年人，2065 年老年人口比例将进一步上升到 38.4%，2115 年仍然保持高比例。[③] 人口结构失衡问题将长期困扰日本。

（二）进入"第二次人口转变"阶段

日本面临的少子老龄化和人口减少问题，不仅是人口规模和年龄结构的变化，本质上是涉及人口发展模式和人口发展规律的长期人口变动问题。经典人口转变理论（classic demographic transition theory）是人口学领域最重要的

---

① 国立社会保障・人口問題研究所『日本の将来推計人口—平成 29 年推計—』、http://www. ipss. go. jp/pp - zenkoku/j/zenkoku2017/pp29_ ReportALL. pdf［2019 - 02 - 10］。
② 国立社会保障・人口問題研究所『日本の将来推計人口—平成 29 年推計—』、http://www. ipss. go. jp/pp - zenkoku/j/zenkoku2017/pp29_ ReportALL. pdf［2019 - 02 - 10］。
③ 国立社会保障・人口問題研究所『日本の将来推計人口—平成 29 年推計—』、http://www. ipss. go. jp/pp - zenkoku/j/zenkoku2017/pp29_ ReportALL. pdf［2019 - 02 - 10］。

理论，是对人口长期变动中死亡率、出生率由高水平向低水平转变的过程、特点、主要阶段和演变规律进行的概括与总结。人口转变理论基于法国学者兰德里（Landry）对欧洲人口转变过程的描述，经美国学者汤普森（Warren Thompson）、诺特斯坦（Frank Notestein）等人进一步完善和系统化。人口转变是指人口发展从前现代社会的高出生率、高死亡率、低自然增长率经过高出生率、低死亡率、高自然增长率向现代社会的低出生率、低死亡率和低自然增长率转变的过程，更替水平的生育率标志着人口转变过程的结束。[①]

从人口长期变动来看，日本在明治维新之前人口增长较为缓慢，江户时代后期出生率高，死亡率也高，人口曾一度停止增长。进入明治时代，出生率上升，死亡率平稳，平均寿命延长，人口发展进入增长通道。大正时代中后期，出生率、死亡率进一步下降，人口自然增长率保持较快发展趋势。二战后，日本人口出生率和死亡率都经历了快速下降的过程，人口自然增长率在初期激增后，进入平稳增长期，总和生育率总体上维持在更替水平以上或更替水平附近。这种局面大致维持到 20 世纪 70 年代中期。至此，日本完成了人口转变。

人口转变理论的基本假设是人口长期的大致平衡。也就是说，在死亡率下降打破高死亡率和高生育率的平衡以后，生育率会下降到另一个平衡点。维持人口平衡的生育率底线就是总和生育率约为 2.1（人口更替水平）。但人口生育率在实现人口转变以后并没有停止在更替水平，而是继续下降。这种趋势继续保持下去，人口的数量和结构都会发生根本性变化，人口数量会由增长转为负增长，人口结构将进一步老化。欧美等工业化国家的生育率在 20 世纪 60 年代末以后的十几年内几乎都降到了更替水平以下而进入低生育率时代。莱瑟吉（Lesthaeghe）和凡德卡（Van de kaa）把这种状况称为"第二次人口转变"（second demographic transition）[②]。

进入 20 世纪 80 年代后，日本人口死亡率缓慢上升，2007 年后一直高于人口出生率。总和生育率在 1974 年开始低于人口更替水平，之后一路下滑。人口自然增长率则从 70 年代中期开始持续下降，进入平成时期后下滑

---

① 参见杨菊华《人口转变与老年贫困》，北京：中国人民大学出版社，2011 年，第 16~17 页。
② 参见蔡泳《低生育率及其社会经济影响》，载梁在主编《人口学》，北京：中国人民大学出版社，2012 年，第 103~107 页。

趋势进一步加剧，2007 年陷入负增长。日本总人口在 2008 年达到峰值，2009 年起转入长期性减少趋势。可见，日本已经进入第二次人口转变阶段，支撑日本二战后经济高速发展的人口结构已完全改变，人口红利消失殆尽，人口负债成为日本经济发展的沉重负担。

（三）重新定义"老年人"

第二次人口转变给日本社会经济各个方面带来影响，日本已是死亡率高于出生率的"生少死多"的人口减少社会。德国学者考夫曼（Kaufmann）认为，人口规模和人口结构的变化必将给社会各个领域带来影响，导致社会经济处于收缩状态。[1] 日本的社会保障等社会制度建立于 20 世纪 60 年代人口增长期，如今人口规模缩小，人口结构失衡，日本需要做出制度调整和重建，以应对人口变化及其带来的社会经济影响。其中之一就是重新探讨定义"老年人"的起算年龄。

由于少子化对策难以立竿见影，日本开始在相对增加劳动年龄人口上动脑筋。近年来，日本出现了对"老年人"进行重新定义的迹象。按照世界卫生组织的意见，65 岁及以上人口为老年人口，目前世界上包括日本在内的绝大多数国家和地区以及联合国、世界银行等国际组织的人口统计都按此标准进行。最近日本学者提出，虽然大多数情况下 65 岁及以上人口被称为老年人口，但不过是方便划分年龄的一种说法，并不是统一的标准。[2] 日本老年学会、日本老年医学会于 2013 年成立了重新探讨老年人定义工作小组，从多个角度探讨如何定义"老年人"。最后依据老年人身心健康各种数据，认为现在的老年人与 10～20 年前的老年人相比，身体机能的老化要晚 5～10 年，"年轻化"显著，特别是被当作老年人的 65～74 岁的人群中大多数人身心健康，并积极参与社会活动。因此，日本老年学会、日本老年医学会于 2017 年 1 月提出重新对老年人进行划分，建议 65～74 岁为准老年人（pre-old），75～89 岁为老年人（old），90 岁及以上为超老年人（oldest-old、super-old）。[3]

---

[1]　カウフマン・フランツ－グザファー（Kaufmann and Franz－Xaver）、原俊彦・魚住明代訳『縮減する社会—人口減少とその帰結—』、原書房、2011 年、30 頁。

[2]　嵯峨座晴夫「高齢者」、人口学研究会編『現代人口辞典』、原書房、2010 年、57 頁。

[3]　日本老年学会・日本老年医学会「高齢者の定義と区分に関する提言（概要）」、https：//jpn－geriat－soc. or. jp/proposal/index. html#definition ［2018－12－02］。

　　还有学者尝试用"平均余寿等价年龄"（age at which the life expectancy is equivalent）指标来衡量老龄化水平，建议用这种新的方法来定义老年人，以应对今后的人口变动。[①]"平均余寿等价年龄"指与某特定基准年的特定年龄平均预期剩余寿命相同的另一年份的年龄，并可以认为这两个年龄群体的健康程度相同。如果将与基准年老年期起始年龄平均剩余寿命相同的其他年份的年龄定义为老年期起始年龄，就可以捕捉与基准年老年人健康程度相同的其他年份的老年人口。根据这一概念，如果将 1960 年日本 65 岁人群的平均剩余寿命作为基准，那么 2010 年日本老年期的起始年龄在 75 岁左右，2060 年与 1960 年 65 岁人群平均剩余寿命相同的年龄在 80 岁左右。如果用这种新的定义方法计算的话，那么目前及今后日本的老龄化率、老人赡养指数等老龄化指标都会降低一半以上。

　　日本不仅在学术上加强对老龄化、老年人进行重新定义，在法律法规及相关政策上也采取了相应措施。主要有两个方面：一是提高领取养老金的年龄，二是推迟退休的年龄。日本公共养老金主要有两种，一种是以自营业者、农民、学生等为对象的国民年金，另一种是以企业员工等为对象的厚生年金。提高领取养老金的年龄主要是针对后者。厚生年金由定额部分和薪酬比例部分组成，1994 年日本改革养老金制度，并从 2001 年分阶段将领取定额部分养老金的年龄提高到 65 周岁，后根据 2000 年的改革方案，从 2013 年起分阶段提高领取薪酬比例部分养老金的年龄，计划到 2030 年将领取养老金年龄都提高到 65 周岁。在此基础上，日本还在酝酿进一步提高领取养老金的年龄。2018 年 4 月日本财务省内设财政制度审议会财政制度分科会举行会议，讨论社会保障相关问题，认为从促进老年人就业、保证养老金制度的可持续发展等角度出发，需要探讨进一步提高领取养老金的年龄，并在会议资料中展示了从 65 周岁提高到 68 周岁领取养老金的变化情况。[②] 2018 年 2 月日本内阁通过了新的《老龄化社会对策大纲》，提出要研究提高养老金制度的灵活性，把延迟领取养老金年龄由

---

①　金子隆一「人口高齢化の諸相とケアを要する人々」、『社会保障研究』第 1 卷第 1 号、2016 年、76 – 97 頁。

②　財務省「社会保障について」、2018 年 4 月 11 日、https://www.mof.go.jp/about_mof/councils/fiscal_system_council/sub-of_fiscal_system/proceedings/material/zaiseia300411/01.pdf ［2018 – 12 – 02］。

目前的 66～70 周岁扩大到 70 岁以后，让老年人有更多的选择。① 厚生劳动省决定在 2019 年进行的养老金财政检验中测算 70 岁后领取养老金的支付水平。②

日本于 2006 年及 2013 年两度修改实施《老龄者就业安定法》，督促企业保证老年人就业。日本现行关于老年人就业的法律规定，禁止企业让不满 60 周岁的员工退休，同时要求企业采取把退休年龄提高到 65 周岁，或建立员工可以继续工作到 65 周岁的雇佣制度，或取消退休制等措施，保障员工可以工作到 65 周岁。截至 2017 年，日本 60～64 周岁男性就业率为 79%。③ 在此基础上，日本政府有关部门又提出实现"终生工作"（日语为"生涯现役"）社会的口号。厚生劳动省先后于 2013 年 6 月和 2015 年 6 月发表研究报告，提出为在人口减少的社会条件下保持社会活力、实现可持续发展，为老年人的愿望能够实现、过上富足的生活，要完善劳动就业环境，让 65 岁及以上有工作意愿的老年人无论年龄多大都能继续活跃在工作岗位，永不退休。④ 2018 年 10 月经济产业省向以安倍晋三首相为议长的"面向未来投资会议"提交报告，建议进一步改革雇佣制度，完善老年人发挥作用的环境，建立 65～70 岁老年人可选择多种就业形式的机制，逐步完善法律法规，实现终生工作的"永不退休"社会。⑤

提高领取养老金年龄与延迟退休相辅相成，提高领取养老金年龄有助于促进老年人就业，养老金保费也会增加，有利于保持和提高养老金支付水平，保证养老金制度的可持续发展。从这个角度讲，今后日本老年人标准很

① 内閣府『高齢社会対策大綱（平成 30 年 2 月 16 日閣議決定）』、https：//www8. cao. go. jp/ kourei/measure/taikou/h29-hon-index. html〔2018-12-02〕。
② 「公的年金、70 歳超から受給の給付水準試算へ」、『日本経済新聞』2019 年 3 月 14 日。
③ 内閣官房日本経済再生総合事務局『高齢者雇用促進及び中途採用拡大・新卒一括採用見直しに関する資料集一』、http：//www. kantei. go. jp/jp/singi/keizaisaisei/miraitoshikaigi/dai20/siryou2. pdf〔2018-12-02〕。
④ 厚生労働省『生涯現役社会の実現に向けた就労のあり方に関する検討会報告書』、2013 年 6 月、https：//www. mhlw. go. jp/stf/houdou/2r98520000034ttj-att/2r98520000034ty2. pdf〔2018-12-02〕；『生涯現役社会の実現に向けた雇用・就業環境の整備に関する検討会報告書』、2015 年 6 月 5 日、https：//www. mhlw. go. jp/file/04-Houdouhappyou-11603000-Shokugyouanteikyoku-Koyoukaihatsuka/0000088129. pdf〔2018-12-02〕。
⑤ 世耕弘成「生涯現役社会に向けた雇用制度改革と予防・健康インセンティブの強化（政策提言）」、2018 年 10 月 22 日、http：//www. kantei. go. jp/jp/singi/keizaisaisei/miraitoshikaigi/dai20/siryou9. pdf〔2018-12-02〕。

有可能由固定年龄转为动态年龄，不仅老龄化率等相关指标会随之发生改变，而且有利于有关老年人制度的制定和执行。

二　家庭的个体化和多样化——二战后家庭模式的改变

家庭变迁是家庭形态（构成、规模）、家庭结构（分工、权势、情绪）、家庭功能、家庭意识等各方面变化相互影响、相互制约的结果，可以从这些方面进行综合探讨，也可以从其中某个方面加以分析。[①] 本文从形态、结构等方面探讨日本家庭在平成时期发生的变化。

（一）二战后日本家庭模式变化

二战以后，日本制定了新宪法，1947 年又颁布了经过大幅度修改的民法（新民法），废除了专制的家长权和长子优先继承权，强调夫妻双方在婚姻、继承等问题上的权利平等。由此，日本传统"家"制度崩溃，日本家庭由直系家庭制走向夫妻家庭制。核心家庭（nuclear family）成为夫妻家庭制的主要家庭形态，典型的核心家庭指由一对夫妻及其未婚子女组成的家庭。[②] 随着战后日本经济的发展和社会保障制度的建立，日本核心家庭比例迅速上升。丈夫在外工作打拼、挣钱养家，妻子作为"专职主妇"操持家务、抚养子女，"男主外女主内"的家庭角色分工、父母与两个未婚子女构成的家庭成为战后日本的"标准家庭"和理想家庭。[③] 这种日本家庭被称为"家庭的战后体制"[④] 或"战后家庭模式"[⑤]。但在 20 世纪 70 年代后期，日本家庭情况发生了变化，进入平成时期后，这种变化进一步加剧。

1. 夫妻双职工家庭增多，专职主妇家庭减少

1980 年，日本夫妻中丈夫一人工作是主流，专职主妇家庭（丈夫工作妻子无业）为 1114 万户，夫妻双职工家庭仅为 614 万户。但从 20 世纪 80

---

① 森岡清美『発展する家族社会学—継承・摂取・創造—』、有斐閣、2005 年、262 頁。
② 在日本家庭户调查统计中，核心家庭包括三种类型：（1）由一对夫妻组成的家庭；（2）由一对夫妻及其未婚子女组成的家庭；（3）由父母中的一方与其未婚子女组成的家庭。
③ 袖井孝子『変わる家族変わらない絆』、ミネルヴァ書房、2003 年、15－18 頁、24－25 頁。
④ 落合惠美子：《21 世纪的日本家庭，何去何从》（第三版），郑杨译，济南：山东人民出版社，2010 年，第 79～80 页。
⑤ 山田昌弘『迷走する家族—戦後家族モデルの形成と解体—』、有斐閣、2014 年、118 頁。

年代开始，夫妻双职工家庭日益增多，进入平成时期后这种趋势更加明显。20 世纪 90 年代前半期两种家庭的数量互有高低，可视为角力期，1997 年夫妻双职工家庭数完全超过了专职主妇家庭数，此后更持续增加，两者差距进一步扩大。2017 年夫妻一方工作的家庭为 641 万户，夫妻双方工作的家庭上升到了 1188 万户（见图 1）。夫妻双职工家庭的增多源于以下几点。首先，日本女性的价值观发生变化，她们不再安于"男主外，女主内"的家庭角色分工，走出家门、参加工作的女性越来越多。其次，进入平成时期后日本少子老龄化加剧，劳动力人口减少，日本不断完善引导女性走向社会的法律法规和政策措施，女性的就业环境得到改善，促进了女性就业。再次，日本经济增长乏力，劳动就业体制发生改变，企业的终身雇佣制开始动摇，丈夫的工资收入上升幅度有限，妻子参加工作可以贴补家计。另外，人们的观念也发生了变化，根据日本国立社会保障与人口问题研究所的调查，赞成"丈夫工作妻子持家"这一夫妻角色分工的男性从 1992 年的 61.7% 减少到 2015 年的 30.7%，表示赞成的女性从 49.7% 减少到 28.6%。① 按照目前的发展趋势和日本促进女性就业政策的推进，今后夫妻双职工家庭会进一步增多，战后形成的夫妻分工模式将进一步改变。

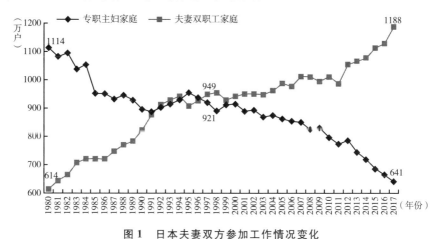

图 1　日本夫妻双方参加工作情况变化

资料来源：内閣府『男女共同参画白書　平成 30 年版』、http：//www. gender. go. jp/about_ danjo/whitepaper/h30/zentai/html/honpen/b1_ s03_ 01. html［2019 - 01 - 15］。

---

① 国立社会保障・人口問題研究所『第 15 回出生動向基本調査』、http：//www. ipss. go. jp/ps-doukou/j/db_15/db_15reportAPPENDIX. html［2019 - 01 - 22］。

2. 家庭规模缩小，单身家庭户增多

战后以来，随着夫妻家庭规范的确立和产业人口的流动，日本家庭规模缩小趋势明显。根据日本厚生劳动省发布的数据，20 世纪 50 年代初期，平均每个日本家庭的成员为 5 人，1960 年减少到 4.13 人，1970 年减少到 3.45 人，1980 年又减少为 3.32 人。进入平成时期后，随着生育率的持续下降，家庭规模进一步缩小，1992 年平均家庭成员下降到 3 人（2.99 人）以下，2017 年已减少到 2.47 人。[①]

随着家庭规模的缩小，家庭结构也发生了较大变化。进入平成时期以来，日本的三代同堂家庭数量呈持续下降趋势，近 30 年来降低了 8.4 个百分点，而单身家庭数量不断上升，占比由 20% 上升到 27%，增加了 7 个百分点。将核心家庭户数与单身户数做比较可发现，两者在平成时期呈现出不同的发展趋势，单身家庭数由以前的基本平稳转为上升，核心家庭数由上升转为基本平稳。但从构成核心家庭的类型看，由夫妻和未婚子女构成的典型核心家庭比例整体呈下降趋势，由 1989 年的 39.3% 下降到 2017 年的 29.5%，减少约 10 个百分点；而夫妻家庭的比例上升，由 16% 上升到 24%，上升 8 个百分点（见表 1）。可见，战后形成的典型家庭模式发生了动摇。

表 1　日本家庭结构变化

单位：%

年份	单身家庭	核心家庭	夫妻家庭	夫妻与未婚子女家庭	单亲与未婚子女家庭	三代同堂家庭	其他家庭
1970	18.5	57.0	10.7	41.2	5.1	19.2	5.3
1975	18.2	58.7	11.8	42.7	4.2	16.9	6.2
1980	18.1	60.3	13.1	43.1	4.2	16.2	5.4
1986	18.2	60.8	14.4	41.4	5.1	15.3	5.7
1989	20.0	60.3	16.0	39.3	5.0	14.2	5.5

---

① 厚生労働省『平成 29 年国民生活基礎調査』、https：//www.e-stat.go.jp/stat-search/files?page=1&toukei=00450061&kikan=00450&tstat=000001114903&second=1&second2=［2019-01-15］。

续表

年份	单身家庭	核心家庭	夫妻家庭	夫妻与未婚子女家庭	单亲与未婚子女家庭	三代同堂家庭	其他家庭
1992	21.8	59.0	17.2	37.0	4.8	13.1	6.1
1995	22.6	58.9	18.4	35.3	5.2	12.5	6.1
1998	23.9	58.6	19.7	33.6	5.3	11.5	6.0
2001	24.1	58.9	20.6	32.6	5.7	10.6	6.4
2004	23.4	60.6	21.9	32.7	6.0	9.7	6.3
2007	25.0	59.7	22.1	31.3	6.3	8.4	6.9
2010	25.5	59.8	22.6	30.7	6.5	7.9	6.8
2013	26.5	60.2	23.2	29.7	7.2	6.6	6.7
2014	27.1	59.2	23.3	28.8	7.1	6.9	6.8
2015	26.8	60.2	23.6	29.4	7.2	6.5	6.5
2016	26.9	60.5	23.7	29.5	7.3	5.9	6.7
2017	27.0	60.7	24.0	29.5	7.2	5.8	6.5

资料来源：厚生労働省『平成 29 年国民生活基礎調査』、https：//www. e - stat. go. jp/stat - search/files？page = 1&toukei = 00450061&kikan = 00450&tstat = 000001114903&second = 1&second2 = ［2019 - 01 - 15］。

3. 结婚率下降，晚婚化、不婚化进展比例上升

平成时期，一方面，日本的结婚率进一步下降，由 1989 年的 5.8‰下降到 2017 年的 4.9‰；晚婚化进展，2017 年与 1989 年比较，平均初婚年龄男性由 28.5 岁提高到 31.1 岁，女性由 25.8 岁提高到 29.4 岁。[1] 更为人们关注的是，不结婚的人增多，终身未婚比例[2]上升。根据日木"国势调查"结果，进入平成时期后，日本终身未婚率持续上升。1990 年日本男性的终身未婚率为 5.6%，2000 年为 12.6%，2010 年上升到 20.1%，2015 年又上升到 23.4%，25 年间上升了 17.8 个百分点；同时期日本女性的终身未婚率

---

[1] 国立社会保障・人口問題研究所『人口統計資料集（2019）』、http：//www. ipss. go. jp/syoushika/tohkei/Popular/Popular2019. asp？chap = 0 ［2019 - 04 - 24］。

[2] 即到 50 岁从未结婚的人口所占比例，根据 45 ~ 49 岁和 50 ~ 54 岁人的未婚率平均值计算得出。

较男性而言，前期上升幅度缓慢，但 2005 年后上升较快，2010 年达
10.6%，2015 年上升到 14.1%。① 同时，根据日本国立社会保障与人口问题
研究所的预测，日本终身未婚率今后还将进一步升高，到 2040 年日本男女
终身未婚率将分别达到 29.5% 和 18.7%。② 届时每 3.4 个男性和 5.3 个女性
中就分别有 1 人到 50 岁时还没有结婚，有可能度过终身不婚的人生。日本
做出这一预测，是因为进入平成时期以来日本 30～39 岁人群的未婚率越来
越高，成为终身不婚的"后备军"。根据"国势调查"数据，30～34 岁男
性未婚率在 1990 年为 32.8%，2000 年上升到 42.9%，2015 年又上升到
47.1%；35～39 岁男性未婚率在 1990 年为 19.1%，2000 年上升到 26.2%，
2015 年又上升到 35.0%。30～34 岁女性未婚率在 1990 年为 13.9%，2000
年上升到 26.6%，2015 年又上升到 34.6%；35～39 岁女性未婚率在 1990
年为 7.5%，2000 年上升到 13.9%，2015 年又上升到 23.9%。③ 同时，人
们的观念意识也在变化，终身不婚成为一些人的选择。根据日本国立社会保
障与人口问题研究所的调查，有 32.8% 的单身男性和 40.1% 的单身女性反
对"终身独身不是理想生活"的说法。④ 非婚人群的增多不仅是日本少子化
的主要原因之一，而且对日本战后人人要结婚的家庭观念和家庭模式带来很
大冲击。

（二）家庭的个体化和多样化

平成时期以来，除日本家庭发生了上述显著变化外，日本还出现了晚婚
晚育、离婚率上升、丁克族等社会现象。对于这些家庭变化，可用家庭研究
中的个体化与多样化概念加以概括和总结。

所谓"个体化"，就是在谋划生活过程中倾向于实现个人价值，在家庭

---

① 国立社会保障・人口問題研究所『人口統計資料集（2015）』、http：//www. ipss. go. jp/
syoushika/tohkei/Popular/Popular2015. asp？chap = 0 ［2019 - 01 - 25］；『人口統計資料集
（2018）』、http：//www. ipss. go. jp/syoushika/tohkei/Popular/Popular2018. asp？chap = 0 ［2019 -
01 - 25］。

② 内閣府『平成 30 年版少子化社会対策白書（全体版）』、https：//www8. cao. go. jp/shoushi/
shoushika/whitepaper/measures/w - 2018/30pdfhonpen/30honpen. html ［2019 - 01 - 15］。

③ 国立社会保障・人口問題研究所『人口統計資料集（2018）』、http：//www. ipss. go. jp/
syoushika/tohkei/Popular/Popular2018. asp？chap = 0 ［2019 - 01 - 25］。

④ 国立社会保障・人口問題研究所『第 15 回出生動向基本調査』、http：//www. ipss. go. jp/
ps - doukou/j/db_15/db_15reportAPPENDIX. html ［2019 - 01 - 22］。

生活的各个方面突出个人。① 早在即将进入平成时期的 1987 年，就有日本学者在分析 20 世纪 70 年代后美国等西方发达国家家庭变动的基础上，谈到日本将出现"个体化家庭"。② 进入平成时期后，随着全球化、信息化的发展和个人主义、自我实现需求的增强等社会变化，日本家庭变化进一步加剧，"家庭的个体化"成为日本家庭研究的关键词，对于这一概念的解释更加全面和深入。家庭的个体化包括两个层次：一是在保持家庭关系前提下选择家庭形态、家庭规范及家庭行为的自由度提高；二是选择或解除家庭关系的自由度提高。两者虽然都是家庭的个体化，却有本质的不同。前者是在家庭关系既无法选择又难以解除的前提下的个体化，称为"家庭框架内的个体化"；后者则是根据个人的意志选择建立家庭或解除家庭，甚至"家庭范围由主观决定"，无论有没有血缘关系，无论法律是否认可，只要个人认为是自己主观选择的结果就是"家庭"，因此，这一层次的个体化是"家庭本质性个体化"。这两个层次的家庭个体化，欧美国家分别发生在 20 世纪 60 年代和 80 年代，而日本则是在 20 世纪 90 年代同时发生。③

所谓家庭"多样化"，泛指多样的家庭形态和多样的家庭观念。家庭的多样化与个体化密切相关，互为表里，人们按自己的意志进行选择必然形成多样化的"家庭"。家庭多样化是家庭规范相对化的结果，其背景是个人主义的进展及个人选择意识的增强，通过个人的不同选择形成了不同的家庭形态，也就是家庭生活方式的多样化。④ 虽然在学术研究上有对家庭个体化、多样化观点的质疑，认为个体化、多样化的观点否定了家庭的本质，⑤ 但现实生活中日本婚姻家庭确实出现了多样性倾向。在婚姻方面，晚婚化、不婚化倾向明显，同时存在同性婚姻、奉子成婚、非婚生子等情况；在家庭结构方面，夫妻家庭、单身家庭、单亲家庭增多。这些都说明战后日本家庭规范、家庭理念发生了动摇，对日本战后家庭模式构成了挑战。

① 長津美代子「家族の多様化と個別化」、『日本家政学会誌』第 47 卷第 8 号、1996 年、769 - 775 頁。
② 目黒依子『個人化する家族』、勁草書房、1987 年。
③ 山田昌弘「家族の個人化」、『社会学評論』第 54 卷第 4 号、2004 年、344 頁。
④ 野々山久也「流れゆく日々—研究テーマをめぐって—」、『家族社会学研究』第 17 卷第 2 号、2006 年、5 - 6 頁。
⑤ 望月嵩「『個人化』がかかえる問題」、『家族社会学研究』第 12 卷第 2 号、2001 年、165 - 166 頁。

（三）加强维护还是进一步多样化？

纵观战后日本家庭变化，大体上可以说走过了现代家庭的形成和动摇两个阶段。二战结束到20世纪70年代中期，日本家庭从传统家庭走向现代家庭，夫妻家庭制成为家庭规范和家庭理念，"男主外女主内"、夫妻与两个未婚子女构成的家庭是人们向往的家庭。20世纪70年代后期开始，这种战后家庭模式逐渐发生改变，出现了家庭个体化、多样化征兆，进入平成时期后这种趋势更加显著，个体化、多样化的家庭形态及家庭生活方式被人们所接受，战后"标准家庭"不再是人们追求的目标。

从政府角度讲，鉴于少子老龄化的严峻局面，日本政府的政策取向总体上并不鼓励家庭的个体化和多样化。因此，一方面在社会保障、税制等制度措施上依然以战后"标准家庭"为单位，另一方面还出台了鼓励三代同堂的政策措施。例如，日本政府在新颁布的《少子化对策大纲》中明确提出促进三代同堂及三代人邻近居住，以加强代际间的互助、完善育儿环境。①目前日本对面向三代同堂的新建住房及房屋改造给予补贴和税制方面的优惠。日本政府从2007年起将每年11月的第三个星期日定为"家庭日"，这一天前后各一个星期为"家庭周"，其间开展各种活动，以增进家庭的凝聚力及人们对家庭重要性的认识和理解，同时加强家庭与社区之间的联系。从社会角度讲，日本还存在制约家庭个体化、多样化的有形或无形的压力。一方面，日本民法明确规定"夫妻同姓"，结婚后，女性基本要随丈夫的姓，婚外生子、同性恋并不被大多数人接受，"女主外男主内"的家庭也会被"另眼看待"。虽然女性参加工作的时间有所增加，但并没从繁重的家庭育儿和家务中解脱出来，社会性别歧视依然存在。另一方面，虽然在家庭个体化、多样化的背景下人们想摆脱与家庭的关系，但由于缺少与家庭外部的紧密关系，最终还是要依赖家庭。②

总之，日本家庭仍处在变化当中，还没有进入稳定阶段。今后随着日

---

① 内閣府『少子化社会対策大綱（平成27年3月20日閣議決定)』、https：//www8.cao.go.jp/shoushi/shoushika/law/taikou2.html［2019－02－10］。
② 水落正明「宮本みち子／大江守之（編著）『人口減少社会の構想』」、『人口学研究』第54号、2018年9月、65－68頁；宮本みち子・大江守之編著『人口減少社会の構想』、放送大学教育振興会、2017年。

本经济社会的变化，是得到强有力的维护，还是进一步向多样化发展，尚有待观察。

三 劳动就业流动化——构建灵活多样的雇佣体制

（一）战后日本型雇佣体制

日本的雇佣体制是以大企业为中心，经历长期历史过程，在二战后逐渐形成的。早在第一次世界大战结束后，日本大企业就出现了雇佣体制的雏形，二战时期日本强制企业实行定期加薪和劳资恳谈制度，对后来日本的雇佣体制产生了很大影响。二战结束后，日本颁布新宪法并推行民主化政策，后又经过经济高速发展时期，在 20 世纪 60 年代末 70 年代初形成日本型雇佣体制。[①] 所谓日本型雇佣体制，由三大要素构成，即长期稳定雇佣制（终身雇佣制）、年功序列工资制、企业内工会。具体来说，长期稳定雇佣制是日本型雇佣体制的基本要素，从企业方面讲很少采取解雇员工的措施，从员工方面讲很少有辞职跳槽的情况发生。年功序列工资制以长期稳定雇佣为基础条件，随着员工年龄的增长和就职时间的延长而提高薪金。企业内工会的内涵是劳资协商，协商的内容不仅仅限于工资、福利等直接涉及员工切身利益的问题，还包括企业经营等更为宽泛的领域。[②] 日本型雇佣体制通过劳动就业、家庭生活、社会保障、教育等方面的制度措施进一步得到强化，渗透于人们实际生活当中，同时要求员工及其家庭对企业忠诚，这成为一种规范或理念。[③]

日本型雇佣体制的重要特点是企业雇用员工没有特定工种的限制，可以根据需要进行技能培训，可以安排员工在企业内不同岗位工作，提高人力资源的利用效率，还可以在经营困难时期通过调整不同岗位的人员配置加以应对。企业所需人才在内部即可培养调剂，不必依靠外部劳动力市场。日本型

---

① 独立行政法人労働政策研究・研修機構『雇用システムの生成と変貌—政策との関連—』、https：//www.jil.go.jp/institute/siryo/2018/documents/199-2.pdf［2019-01-22］。
② 仁田道夫・久本憲夫編『日本的雇用システム』、ナカニシヤ出版、2008 年、13-18 頁。
③ 嶋﨑尚子「〈日本型システム〉の形成過程とその特性」、『学術の動向』第 23 巻第 9 号、2018 年、10-15 頁。

雇佣体制培养了大量高质量的劳动力资源，为战后日本经济复兴和高速发展发挥了极大作用，使日本成为科技水平很高的工业化国家。[①] 战后日本型雇佣体制得以建立和发展的条件在于持续的经济发展、赶超型发展模式、丰富的劳动力资源、企业劳资价值观的统一。[②] 日本型雇佣体制不仅支撑了战后日本经济的发展，对战后日本社会稳定也做出了贡献。日本型雇佣体制在国际上也受到较高评价，1972 年经济合作与发展组织（OECD）发布的《对日劳动报告书》认为，日本的雇佣制度可增强员工对企业的归属意识，企业可以放心地进行提高员工技能的投资，以使员工适应不同工作岗位及掌握新的作业方法。同时，日本的年功序列工资制与人生生活相契合，随着年龄的增长和子女的增多，收入也会相应地提高。[③] 日本经过高速发展后成为世界经济大国，20 世纪 70 ~ 80 年代"日本人论"盛行，具有代表性的论著《日本第一》即认为，以雇佣体制为主要内容的日本式经营是战后日本经济成功的秘诀[④]。

（二）雇佣的流动化，日本型雇佣体制的转型

20 世纪 80 年代日本型雇佣体制发展到鼎盛时期，进入 90 年代后，随着全球化的进展和日本泡沫经济的崩溃，支撑日本型雇佣体制的背景条件发生了很大变化。在全球化的影响下，日本企业为降低成本、增强竞争力，大力进行"海外投资"，到其他国家和地区建造生产基地，关闭国内工厂，造成日本国内的产业"空心化"，进而影响到日本劳动力市场。从 1990 年到 2000 年，代表日本国际竞争力的电子产业和汽车产业从业人员减少了约 10%，其他产业也发生了同样的情况。在泡沫经济崩溃后经济长期不景气的情况下，日本企业进行了大规模的人员调整，

---

① 独立行政法人労働政策研究・研修機構『雇用システムの生成と変貌—政策との関連—』、https://www.jil.go.jp/institute/siryo/2018/documents/199 – 2.pdf［2019 – 01 – 22］。
② 経済産業省経済産業政策局「労働に関する参考資料・分析結果」、2006 年 12 月 15 日、http://warp.da.ndl.go.jp/info:ndljp/pid/281883/www.meti.go.jp/committee/materials/downloadfiles/g61218o06j.pdf［2019 – 01 – 22］；日本的制度雇用研究会「日本的雇用制度の現状と展望」、労働省職業安定局編集『雇用レポート〈'97〉』、労務行政研究所、1997 年。
③ 濱口桂一郎『日本の雇用と中高年』、ちくま新書、2014 年、80 – 81 頁。
④ エズラ・F. ヴォーゲル『ジャパンアズナンバーワン』、TBS ブリタニカ、1979 年、160 – 188 頁。

社会就业压力加重。① 同时，少子老龄化进一步加剧，劳动力不足和国内市场缩小影响企业发展；另一方面，随着技术革新的发展，企业经营环境发生变化，需要员工有更多的知识和能力，相对僵化的战后日本型雇佣体制已不能很好地适应新的变化。在这种情况下，出现了"雇佣流动化"趋势。

所谓"雇佣流动化"，就是提高劳动力市场的流动性，企业员工等劳动者可以根据自己的意愿自由调换工作，不被某一家企业"终身雇用"，同时，企业有权力根据经营需要裁减人员。雇佣流动化是劳动力市场的一种现象，可以用非正式员工的增多、转职率②的上升、雇用期限的缩短等指标来判断。③

20 世纪 90 年代以来，日本雇佣方面最大的变化就是非正式员工的增加。1990 年非正式员工为 881 万人，占员工总数的 20.2%，2018 年人数达 2120 万人，占比上升到 37.9%，近 30 年人数增加了 1.4 倍，占比上升近 18 个百分点，而正式员工所占比重持续下降（见图 2）。从性别上看，正式员工中男性占多数，非正式员工中女性占多数，但男女正式员工比例都呈下降趋势。从年龄上看，正式员工中 20～59 岁年龄层比例相对高，非正式员工中 15～19 岁和 60 岁及以上年龄层比例相对高，但整体上几乎所有年龄层正式员工比例都呈下降趋势。④ 从转职率情况看，1990 年为 4.2%，2005～2007 年连续三年上升到最高点的 5.4%，此后下降到 2010 年的 4.5%，其后又缓慢上升，2018 年为 4.9%。女性转职率高于男性，在各年龄层中 15～24 岁人群的转职率最高。从转职的原因看，由于收入、上下班时间、工作条件、工作内容、职场人际关系等个人原因而转职的人增多⑤，人们的就业观念发生变化。

关于雇用时间问题，可以通过某·家企业的平均工作年数变化加以考

① 仁田道夫「労働法改革と雇用システム—解雇法制をめぐって—」、『社会政策学会誌』第 17 巻、2007 年、73 - 83 頁。
② 即某个时期内调换职业人员在就业人员总数中所占比重。
③ 武川正吾「雇用の流動化と生活保障システムの危機」、『家族社会学研究』第 17 巻第 2 号、2006 年、41 頁。
④ 「最近の正規・非正規雇用の特徴」、http：//www. stat. go. jp/info/today/097. html#k2［2019 - 01 - 15］。
⑤ 総務省統計局『労働力調査・長期時系列データ』、http：//www. stat. go. jp/data/roudou/longtime/03roudou. html［2019 - 02 - 28］。

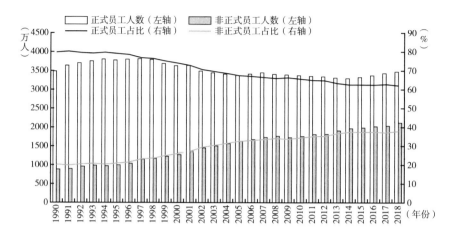

图 2 正式员工与非正式员工变化情况

资料来源：根据日本官方数据制图，参见総务省「労働力特別調査」、「労働力調査」。

察。根据日本厚生劳动省的调查，平成元年即 1989 年日本全国正式员工的平均工作年数为 10.8 年，2017 年上升到 12.1 年，非正式员工的平均工作年数从 2001 年的 4.7 年上升到 2017 年的 5.8 年，整体上都有提高。但从年龄角度看，不同年龄层有很大区别。在男性各年龄层的平均工作年数变化方面，49 岁以下各年龄层持续下降，1989～2017 年，45～49 岁、40～44 岁、35～39 岁、30～34 岁分别由 19.2 年、16.0 年、12.8 年和 8.8 年下降到 17.4 年、13.8 年、10.3 年、7.4 年；50～54 岁变化不大，55～59 岁、60～64 岁、65 岁及以上分别由 18.4 年、11.2 年、12.1 年上升到 22.6 年、19.2 年和 15.3 年。女性各年龄层的平均工作年数大体上表现出与男性相同的趋势，只是变化幅度没有男性大。① 可见，总体平均工作年数的增多主要来自 60 岁及以上老年人的贡献。低年龄层工作年数的减少虽然可能包括因个人情况辞职等情况，但可以从一个侧面说明雇用期限的缩短。

在雇佣流动化的情况下，年功工资制发生变化，20 世纪 90 年代以后在大企业，员工年龄与工资、工作年数与工资的关联减弱，工资评定已从偏重年龄、工作年数转向偏重工作业绩，最后定位在偏重职责和工作角色上。企业培训的重点也从培训全体员工转移到选拔和培训经营管理人员方面。随着

① 厚生労働省『賃金構造基本統計調査』、https：//www. jil. go. jp/kokunai/statistics/timeseries/index. html［2019 – 01 – 20］。

派遣员工、临时员工等非正式员工的增多，员工构成向多样性方面发展，新老员工之间的交流减少，企业集团内部的凝聚力减弱。①

（三）构建灵活多样的劳动就业体制

日本型雇佣体制发生变化，并不意味着它已经完全坍塌、失去所有功能。有研究表明，日本制造业等大型企业还坚持长期雇佣制度和劳资协调关系；②大企业和中小企业的人员流动情况并不相同，流动较大的集中在中小企业，而大企业则较为稳定③。日本型雇佣体制虽然是在二战后最终形成，但此前经历了较长的历史发展过程，是适应日本社会环境和文化土壤的产物，具有一定的稳定性。同时，日本型雇佣体制奉行经济至上主义，在经济发展的情况下可以保障企业有稳定的劳动力供给，具有一定的合理性。因此，目前有些日本企业仍然保持以往雇佣体制的一些特点不足为奇。但是，在全球化背景下日本经济发展乏力，少子老龄化进展导致日本人口规模缩小，劳动力减少，日本企业经营环境和员工的就业观念发生变化，日本型雇佣体制作为一种企业制度要按经济规律来运作，必定要随着经济环境和市场条件而发生改变。在新的经济社会条件下，日本正在向构建灵活多样的劳动就业体制方向发展。

2018 年 6 月，日本国会通过"关于完善推动工作方式改革相关法律的法案"（简称"工作方式改革相关法案"），对有关劳动就业的八部法律进行修改④，并从 2019 年 4 月起陆续实行。该法案的目的就是推动工作方式改革，实现多样灵活的工作方式，保障各种就业形式的公正待遇，使劳动者可以根据自身情况选择各种就业形式。⑤ 从雇佣体制角度讲，该法案有两点非常重要。第一，规定正式员工与非正式员工"同工同酬"，保证不管是何种

---

① 独立行政法人劳働政策研究・研修机构「日本的雇用システムのゆくえ」（JILPT 2017），https：//www.jil.go.jp/researcheye/bn/025_171222.html#honbun［2019 - 01 - 22］。
② 独立行政法人劳働政策研究・研修机构「日本的雇用システムのゆくえ」（JILPT 2017），https：//www.jil.go.jp/researcheye/bn/025_171222.html#honbun［2019 - 01 - 22］。
③ 独立行政法人劳働政策研究・研修机构「雇用バッファの動向—長期雇用慣行の持続可能性—」、2018 年 3 月、https：//www.jil.go.jp/institute/siryo/2018/documents/204.pdf［2019 - 01 - 22］。
④ 雇佣对策法、劳动标准法、改善设定劳动时间法、劳动安全法、肺尘病法、计时劳动法、劳动合同法、劳动者派遣法。
⑤ 厚生劳働省『働き方改革を推進するための関係法律の整備に関する法律案の概要』、https：//www.mhlw.go.jp/topics/bukyoku/soumu/houritu/dl/196 - 31.pdf［2019 - 03 - 01］。

就业形式员工都能受到公正待遇。这意味着企业需要对从事相同工作的员工给予相同的工资待遇，并且在公司福利、资历积累、能力培训等方面不能出现差距。2016 年 12 月，日本政府就曾发表"同工同酬指针"，此次用法律的形式进一步明确了企业的法律责任和义务。如前所述，20 世纪 90 年代以来日本非正式员工持续增多，是日本雇佣流动化的主要表现形式之一，但同时也出现了非正式员工工资低、待遇差、企业经营发生困难时首先遭到裁减等不公正对待，并因此引发了收入差距扩大等社会问题。此次日本通过工作方式改革相关法案，将有助于改善非正式员工的工资、待遇等问题，减少人们在选择就业方式时的各种顾虑，促进就业方式朝多样化方向发展。第二，进一步完善弹性工作制①，实行多样灵活的工作方式。具体措施之一是将"清算期间"② 由最长一个月延长到最长三个月，员工可在更长的期间根据个人情况安排每天的工作量和上下班时间，更合理地安排时间，顾及家庭育儿、老人护理等问题，促进工作与生活的协调。

　　近年来，日本一直着力推动建立灵活多样的劳动就业体制。2013 年 6 月日本内阁通过《日本振兴战略》，提出进行雇佣制度改革，支持劳动力流动，实现多样化工作方式，并提出完善女性和老年人的就业再就业环境，发挥女性和老年人的工作潜力，还提出促进外国劳动力在日本就业。③ 此后，日本在内阁之下设立"构建所有女性闪耀光辉的社会本部"，推动女性尽快发挥更大作用。日本还在 2013 年实行新的《老年人就业稳定法》，鼓励企业聘用老年人，扩大雇用老年人的企业范围，让有工作能力和工作意愿的老年人工作到 65 岁。还提出了"人生 100 年"，要实现"终生工作"社会的口号。④ 2018 年 11 月日本修改《出入国管理及难民认定法》，决定扩大引进外国劳动力。

_____

① 弹性工作制（flextime system），预定一定期间（清算期间）内的总工作时间，员工在总工作时间的框架内自主决定每天上下班时间，期间结束时计算是否达到预定工作时间。日本实行的弹性工作制一般规定，每天的工作时间由核心时间（必要要上班工作时间）与核心时间两头的弹性时间（员工可自主安排上下班时间）组成，但并非必须设定核心时间，也可以全天都为弹性时间。参见厚生労働省「効率的な働き方に向けてフレックスタイム制の導入」、https：//www.mhlw.go.jp/www2/topics/seido/kijunkyoku/flextime/index.htm［2019 – 03 – 02］。

② 清算期间，即实行弹性工作制时，计算实际工作时间是否达到总预定工作时间的期间。

③ 『日本再興戦略』、2013 年 6 月 14 日、http：//59.80.44.100/www.kantei.go.jp/jp/singi/keizaisaisei/pdf/saikou_jpn.pdf［2019 – 03 – 04］。

④ 厚生労働省『生涯現役社会の実現に向けた就労のあり方に関する検討会報告書』、https：//www.mhlw.go.jp/stf/houdou/2r98520000034ttj – att/2r98520000034ty2.pdf［2019 – 03 – 03］。

可以预计，今后日本女性、老年人及外国人将更多地进入日本劳动力市场和日本企业，这需要日本用更加灵活多样的雇佣体制进行应对。

四 贫富分化——社会阶层差距扩大

二战后日本在发展经济的过程中较好地处理了各阶层之间的利益协调，避免了"两极分化"，造就了大量中间阶层，实现了稳定的"橄榄形"社会阶层结构。战后日本曾被认为是均质平等社会，甚至"一亿人皆为中流"。但泡沫经济崩溃后，日本经济社会发生较大变化，人们开始关注收入差距和社会公平问题。20世纪末21世纪初相关论著不断问世，具有代表性的两本书是《日本的贫富差距》[①] 和《不平等的日本》[②]。前者从经济学收入分配的角度，通过数据分析，指出日本收入差距扩大趋势；后者从社会阶层论的观点指出当代日本社会已出现严重的阶层分化，社会不平等现象加剧。此后大众媒体相关报道连篇累牍，引起日本民众的关注，关于"格差社会"的讨论热度不减，延续至今。2014年法国经济学家托马斯·皮凯蒂出版《21世纪资本论》，进一步引发人们对日本收入差距的讨论，其中也不乏对日本不平等的程度表示质疑的论述，但并没有否认日本出现不平等现象的基本事实。

（一）收入差距扩大呈现 M 形趋势

20世纪80年代中期后日本收入差距逐渐扩大，进入90年代后进一步呈现贫富分化趋势，收入分配曲线呈 M 形趋势，贫困率上升。这里可以通过日本政府公布的几个指标进行考察分析。

1.家庭年收入水平卜降

家庭年收入平均值的变化反映家庭随时间推移收入增减的状况。进入平成时期后，日本家庭年均收入有较大幅度下降。1994年的家庭年均收入为664.2万日元，达平成时期最高水平，此后一路下滑，2000年为616.9万日元，2005年为563.8万日元，2010年为538万日元，2016年回升到560.2

---

① 橘木俊詔『日本の経済格差—所得と資産から考える—』、岩波書店、1998年。
② 佐藤俊樹『不平等社会日本—さよなら総中流—』、中央公論社、2000年。

万日元，20 多年的时间里减少 100 余万日元。收入中间值①同样是反映个人或家庭收入水平高低的一个指标，与收入平均值相比，它不受极端数值的影响，更能说明收入的实际状况。收入中间值上升，说明收入水平提高，收入中间值下降，说明收入水平降低。平成时期日本家庭年收入中位值 1995 年为 550 万日元，2000 年为 500 万日元，2005 年为 458 万日元，2010 年为 427 万日元，2016 年回升至 442 万日元，20 多年间减少约 110 万日元。② 平均值之所以比中间值高出很多是因为高收入家庭抬高了整体平均水平。以 2016 年为例，有 61.5% 的家庭的年均收入处于平均值以下。③ 20 世纪 90 年代中期后，日本收入平均值和中间值都呈下降趋势，家庭收入水平整体向下移动。

2. 中低收入人群增多

收入五等分是分析家庭收入变化常用的方法之一。其原理是把全部家庭按收入水平由低到高顺序排列，然后依次按相同人数分为五个等分收入组，④ 通过计算和比较各收入组收入的份额，可以得到不同收入组之间平均收入的差距。通过收入五等分对日本低收入组与高收入组进行比较发现，进入平成时期后两者的差距逐渐扩大。首先，低收入组的收入上升幅度不大，进入平成时期前的 1985 年为 134.3 万日元，平成元年的 1989 年上升到 143.4 万日元，1993 年达到高点的 165.9 万日元，2013 年下降到最低点的 122.2 万日元，2016 年虽回升到 133.4 万日元，但比 30 余年前还少 0.9 万日元。而高收入组的收入却从 1985 年的 1048.1 万日元上升到 2016 年的 1260 万日元，增加了约 212 万日元。其次，高收入组与低收入组的差距拉大。1985 年两者的差距为 913.8 万日元，进入平成时期后两者差距一直在 1000 万日元以上，最高点是 1997 年的 1322.9 万日元，最低点是 2012 年的 1067.5 万日元，2016 年的差距为 1126.6 万日元。⑤

---

① 中间值（median）的计算方法是，将数据从最小值到最大值按顺序排列，取正好位于中间的数值。如果中间数值是偶数，则取两个数的平均值。

② 厚生労働省『平成 29 年国民生活基礎調査』，https：//www. e - stat. go. jp/stat - search/files? page = 1&toukei = 00450061&tstat = 000001114903&second = 1 ［2019 - 03 - 06］。

③ 厚生労働省「平成 29 年国民生活基礎調査の概況」，https：//www. mhlw. go. jp/toukei/saikin/ hw/k - tyosa/k - tyosa17/dl/10. pdf ［2019 - 03 - 06］。

④ 五等分收入组各为 20%，收入由低到高分为低收入组、中等偏下收入组、中等收入组、中等偏上收入组和高收入组。

⑤ 厚生労働省『平成 29 年国民生活基礎調査』，https：//www. e - stat. go. jp/stat - search/files? page = 1&toukei = 00450061&tstat = 000001114903&second = 1 ［2019 - 03 - 06］。

收入差距的拉大，造成贫富两极分化。从家庭年收入分布看，1989年以年收入400万～550万日元为中心的中间阶层家庭占比较高，而2016年占人口多数的中间阶层向收入较低方向偏移，年收入600万～700万日元家庭减少，年收入1200万日元以上家庭增多。从收入曲线看，平成时期收入阶层向上下两级移动，中低收入家庭和高收入家庭增多，形成两边偏大，中间偏小的M形曲线（见图3）。

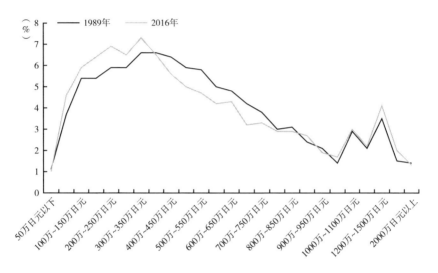

图3 收入差距呈两边高中间低的M形曲线

资料来源：厚生労働省「平成29年国民生活基礎調査の概況」、https：//www. mhlw. go. jp/toukei/saikin/hw/k‐tyosa/k‐tyosa17/dl/10. pdf［2019‐03‐06］。

3. 贫困人口比例上升

在贫富分化过程中，低收入家庭占比的增长更为显著。20世纪80年代中后期至90年代初期，日本年收入200万日元以下的低收入家庭比例下降，由1985年的17.6%下降到1993年的12.3%，但此后持续上升，2013年升至20.5%。这几年虽有所降低，但仍然处于较高水平，2016年为17.9%，即在平成时期的绝大部分时间日本低收入人口处于扩大趋势。[①] 低收入人口的增多导致相对贫困人口占比的升高。

---

① 厚生労働省「平成29年国民生活基礎調査の概況」、https：//www. mhlw. go. jp/toukei/saikin/hw/k‐tyosa/k‐tyosa17/dl/10. pdf［2019‐03‐06］。

　　所谓贫困有绝对贫困和相对贫困之分，在早已成为世界发达国家的日本几乎不存在绝对贫困，成为问题的主要是相对贫困。相对贫困率指相对贫困线以下的人口比例，表示一个国家和地区的相对贫困程度，相对贫困线的划分标准不尽相同。根据 OECD 的划分标准，日本将可支配收入中间值的50% 作为贫困线，低于这一贫困线的即为贫困人口。日本厚生劳动省的调查表明，日本相对贫困率从 20 世纪 80 年代中期后开始走高，进入平成时期继续保持上升趋势，2012 年达到 16.1%，比 1985 年高 4.1 个百分点，2015 年略有下降，为 15.7%。[①] 在发达国家中，日本的相对贫困率也处于较高水平。OECD 发表的报告认为，在 2012 年 34 个成员国中，日本的相对贫困率排第六位。而且，自 20 世纪 80 年代后期以来，日本是唯一低收入阶层实际收入减少的国家，也是唯一税收和社会保障再分配之后贫困率升高的国家。[②]

　　在日本，还有一个反映贫困状况的指标是最低生活保障标准[③]。虽然最低生活保障标准因居住地不同而不同，不能简单与相对贫困线进行比较，但有研究表明两者涵盖的范围基本一致。[④] 20 世纪 80 年代中期到 90 年代中期日本领取最低生活保障家庭的户数和占比均呈下降趋势，1995 年后情况发生了变化，领取最低生活保障的家庭由 1995 年的 60 万户上升到 2005 年的104 万户，2015 年进一步上升到 163 万户，20 年里增加了 100 余万户。最低生活保障率由 14.8‰上升到 32.4‰（见图 4）。这也说明低收入人口和贫困人口在增加。

（二）从量的差距到质的差距

　　当今日本社会的差距不仅是收入多少、资产多少这种量的差距，而且存在不可逾越的质的差距。[⑤] 比如，低收入阶层的非正式员工与正式员工之间的

---

① 厚生労働省『平成 28 年国民生活基礎調査』、https：//www. e－stat. go. jp/stat－search/files? page＝1&toukei＝00450061&tstat＝000001114975&cycle＝7&cycle_facet＝cycle&second＝1&second2＝1［2019－03－06］。

② 『OECD 対日審査報告書　2015 年版』、http：//www. oecd. org/eco/surveys/Japan－2015－overview－Japanese－version. pdf［2019－03－07］。

③ 日文为"生活保護基準"。

④ 橋本健二『新しい階級社会　新しい階級闘争―「格差」ですまされない現実―』、光文社、2007 年、78 頁。

⑤ 橋本健二『新しい階級社会　新しい階級闘争―「格差」ですまされない現実―』、40 頁。

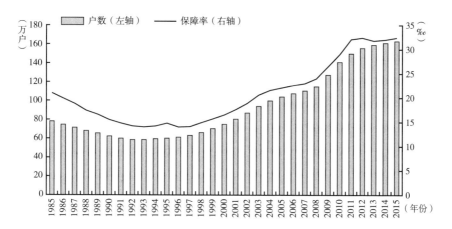

图 4　领取最低生活保障的家庭户数（年平均）及保障率

资料来源：国立社会保障・人口問題研究所『「生活保護」に関する公的統計データ』。

收入差距，不仅体现在年收入金额上，还隐含着社会身份地位的差距。正式员工在公司里有社会保险、进修培训等有形无形的福利，不用担心短期内合同到期，可以获得稳定的收入，对将来抱有希望。而非正式员工很难成为正式员工，不仅收入不稳定，而且对未来的希望也很渺茫。这种差距成为非正式员工与正式员工之间对工作、人生是否充满热情的心理性差距，也就是说一部分人对未来抱有希望，而另一部分人对未来不抱希望，即"希望格差"。[1] 换言之，日本社会中的差距既有看得见的差距，也有看不见或难看见的差距[2]。低收入人群往往在社会经济活动中处于不利地位，不仅自身在工作岗位、社会保障、家庭婚姻等方面处于劣势，而且其子女没有经济条件上好的学校，也就很难找到好的工作，将来可能继续停留在低收入阶层或者"传承"贫困，难以抵御生活中可能发生的风险。比较而言，高收入人群则相反。

　　有研究表明劳动就业的不稳定性使低收入家庭增多，将助长贫富分化出现代际间固化的恶性循环。[3] 从结果公平和机会公平角度说，日本在两方面

---

① 　山田昌弘『希望格差社会』、筑摩書房、2004 年、6 頁、51–52 頁。

② 　白波瀬佐和子「『みえる格差』と『みえない格差』」、『経済セミナー』第 8 号、2005 年、32–35 頁。

③ 　菅原佑香・内野逸勢「所得格差の拡大は高齢化が原因か—若年層における格差拡大・固定化が本質的な課題—」、『大和総研調査季報』第 26 巻、2017 年春季号。

都出现了不公平，体现为"结果的差距"和"机会的差距"。"结果的差距"是人们最后得到财富的数量和种类的差距，所谓财富不仅是收入和资产，还包括社会地位、权力、名誉等其他社会资源；"机会的差距"是人们获得社会资源的差距。① "结果的差距"和"机会的差距"密切相连，父母的收入差距会影响到子女的未来，影响到子女接受怎样的教育，在怎样的环境下成长，继承多少财产，父母一代"结果的差距"会造成子女一代"机会的差距"产生。20 世纪 90 年代以后，日本的收入差距和机会差距都在扩大。②

日本的社会差距波及收入以外的更多领域，有更多人感受到社会差距的存在。根据日本"社会分层与社会流动调查"（SSM 调查，The National Survey of Social Stratification and Social Mobility），与 2005 年相比较，在 2015 年有更多人认同社会差距的存在。在 2005 年的调查中，中等收入阶层不认为日本社会存在差距；而 2015 年的调查显示，中等收入阶层和其他阶层一样认为社会存在不公平现象。③ 数据表明，认为在性别、年龄和家世、学历、职业和就业、种族几个方面存在不公平的比例，分别由 2005 年的 59%、61%、75%、69%、64% 上升到 2015 年的 74%、69%、81%、89%、76%，2005 年至 2015 年的 10 年间人们认为社会存在不公平现象的水平在上升。④

（三）"格差社会"前景展望

20 世纪 90 年代后日本社会差距扩大，既有外部原因也有国内原因。从国际环境看，随着面向海外投资等全球化的进展和信息技术（IT）产业的发展，一方面日本国内出现产业空心化，另一方面对具有专业知识的高学历劳动力的需求扩大，对低技能劳动力的需求缩小，因此产生失业和工资收入等方面的差距。从国内情况讲，泡沫经济崩溃导致的经济长期不景气对日本

---

① 橋本健二『「格差」社会の戦後史—階級社会日本の履歴書—』、河出ブックス、2009 年、20 - 21 頁。
② 橋本健二『「格差」社会の戦後史—階級社会日本の履歴書—』、22 頁。
③ 大槻茂実「不公平感と社会階層の再検討—SSM2005、SSM2015 データを使用して—」、http://www. l. u - tokyo. ac. jp/2015SSM - PJ/0910 - 2. pdf［2019 - 03 - 10］。
④ 金澤悠介「不公平感の構造変容—2005 年と 2015 年の時点間比較—」、http://www. l. u - tokyo. ac. jp/2015SSM - PJ/08_03. pdf［2019 - 03 - 10］。

社会产生很大影响，直接原因是日本进行劳动力市场方面的规制改革，扩大劳务派遣范围，在扩大了就业机会的同时，也带来了正式员工和非正式员工之间收入差距的问题。但日本没有重视并及时采取措施纠正这一问题，甚至出现了扩大收入差距的导向。1999 年日本政府经济战略会议在《日本经济振兴战略》中指出："过于重视结果平等"使努力得不到回报，要构建"改变日本型社会体系，使每个人都能最大限度地发挥个人创意和挑战精神的'健全而有创造性的竞争社会'"。[1] 同年，接收派遣临时员工的行业基本放开，2003 年解禁向制造业派遣临时员工，非正式员工大量增多，其收入下降[2]。但这种状态被长期搁置，收入差距进一步扩大，由量的差距发展到质的差距。

贫富差距的扩大会带来贫困、不公平等社会问题，进而削弱经济发展的活力。2018 年 6 月日本国会通过的工作方式改革相关法案表明日本开始在解决相关问题上采取措施。日本进行工作方式改革有两个目的：一是在少子老龄化条件下提高生产率，以维持日本经济发展；二是提高人们的收入水平，解决贫富差距问题，这两者密切相关。工作方式改革的一个主要内容就是通过修改法律法规确定"同工同酬"。修改后的法律规定，在正式员工与非正式员工之间"禁止不合理的待遇差距"，比单纯的"同工同酬"范围更为广泛。根据这一规定，企业要切实纠正正式员工与非正式员工之间的差距，包括在各种津贴和厚生福利方面实行同等待遇，向非正式员工发放相同水平的奖金和退职金，以及将非正式员工编入正式员工基本工资制度当中，发放同等水平的基本工资。[3]

工作方式改革是日本解决"格差社会"的一个契机。如果工作方式改革能够切实、顺利进行，就可能在很大程度上缓解甚至消除工资收入差距，提高各种人才的劳动参与率，增加个人和家庭收入，解除就业和生活上的不安全感，激发人们对工作和生活的热情，进而提高生产率，促进社会的创新

---

① 樋口美雄「経済格差と日本人─再挑戦の機会拡大が急務─」、『日本経済新聞』（経済教室）2005 年 9 月 13 日。

② 橋本健二『「格差」社会の戦後史─階級社会日本の履歴書─』、188 - 189 頁。

③ 水町勇一郎「日本型『同一労働同一賃金』改革とは何か？─その特徴と課題─」、RIETI Discussion Paper Series 19 - J - 011、https：//www. rieti. go. jp/jp/publications/dp/19j011. pdf ［2019 - 03 - 13］。

发展，降低社会的不平等程度，逐渐消除"格差社会"。但是，如果由于企业原因及日本国内外经济发展和科学技术环境变化，工作方式改革不能切实而顺利进行的话，那么正式员工与非正式员工之间的各种差距就难以消除，与之相关的教育、社会保障等各领域的不公平问题也无法解决。

平成日本社会变迁涉及社会的方方面面，一篇文章难以全面描述和解析。以上选择人口、家庭、劳动就业、社会阶层等几个具有代表性的领域，对战后日本社会体系的变化及发展趋势做了探讨。此外，教育、城乡、区域等领域也同样在平成时期发生了很大改变。其中有些变化并非进入平成时期后才突然发生，而是在此之前变化的延长线上，在平成时期进一步加剧而已。战后日本在这些社会领域中形成的社会体系已开始瓦解，新的体系还在摸索和构建当中。可以说，平成时期是日本社会由战后体系走向新的体系的过渡期或转型期。

Japan's Social Changes in the Heisei Period

—From Disintegration to Rebuilding

Wang Wei

Abstract：Japan's social system formed since the end of WWII has undergone significant changes in the Heisei period, from disintegration to Rebuilding. Aging population has resulted in imbalances in population structure, the disappearance of demographic bonus and growing indebtedness on Japan's economic development. Japan has begun to redefine "the elderly". Meanwhile, the decline of marriage rate, the increase of female labor participation rate and the rise of single families have brought about individualization and diversification, changing the family pattern in Japan, which is faced with the choice of either returning to the tradition or more diversified development. The employment mobilization has increased the number of informal employees as well as the proportion of staff changing jobs, making the Japanese employment system unsustainable and shifting the labor employment system to a flexible and diversified direction. Japan has long neglected the problem of income gap since the collapse of the bubble economy, which has led to the widening of the gap and the polarization between the rich and the poor, changing the society with affluent middle class into the "an unequal society". The work style reform plays a growing role in easing social inequality to some extent.

Keywords: Heisei Period; Individualization; Diversification; Mobilization; Aging Society with Fewer Children; Polarization between Rich and Poor

《日本文论》（总第 1 辑）
第 32 ~ 57 页
© SSAP，2019

中日文化交流中的道文化东传问题（上）

蒋立峰

内容提要：中国道文化东传古代日本，是中日文化交流中的重要课题。长期以来，日本学者推出了众多研究成果，但主流观点是"教团道教未传到日本"，"天皇""神道"仅限于汉字"借用"而与道教无关，进而有意无意地否认中国道文化东传日本后对日本古代社会发展产生的重大影响和作用。中国学者的研究基本上也是同样的路数。本文以解读、分析大量可靠的第一手史料为基本方法，认真分析这些史料所包蕴的古代日本社会发展的内在动因和外在条件，总结出符合历史真实的有说服力的结论。中国道文化经东北亚文化之路东传日本，不仅对日本民众的思想意识产生了巨大的影响，对日本统治集团的执政理念和方法也都产生了不可忽视的影响。中国道文化和儒文化、释文化共同成为推动古代日本社会发展的三大要素，对此理应给予充分的肯定。

关 键 词：中日文化交流　道文化　道教　天皇　神道　四神兽

作者简介：蒋立峰，中国社会科学院日本研究所研究员。

　　中国传统文化中的政治文化主要包括道文化和儒文化两大部分。中国汉唐鼎盛于世，对外开放，颇受国际社会尊重，既与其强大的国力有关，亦有赖于其对国际社会做出的思想文化方面的巨大贡献，其中政治文化的贡献更占有突出的地位。中国因而对周边地区政治辐射力和感召力极强，形成了以中国为中心的古代东亚政治秩序。日本则是众多学习中国的国家中最努力的实践者，中日古代政治文化交流因此成为东亚政治文化交流中最具特色的组成部分，并且对推动日本古代社会的发展发挥了重要作用。因此，对以汉唐时期文化交流为主要内容的中日古代政治文化交流进行深入研究，深入了解中国古代政治文化曾熠熠闪光于东亚尤其日本的历史，对于当代推动中日关系的发展，无疑具有不容忽视的现实意义。

中日古代政治文化交流的主要内容，应包括以《老子道德经》和道家易学等阐述天、地、神、鬼、人关系为主要内容的道文化，和以孔子学说阐述仁、和、礼、义、信为内核的儒文化，以佛学经典教义为内容的释文化东传日本三个部分。对儒文化、释文化东传，中日两国学者的研究既深且广，亦无大分歧；而对道文化东传，中日学者的研究则呈现出一定的局限性，分歧亦明显。本文即从中国典籍传播、日本史籍记录及四神兽壁画墓、日本神道等诸多方面对中日古代道文化东传日本问题披露一二管见，以供学界同人指正。

一　日本的中国道文化东传研究述评

日本学界有关中国道文化东传的研究，首先必须提到日本历史学家津田左右吉（1873～1961年）。津田从其所处时代的需要出发，站在大日本主义的立场上，反复强调日本经历了独自发展的历史过程，日本人和中国人是完全相异的两个世界居民，日本文化的发展也与中国文化的影响无关。津田在《支那思想与日本》（1937年）、《日本之神道》（1949年）等著述中指出，虽然过去日本知识界信奉和阅读中国经典，并以此为信条，但是这些来自中国的经典文本与源于日本的现实世界却相背离。因此，虽然日本也引入过道教内容，甚至包括"神道"这样的词话，但那不过是单纯的词汇输入，并没能在日本现实世界产生影响并成为信仰。换句话说，日本尽管传入了一些道教知识，但并未传入道教这一宗教，所以，日本神道教与中国道教在本质上没有关联。同样，津田在《天皇考》（1920年）中提出，古代日本的"天皇"称号中完全没有中国的意味。至于《日本书纪》中关于宇宙起源的说法，虽然也用了中国式的"天地剖判"这样的表述，也只不过是借用了汉字，字词虽然相同，但是并没有背后的、中国的宗教性意义。津田强调日本文化自身的主体性，认为中国文化包括道教在内，虽然影响到日本，在日本留下很深的痕迹，但那只是一些文字、文献上的"借用"，而不是根本性的影响。津田为与汉学派对抗，对中国文学和中国人的思维方式、学术文化，包括中国的民族性宗教道教或道教教理神学抱有偏见，对西方近代科学文明却站在近代文化至上主义立场上崇拜备至。津田的许多观点可谓无视、歪曲甚至抹杀历史事实，在日本学界却博得众多的拥护者，令人遗憾不已。

对此，另一著名学者福永光司（1918～2001年）持有不同的观点。福永认为，津田左右吉作为明治时代成长起来的东洋学者，由于心中有日本明治维新成功的自负，又处在日本越来越轻蔑中国的时代环境中，为了强调日本人、日本文化的独特性和优秀性而贬斥中国，对中国文化包括中国道教的评价很低。津田左右吉的命运说明，学术研究难免为政治"绑架"。黑田俊雄也认为，《日本书纪》确立的"神道"绝不是日本特有的，而是东亚三国共同的习俗性信仰，而作为宗教的神道教最终确立，应当在江户甚至明治时代。甚至有日本学者主张，日本古代的"神道"，本是综合了巫觋方法、记纪神话、祭祀仪式、物忌制度，加上官方制度性的资源，才逐渐成熟起来，至中世末期方形成体系化的神道教。

针对津田主张的"天皇"称号"借用"说，也有很多日本学者从中国和日本文献中找到众多证据，说明中国道教对日本文化有着深刻影响，"天皇"称号不只是借用。黑板胜美《我国上代中的道家思想以及道教》利用《古事记》《日本书纪》等文献与考古遗迹讨论道教在日本的痕迹；妻木直良《道教思想在日本》讨论了平安时代道教经典传到日本特别是《老子化胡经》传到日本的过程；小柳司气太《道教的本质及其给予本国的影响》更是直接谈论到这一话题。那波利贞在1952年发表的论文《关于道教向日本的流传》指出，道家思想传入日本应当在归化人时期，此后，至少在奈良末期道教传入，并与佛教结合（神佛习合），这时的道教仪式中，如四方拜、祀星、灵符神社、庚申信仰、司禄司命崇拜等，都已进入日本。窪德忠也在《日本的守庚申》中指出，根据奈良县的乡村调查，守庚申传统是由中国道教关于三尸的信仰而来，据圆仁《入唐求法巡礼行记》的记载，在唐代日本与中国的这一风俗就完全相同了。中村璋八认为，"（尽管）带有建立道观与道士布教的教团道教根本没有传到日本来"，但5世纪前后，道教在江南已经合法流传，大量来自朝鲜半岛和长江三角洲地区的归化人，确实会给日本带来道教的各种内容，特别是大和朝的归化人已经在中央与地方占据了重要位置，所以他们虽然并非道士，但是会传播道教信仰知识。

但是，津田的"借用"说也得到众多的支持。中村璋八即认为，"日本使用的'天皇'这个称呼，在东汉以后已被中国人当作民族宗教的道教所使用，但日本采用的'天皇'这个称呼，在含义上和内容上，并非作为道教之神的'天皇'，也不是知识分子的五行说和谶纬说中的'天皇'，仅仅是采用了汉字而已"。另有福井文雅一直站在批判福永光司观点的最前线，故被称为"二福争论"。福井在《日本道教研究史和一些相关的问题》中，逐条反驳了道教影响说，认为虽然道教知识被日本"借用"，但是道教宗教却不曾"影响"过日本。因为道教和儒、佛不同，"从未有组织性地传来，也没有过祀奉道教神像的教团"，"天皇"之称也不能说是来自中国道教的影响。

日本学界关于中国道教与古代日本的讨论，集中反映在日本道教学会机关刊物《东方宗教》第 60 号（1982 年 10 月）、第 61 号（1983 年 6 月）、第 62 号（1983 年 10 月）上，值得关注。① 日本经济社会学家森岛通夫在1982 年出版了英文版《日本为什么"成功"》一书，1984 年出了日文版，1986 年出了中文版。森岛在书中提出的观点十分明确："道教在日本未能确立独立的宗教地位，而由神道替代。实际上，道教（在古代中国时常被称为神道教）在日本是以神道的形式表现出来的。所以可以认为神道是经过伪装了的道教。""甚至可以认为神道是道教的日本版，是道教和原始神道的结合；不过，原始神道对这种结合的贡献微不足道。""实际上，神道即道教，鼓舞了国民精神。""然而必须强调，中国的道教和日本的神道之间存在着巨大差异。正如我已经指出的，后者发挥了把宗教的基本根据应用于日本人的忠诚心和爱国心的作用，而前者在中国则提倡人们应从公务中退休，并隐居起来，宁静而朴素地生活，以便在追求尘世间的幸福之中获得长生不老。"森岛自认为与福永光司的观点"非常接近"。②

福永光司不为福井文雅等人的批判所动，在 20 世纪七八十年代又相继

---

① 参见葛兆先《国家与历史之间——日本关于道教、神道教与天皇制度关系的争论》，《中国社会科学》2009 年第 5 期；福井文雅《上古日本与道教的关系》，载福井文雅《汉字文化圈的思想与宗教——儒教、佛教、道教》，徐水生、张谷译，武汉：武汉大学出版社，2010 年，第 217～256 页。对津田左右吉的观点及日本学界的相关争论，皆转述于该二文。

② 森嶋通夫『なぜ日本は「成功」したか—先進技術と日本の心情—』、岩波書店、2004 年、52－56 頁。

出版了多部相关著作①，不仅详细地介绍了道教在日本的传播、日本各地现存的道教遗迹，对日本神道与中国道教的关系做出明确阐述，指出天皇的名称、神宫（建筑、制度、仪式、服装等）、神道用语等皆来源于道教，而且态度鲜明地批判了平田笃胤，指出"平田笃胤说神道为日本所独有，中国之神道乃我（指日本——笔者注）诸皇神早赴彼处（指中国——笔者注）所授之道。这种说法是违反事实的，中国正是（日本）神道用语及其思想的本家"。② 中国实施改革开放后，福永光司曾来华讲学，对中国学者刚起步的相关研究有很大推动作用。

作为专门性著作，还有下山积与《日本古代之神祇与道教》、松田智弘《古代日本道教受容史研究》等③。松田智弘在书中对道教如何传入古代日本，尤其如何途经朝鲜半岛传入，"渡来人"在道教传播中如何发挥作用等问题，进行了深入细致的考察。另如对于奈良时代风流（时髦）生活中的道教影响，《记·纪》神仙记述中的道教表现等亦做出了有理有据的陈述，读来颇有启发。

1900 年敦煌莫高窟藏经洞发现大量经典遗存后，相当部分流入英、法、俄、日等国，其中一部分道文化经典如北周（6 世纪）的《抱朴子（敦煌经）》以及唐代的《老子道德经（敦煌经）》、《南华真经（敦煌经）》和《搜神记（敦煌经）》等流入日本。此后，日本学者对包括这些道文化经典在内的各种敦煌经典抄本进行了长期深入的研究，并出版了许多重要成果。1950 年日本道教学会成立，学会会长福井康顺所著的《道教之基础性研究》④ 成为当时日本道教研究的代表性著作。此后日本学者的研究也多集中于对道教本身的研究，以及道教与佛教、儒教关系的研究，因此各类版本的《老子化胡经》成为日本学者最感兴趣的研究对象。相比之下，对道教东传

---

① 参见福永光司·上田正昭·上山春平『道教と古代の天皇制—日本古代史·新考—』、德间书店、1978 年；福永光司『道教と日本文化』、人文书院、1982 年；福永光司『道教と日本思想』、德间书店、1985 年；福永光司『道教と古代日本』、人文书院、1987 年；福永光司『日本の道教遗迹』、朝日新闻社、1987 年。

② 福永光司『日本の道教遗迹』、249 页。

③ 参见下出积奥『日本古代の神祇と道教』、吉川弘文馆、1972 年；中村璋八「日本の道教」、中村璋八『道教 3　道教の传播』、平河出版社、1983 年；松田智弘『古代日本道教受容史研究』、人间生态学谈话会、1988 年（十年后增补为：『古代日本道教受容と仙人』、岩田书院、1999 年）。

④ 福井康顺『道教の基础的研究』、理想社、1952 年。

日本的研究则弱化许多。

1999 年，京都国际日本文化研究中心举办"道教与东亚文化"国际学术讨论会，与会者对道教的内涵有所探讨，但议题较为分散，论文尚欠深度，尤其是对道教在东亚文化中的地位和作用、道教在日本的传播、道教与神道的关系等论述不多。不过，日本著名文化学者梅原猛（1925～2019 年）的观点在研究道文化东传问题时值得注意："我认为东亚世界的政治文化中心都是中国。必须认识到这一点。日本方面多少有些上升是近一个世纪的事，但在此之前的几十个世纪的中心是中国。古代文明即如此。应在牢牢掌握中国历史文化的基础上思考朝鲜和日本。这绝不是说朝鲜文化、日本文化是中国（文化）的分店。朝鲜拥有自己的文化，中国文化进入后朝鲜对之有取有舍，获得了独自发展，日本文化也是如此。中国的文化力与政治力同样强大，尤其文字文化之发达，（朝鲜、日本等）与之有根本性的差距。所以，在不认识中国文化之大的情形下思考日本文化、朝鲜文化是不行的。我赞成从东亚世界看历史，但反对将中国排除在外，或认为日本文化完全是朝鲜文化的分支的看法。"① 梅原猛的观点客观求实，对研究中日宗教文化交流尤其道文化东传问题，有很大的启发意义。

本文议题限定于中国道文化东传古代日本，时间限定在平安时代末期之前，故日本学者多数与道教相关的研究并不在此范围之内，不再详细叙述之。

二　关于《日本国见在书目录》

中国学界亦日益重视道文化东传日本的研究，在 2006 年至 2010 年的中日共同历史研究中，中国学者在其中专门的一节论述了道文化在日本的传播与影响，但对《老子道德经》是否传入日本、何时传入日本这样一个核心问题缺乏明确论述，对于中国道文化东传与日本神道的关系，亦尚无超越前述福永光司论点的更深刻的研究成果。

中国道文化东传日本，似乎是一个显命题。目前留存日本的中国道文化的文物和遗迹并不少见，说明中国道文化东传日本是历史事实。例如，大阪市立美术馆藏有中国东汉时代（1 世纪）的金铜"羽人"叩拜天神的跪姿

---

① 『梅原猛全対話　第二巻　古代日本を考える』、集英社、1984 年、228 頁。

像、北魏（6 世纪）的道教三尊像和道教四面像、南梁（6 世纪）的《五星二十八宿神形图》等，这些都是中国道文化东传的有力证据。但本文探究的重点是在日本古代史上中国道文化是否传入日本，如果传入日本，是通过什么路径传入，传入后在古代日本的政治文化中占有何等地位，对古代日本的社会发展又产生了何等影响。大量遗存日本的中国道文化文物，虽然辨别其形成时代并不难，但若欲明释这些道文化文物是何时以何种方式流入日本的，则是棘手难解的问题。

为解开此类问题，则不能忽视问世年代明确的《日本国见在书目录》可能发挥的作用。长期以来，中日学者对《日本国见在书目录》进行了很多研究，成果亦多。小长谷惠吉的《日本国见在书目录解说稿》、矢岛玄亮的《日本国见在书目录：集证与研究》以及孙猛的《日本国见在书目录详考》① 等著作堪称相关研究的代表作。小长谷惠吉之作篇幅不长，确属“解说”性质，对《日本国见在书目录》作者藤原佐世其人、室生寺本与原本的关系及流传途径，以及所载文献内容等，均有独到的介绍和分析，不失为研究《日本国见在书目录》的首要参考书。矢岛玄亮之作似为前者的补缺，以大量文献对《日本国见在书目录》中批列书籍进行了严密的校证，颇有见地，参考有益。而孙猛之作则是在综合前二者的基础上进一步发挥，几乎解答了《日本国见在书目录》研究中的所有问题，对全部批列书籍进行了更深入的校证，如对《老子道德经》②、《括地志》以及《新修本草》等的解说十分详尽，但对颇受关注的《老子神仙服药经》《老子孔子枕中杂方》《老子教人服药修常住仙经》《老子道精经》等佚亡书籍未能清晰解答，似仍需进一步考证。总之，这部心血之作堪称《日本国见在书目录》研究的集大成者，似可视为《日本国见在书目录》研究的终结性著作。

《日本国见在书目录》是日本现存最久远的敕撰古汉籍目录书，其中近 1/3 的书目为中国《隋书》《唐书》未记录者，由此可见其珍贵之处。据信《日本国见在书目录》由位阶正五位下的陆奥守兼大藏少辅藤原佐世

---

① 参见小长谷惠吉『日本国見在書目録解説稿』、くにたち本の会、1936 年、小宫山书店、1956 年；矢岛玄亮『日本国見在書目録—集証と研究—』、汲古书院、1986 年；孙猛：《日本国见在书目录详考》，上海：上海古籍出版社，2015 年。

② 《老子道德经》版本众多，本文据《老子道德经》，《四部备要》（第 53 册），北京：中华书局，1989 年影印版，第 1 ~ 27 页。

（828～898 年）于 891 年前后编撰。编撰该书的原因是日本历代统治者均重视传入日本的中国古籍，以收学习、借鉴之效。9 世纪初，嵯峨天皇在皇宫内建冷然院收藏古今汉籍，实为皇家图书馆。但 875 年冷然院大火，藏书大部毁于一旦，（阳成、光孝、宇多）天皇于是命征集图书、编撰书目以便更好地保存现有图书。949 年冷然院再次遭大火，后改名为冷泉院并于 960 年重建。《日本国见在书目录》原始本早已无存，但据现存最早本室生寺本①（对原始本中的杂史家、刑法家、杂传家、杂家、兵家、天文家、五行家和医方家诸门类加以简化，其他门类未动），《日本国见在书目录》中多处记有某某书藏于"冷然院"或"冷泉院"字样。这使得《日本国见在书目录》何时成书、是否藤原佐世一人所著成为疑问。

本文不求解答上述问题，而是专注于对《日本国见在书目录》内容的分析，视角不同于已有研究。纵览室生寺本《日本国见在书目录》全书，共 40 门，史家、刑法家、土地家、儒家、道家、法家、名家、墨家、纵横家、杂家、农家、兵家、天文家、历数家、五行家、医方家、小说家、楚辞家等，应有尽有，唯独缺少释家（佛家），仅在第 20 门杂传家中有《高僧传》14 卷、《续高僧传》30 卷、《西域求法高僧传》1 卷、《高僧传要抄》2 卷和《名僧传》30 卷，这一规模与儒家、道家的书目规模根本无法相比。关于儒家，除第 24 门儒家含 134 卷，有晏子、孟子、曾子等人著作外，主要是第 8 门论语家 269 卷，有郑玄、陆善经注《论语》10 卷、梁武帝撰《孔子正言》20 卷、郭璞注《尔雅》3 卷，以及《小雅》、《广雅》、五经六艺等书，但这与道家之规模尚无法相比。

该书目第 25 门道家含 458 卷，其中各种《老子》计 26 种；有柱下史李耳（老子）撰、西汉文帝时河上公注本（亦称《河上公章句》），以及曹魏王弼、周文帝、唐玄宗各注本，还有梁武帝、周文帝、王弼各撰《老子义疏》，唐玄宗撰《老子疏》，南朝梁陈周弘正撰《老子赞义》《老子义记》，东汉严尊撰《老子指归》，东晋李轨撰《老子音》等，另有《老子化胡经》《太上老君玄元皇帝圣化（纪）经》。

除《老子》外，道家门还录有《庄子》21 种、《列子》3 种和《文

---

① 以下论述参见藤原佐世『日本国見在書目録—宮内庁書陵部所藏室生寺本—』、名著刊行会、1996 年。

子》，合称"唐时道家四经典"。不仅如此，还有《鬻子》（鬻子被称为道家"开山之祖"，周文王、周武王之师，主张发令施教为天下福者，谓之道，常道乃黄帝之道、五帝之道）、《鹖冠子》（战国时楚隐士）、《幽求子》（晋杜夷）等阐述道家思想主张的著作，另外还有葛洪《抱朴子》内篇、冷然院《广成子》、符朗《符子》、张讥《玄书通义》以及《道腴》、《本际经》、《太上灵宝经》、《冲虚真经》、《治魔宝真安志经》。至此可以说，《老子》即《道德经》以及大批重要的道家经典，在古代已传入日本，其数量之多，远在儒家、释家之上，这应是确认无误的历史事实。

不仅如此，该书目开篇第一门为易家 177 卷。首目即晋萨真注《归藏》4 卷，相传为黄帝所著，亦称《商易》，与《连山》《周易》统称为"三易"，入汉后已佚亡。[1] 其后《周易》更有 7 种，有东汉郑玄本、汉书经籍志本、西汉京房本、曹魏王弼本、东晋张播本、唐陆善经本和冷泉院本，其他还有《周易讲疏》《周易通义》《周易正义》《周义私记》等。该书目编目效仿中国古典，按经史子集分门别类，常云"易乃五经之首"，故而亦仿隋唐以易家为首门。《易经》虽与儒家不无关系，但从其内容上说，它首先应是道文化范畴内的经典，而且是主要经典之一。这充分显示出道家易学在中国唐代及大约相同时期日本政治思想领域的极重要地位。道家易学是阐释治国理政、追求国运昌隆的学问，因此被统治者分外重视，视为第一学问理所当然。

此外，《日本国见在书目录》还在多门中录有直接与道家相关的书籍。第 20 门杂传家有葛洪《神仙传》、干宝《搜神记》、刘向《列仙传》；第 21 门土地家有郭璞注《山海经》（另 4 种）；第 30 门杂家有吕不韦《吕氏春秋》、刘安《淮南子》以及魏征《群书治要》（前述《老子》、《庄子》、《列子》、《文子》、《鬻子》和《鹖冠子》等皆被收录其中）；第 35 门有《长历》[2]；第 36 门五行家有咒禁、符印、五行、六任、雷公、太一、易、遁甲、式、相、仙术等内容的书籍，据编纂者减略后的记载，有《三甲神符经》、《五行大义》（另 9 种）、《五明论宝剑镜印法》、《大道老君五行秘

---

① 虽然 1993 年湖北江陵王家台 15 号秦墓中出土了秦简《归藏》，但仅有 394 枚 4000 字，仍残断不全，难以窥该书全貌。

② 此书与记叙盘古开天辟地、已佚亡的《三五历》有无关系待考。

符》、《太一经》（另9种）、《易髓》（另9种）、《遁甲》（另9种）、《式经》（另4种）、《宇宙经》、《新撰阴阳书》（另1种）、《谶书》（他3种）、《天镜经》、《地镜经》、《乾坤镜》、《玄经》、《龙首经》（另1种）、《东方朔书》等。令人颇感兴趣的是，在第37门医方家中列有的《老子神仙服药经》、《老子孔子枕中杂方》、《老子教人服药修长住仙经》和《老子道精经》4部书，皆《隋书·经籍志》《旧唐书·经籍志》《新唐书·艺文志》中未见者。此老子非彼老子耶？如果今后深入研究，或能解答老子如何从医就药的疑问。

显然，《日本国见在书目录》是中国唐代宗教存续状况的反映。唐王朝的宗教政策总体上相对灵活，但因统治者视老子为本宗圣祖，故在多数时期崇道抑佛的倾向比较明显。武德八年（625）唐高祖诏曰："老教、孔教，此土先宗，释教后兴，宜崇客礼。令老先，次孔，末后释宗。""道大佛小。"① 唐高祖以此为后世定下"先老、次儒、末后释"的基调。贞观十一年（637）唐太宗诏曰："至于称谓，道士女冠，可在僧尼之前。"② 武则天当权时，佛教一度恢复发展，但仍无法取代道教的至上地位，及至9世纪中期武宗灭佛，佛教大受打击。在此四五十年后成书的《日本国见在书目录》中少有佛家经典，而有大量道家易学经典，且在第21门谱系家有《黄帝大圣李氏谱》《太宗文武圣皇帝行记》《李氏谱》，自然有其历史原因在内。

在对《日本国见在书目录》进行如上分析后，还必须指出一点，一般认为室生寺本《日本国见在书目录》成书于12世纪的日本平安时代末期，该书因系手抄本，错漏字在所难免。例如，在第25门道家中，就将"老子音"误抄为"孝子音"，但书中其他应为"老子"之处正确抄书无误。所以，根据室生寺本《日本国见在书目录》，《老子道德经》至晚在9世纪末已存在于日本。既然如此，为何现在中国学者甚至部分日本学者在论述道文化东传日本时极少提到这一点？其原因是，在原本佚亡后，室生寺本成唯一存在于世的《日本国见在书目录》。因学术价值颇高，受到世人瞩目，故而陆续出现了众多种类的再传抄本，1851年安井衡校本即为其中影响较大的

---

① 《续高僧传》卷24《慧乘传》，北京：中华书局，2014年，第940~941页。
② 《唐大诏令集》卷113《道释》，北京：中华书局，2008年，第586页。

版本。室生寺本后被收藏入日本宫内厅书陵部，而安井衡本被收藏入 1928
年出版的《续群书类从》第三十辑下册"杂部"。这样一来，安井衡本的适
众性显然高于室生寺本。进入互联网时代后，安井衡本的电子版很快出现在
互联网上，中国学者进行相关研究，以互联网上能够方便查阅的安井衡本为
依据，实乃必然之举。然而，安井衡本却出现了一个重大疏漏，即在抄录第
25 门道家时，竟然将第一篇《老子》误抄为《孝子》，而第二篇以后的
"老子"二字均以同名省略符号"々々"代替，直到第 25 篇又写成"孝了
音"，紧接着第 26 篇抄为《太上老君玄元皇帝圣化胡经》（此后在第 37 门
医方家还抄有《老子神仙服药经》、《老子孔子枕中杂方》、《老子教人服药
修长住仙经》和《老子道精经》），似乎在表明抄本时"老"与"孝"二字
是有区别的。中国学者对此有疑惑，第 7 门专为孝经家，录有郑玄、唐玄宗
等注各类孝经及相关图书 20 种 45 卷，显然第 25 门道家内只应有《老子》
而不应有《孝子》，而道家第 24 篇抄为"々々化胡经"，显然只能是《老子
化胡经》，第 25 门道家前 24 篇的"々々"应为"老子"无疑。不过，只要
未看到室生寺本将第 25 门道家第一篇明确抄录为"老子"，多数中国学者
也只能依据安井衡本，指出《太上老君玄元皇帝圣化胡经》东传日本，而
避免言及《老子道德经》是否东传古代日本并有何等重大影响这一更重要
的问题。[①]

而且直至 18 世纪的江户时代，日本社会和平有序，学术风甚浓，各种
书目类书籍多出，如《倭版书籍考》《辨疑书目录》《掌中目录》《掌中书
名便览》《正斋书籍考》等，都记有《老子》《周易》《庄子》《抱朴子》
等典籍存于日本。此系限外之话，容略免述。

三　关于"日本六国史"

既然《日本国见在书目录》记有大量中国道文化典籍东传古代日本，
那么下一个问题是中国道文化东传对日本古代社会的发展产生了何等作用。

---

① 其实，"老""孝"之误乃古典中常现。中国撰佛经《清净法行经》中有"摩诃迦叶，彼称
孝子"句，其中的"孝子"亦为"老子"之误笔。参见河野训『中国の仏教受容とその展
開』、皇学館大学出版部、2013 年、54 頁。

这首先需从日本正史即"日本六国史"中寻找答案。

所谓"日本六国史"，即六部日本史书，《日本书纪》、《续日本纪》、《日本后纪》、《续日本后纪》、《日本文德天皇实录》和《日本三代实录》。此六部日本史书记录年限为神传时代至仁和三年（887）八月二十六日①光孝天皇去世、宇多天皇继位，恰为日本古代史之重点时间段，亦与本文考查论述的时间段相吻合。故在日本正史即六国史中对中国道文化东传古代日本发挥何等作用有何记录，成为本文关注的焦点。此六部书为天皇朝廷敕命重臣编撰、成书后又上报朝廷得其认可的"敕撰"国史书，即为正史。除此之外，影响较大的《古事记》是"敕撰"还是"私撰"说法不一。太安万侣乃奉敕编写此书，712 年成书后又上报朝廷，似应为"敕撰"，但其内容是奉敕记录舍人稗田阿礼之叙史，因此从内容看此书又类似于"私撰"，故而未进入"敕撰"国史之列。

"日本六国史"的记史方式大致相同，主要记述天皇及朝廷的活动，以及社会状况、对外关系等。以下依次叙述各史中关于道文化东传日本的部分记录，并从中得出合理的结论。

（一）《日本书纪》

《日本书纪》由舍人亲王主持编撰。该书关于"神代"的记述，毫无疑问显露出中国道文化的影响。尤其开篇部分，"古天地未剖，阴阳不分，浑沌如鸡子……"以及"乾道独化"、"乾坤之道相参而化"等描述②，均大致源于被《释日本纪》《日本书纪纂疏》等引用的中国古典《三五历记》。如《先代旧事本纪》《神皇系图》等日本更早的历史书也都是基于《三五历记》的阴阳思想（天地浑沌如鸡子。盘古生其中，万八千岁。天地开辟，阳清为天，阴浊为地。盘古在其中，一日九变。神于天，圣于地）写成的。③ 按照易学阴阳论，日神、月神应分别是男神和女神，14 世纪的抄本

---

① 本文所记月日为阴历。

② 『新訂増補国史大系普及版 日本書紀 前篇』、吉川弘文館、1983 年、1 頁、4 頁。

③ 参见『新訂増補國史大系（第 8 卷） 日本書紀私記・釋日本紀・日本逸史』、吉川弘文館、1965 年、71 頁；図書刊行会『續々群書類從 第一』、平凡社、1970 年、5 頁、8 頁、9 頁；天理図書館善本叢書和書之部編集委員会『天理図書館善本叢書和書之部第二十七卷 日本書紀纂疏・日本書紀抄』、天理大学出版部、1977 年、22 頁、31 頁。

《神道集》（编者不明）也称二神"产一女三男，其三男者，是日神月神素盏鸣尊，一女者，蛭儿尊是也"。① 《日本书纪》与《古事记》一样，将日神定格为女神，可能是为讨成书时代女帝的欢心。

据《日本书纪》记载，天皇谱系中第 11 代垂仁天皇，垂仁九十年（61）二月一日条记曰："天皇命田道间守遣常世国，令求非时香菓。今谓橘是也。"② 此所谓"常世国"，即神仙所居之处，俗人难至也。然而需要说明的是，此条记录尚属神话传说中的内容，一般认为至 270 年第 15 代应神天皇即位，其记录方有较大的真实性，大陆人移居日本的第一个浪潮就发生在应神天皇时期。应神十四年（283）据说是秦始皇时代汉人子孙的弓月君"领己国之人夫百二十县而归化"；应神二十年（289）九月，东汉灵帝时代汉人子孙"倭汉直祖阿知使主、其子都加使主，并率己之党类十七县而来归焉"。③ 不可否认，这成为中国道文化东传的重要历史背景。

第 21 代雄略天皇在位时，雄略二十二年（478）七月条记曰："丹波国余社郡管川人水江浦岛子乘舟而钓，遂得大龟，便化为女。于是浦岛子惑以为妇，相逐入海，到蓬莱山，历睹仙众，语在别卷。"④ 这显然是附会道教蓬莱仙境、神仙思想而杜撰出的记录，事虽非真，但此记录反映出 5 世纪后期中国道文化已在日本社会流行起来却是真。如果能查到"别卷"细听众仙之语，则更有趣。雄略在位时期与大陆交往甚密，史记中"吴人""汉客""秦民"以及由中国移民（"归化人"）发展成的"陶部""鞍部""画部""锦部""译部"等语频出，不难想象当时中国移民众多之程度。有此强大载体，道家神仙思想随之东传至日，应是无可置疑之事。

第 26 代继体天皇在位时，继体七年（513）六月，百济"贡五经（易、书、诗、礼、春秋）博士段杨尔"；继体十年（516）九月，百济"贡五经博士汉高安茂，请代博士段杨尔，依请代之"。⑤ 第 29 代钦明天皇，钦明十四年（553）日本朝廷遣使至百济，应允向百济派遣援兵，并提出"医博

---

① 近藤喜博編『神道集』、角川書店、1978 年、6 頁、236 頁。
② 『新訂増補国史大系普及版　日本書紀　前篇』、192 頁。
③ 『新訂増補国史大系普及版　日本書紀　前篇』、276 頁、278 頁。
④ 『新訂増補国史大系普及版　日本書紀　前篇』、388 頁。
⑤ 『新訂増補国史大系普及版　日本書紀　後篇』、吉川弘文館、1982 年、23 頁。

士、易博士、历博士等，宜依番上下"。① 翌年百济如日所请新派出五经博士和僧人，以及易博士、历博士、医博士及采药师、乐人等至日工作。

第 30 代敏达天皇，"不信佛法，而爱文史"。② 第 31 代用明天皇，"信佛法，尊神道"，于磐余筑宫，曰池边双槻宫，并遣皇女"拜伊势神宫，奉祀日神"。③ 第 33 代推古天皇，推古十年（602）"冬十月，百济僧观勒来之，仍贡历本及天文地理书，并遁甲方术之书也。是时选书生三四人以俾学习于观勒矣。阳胡史祖玉陈习历法，大友村主高聪学天文遁甲，山背臣日并立学方术，皆学以成业"。④

第 35 代皇极天皇在位时，皇极三年（644）七月条记曰："东国不尽河（富士川）边人大生部多，劝祭虫于村里之人曰，此者常世神也。祭此神者，致富与寿。巫婆等遂诈托于神语曰，祭常世神者，贫人致富，老人还少。由是加劝舍民家财宝、陈酒陈菜、六畜于路侧，而使呼曰，新富入来。都鄙之人取常世虫置于清座，歌舞求福，弃舍珍财。都无所益，损费极甚。于是，葛野秦造河胜，恶民所惑，打大生部多，其巫婆等恐，休其劝祭。"⑤ 此段记叙生动地描绘出道家"长生不老观"传入日本后所产生的广泛社会效应。所以，梅原猛认为，弥生时代不仅传来稻作农业，还有与此前完全不同、以道教为背景的个人不死思想。这种思想从弥生时代经过古坟时代一直流传于后来的日本。⑥

第 36 代孝德天皇，"尊佛法，轻神道（砍生国魂社树之类是也）"。⑦ 皇极四年、大化元年（645）六月十二日发生宫廷政变，苏我氏势力被铲除。十四日，孝德即天皇位。十九日，改元，并召集群臣盟誓。九月初又发生古人大兄皇子等"谋反"事件。九月十九日，孝德天皇诏曰："易曰，损上益下。节以制度，不伤财害民。方今百姓犹乏，而有势者分割水陆以为私地，卖与百姓，年索其价。从今以后，不得卖地。勿妄作主，兼并劣弱。""百

① 派医博士、易博士、历博士来日替换原有人员工作之意。参见『新訂増補国史大系普及版 日本書紀　後篇』、79 頁。
② 『新訂増補国史大系普及版　日本書紀　後篇』、101 頁。
③ 『新訂増補国史大系普及版　日本書紀　後篇』、119 頁、120 頁。
④ 『新訂増補国史大系普及版　日本書紀　後篇』、140 頁。
⑤ 『新訂増補国史大系普及版　日本書紀　後篇』、205 頁、206 頁。
⑥ 『新訂増補国史大系普及版　梅原猛著作集 5　古代幻視』、小学館、2001 年、542 頁。
⑦ 『新訂増補国史大系普及版　日本書紀　後篇』、215 頁。

姓大悦"。① 大化五年（649）"置八省百官"②，在中务省下设阴阳寮，内设阴阳博士、阴阳师等职，阴阳寮以编造历法时刻、占卜吉凶祸福、探究祥瑞灾异辅弼天皇统治。显然，阴阳寮的工作离不开道文化的基础性支持。

至第 37 代齐明天皇在位时，齐明元年（655）五月庚午，"空中有乘龙者，貌似唐人，着青油笠，而自葛城岭驰隐胆驹山。及至午时，从于住吉松岭之上，西向驰去"。翌年，"于田身岭冠以周垣，复于岭上两槻树边起观，号为两槻宫，亦曰天宫"。③

第 40 代天武天皇，"生而有岐嶷之姿，及壮雄拔神武，能天文遁甲"。④《日本书纪》关于天武天皇的许多记录也表达出这一点。天武四年（675）元旦，"大学寮诸学生、阴阳寮……等捧药及珍异等物进"，天武朱鸟元年（686）正月十三日，"召诸才人、博士、阴阳师、医师者并廿余人，赐食及禄"，⑤ 由此可见天武天皇对阴阳学是何等重视。也正因如此，天武十三年（684）十月一日，天武天皇下诏曰："更改诸氏之族姓，作八色之姓，以混天下万姓。一曰真人……五曰道师……是日，守山公……十三氏赐姓曰真人。"⑥ 道教名称"真人""道师"皆列入姓，显示道文化在日本政治文化中的影响已大大增强。

这些记录表明，在天皇制形成初期，信佛法抑或尊神道，二者之间的斗争颇为激烈。当然，此中的神道应视为在中国道文化影响下形成的以皇室传承为中心的日本宗教。而关于"乘龙者"和"两槻宫"的记叙及前述拜常世神之众举，则为论述中国道文化在古代日本的早期影响的众所熟知的例证。

最后，第 41 代持统天皇，于持统八年（694）十二月六日，"迁居藤原宫"⑦。1981 年 5 月，奈良国立文化财研究所发表《飞鸟藤原宫发掘调查出

---

① 『新訂増補国史大系普及版　日本書紀　後篇』、223 頁。《周易》第 42 卦曰："损上益下，民悦无疆；自上下下，其道大光。"参见《周易注》，〔魏〕王弼注，《景印文渊阁（钦定）四库全书》（第 7 册），台北：台湾商务印书馆，1986 年，第 236 页。
② 『新訂増補国史大系普及版　日本書紀　後篇』、224 頁。
③ 『新訂増補国史大系普及版　日本書紀　後篇』、261 頁、262 頁、263 頁。
④ 『新訂増補国史大系普及版　日本書紀　後篇』、307 頁。"岐嶷"，伟硕超群之意。
⑤ 『新訂増補国史大系普及版　日本書紀　後篇』、335 頁、336 頁、382 頁。
⑥ 『新訂増補国史大系普及版　日本書紀　後篇』、372 頁、373 頁。
⑦ 『新訂増補国史大系普及版　日本書紀　後篇』、423 頁。

土木简概报（六）·藤原宫出土木简（五）》，概述了1980年4月至1981年3月第29次调查出土的第5批藤原宫出土木简的状况及内容。该批次木简为大宝年代（701~704年）遗存，从木简所记文字内容看，绝大多数为宫内各项物品的交付记录，还有少量宫内活动和官员任免的记录。其中有一条木简记录值得注意，即在宫南面外濠出土的QP29~081号木简，其内容为"道可非常道□"。这一记录理应是中国《老子道德经》首句"道可道非常道"，因记录者对《老子》不熟悉或其他原因而产生的误记，记录时漏掉了"道可道"的第二个"道"字，而误将此"道"字放在了"非常道"（已看不清，故以□代替，由于网上未公布此木简照片，只能推测。中国学者多写为"道可道非常道"，实为讹传。另有一同类编号木简记录为"道道道道道□□□□□"，难解其意，或亦与道学有关）之后。但据此至少可推定，中国道文化在大宝年代不仅已传入日本，而且在皇室具有影响，这与前文所叙日本史籍记录具有互为印证的一致性。[①]

（二）《续日本纪》

该书于797年成书，由藤原继绳、菅野真道等编撰，记录697年至791年的日本史。大宝元年（701）正月朔日条记载了文武天皇的元旦朝贺（贺正）仪式："天皇御太极殿受朝，其仪，于正门树乌形幢，左日像、青龙、朱雀幡，右月像、玄武、白虎幡。蕃夷使者，陈列左右。文物之仪，于是备矣。"[②] 天皇面南，故左为东，右为西。文武天皇欲以此种代表当代先进文化、规模盛大的外交仪式来彰显日本与唐朝的对等地位，而青龙、朱雀、玄武、白虎幡被称为"四神旗"，是道文化东传古代日本的生动说明（关于"四神旗"后文详述）。

同年2月14日条记曰："释奠。（注：释奠之礼，于是始见矣）"[③] 所谓"释奠"，即孔子祭，每年二月、八月在大学寮祭孔子及十哲，是日本朝廷最重要的学术活动。天皇重视，朝廷大臣亦需参加。由文章博士出题，轮流

---

① 『飛鳥藤原宮発掘調査出土木簡概報（六） 藤原宮出土木簡（五）』、奈良国立文化財研究所、昭和五十六年五月、https：//repository. nabunken. go. jp/dspace/bitstream/11177/1007/1/BN04187634_ 06. pdf［2019－01－02］。
② 『新訂増補国史大系普及版 続日本紀 前篇』、9頁。
③ 『新訂増補国史大系普及版 続日本紀 前篇』、9頁。

讲解，亦可辩论，学术气氛浓厚。传自中国，在日本亦传续多年。此学术讨论的内容自然包括儒、道在内，此待后叙。

天平八年（736）八月二十三日条记曰："入唐副使从五位上中臣朝臣名代等，率唐人三人、波斯人一人拜朝。"十一月三日条记曰，圣武天皇"诏：授入唐副使从五位上中臣朝臣名代从四位下……唐人皇甫东朝、波斯人李密翳等，授位有差"①。这表明当时的天皇朝廷对派遣遣唐使一事的重视，但未记录遣唐使中臣名代在唐朝的活动。对此，恰有中国史籍可查。据《册府元龟·外臣部》所记，唐玄宗开元二十三年（735）闰十一月，"日本国遣其臣名代来朝，献表恳求《老子》经本及天尊像以归，于国发扬圣教。许之。"②此条记录显示出日本使臣引进中国道文化的真切意愿，可以认为作为中国先进文化核心内容之一、唐时盛行的道文化东传日本乃必然趋势。

天平宝字元年（757）十一月九日条记曰："（孝谦天皇）敕曰：如闻，顷年，诸国博士、医师，多非其才，托请得选。非唯损政，亦无益民。自今以后，不得更然。其须讲，经生者，三经……阴阳生者，周易，新撰阴阳书，黄帝金匮，五行大义"③。这段记述表明当时的天皇朝廷对各地无真才实学者靠走后门谋学位的现象非常不满而欲加限制，要求今后的博士生必须会讲解相关的学问，其中阴阳生必须会讲解周易、新撰阴阳书、黄帝金匮及五行大义。

天平宝字三年（759）六月十六日条记曰："（淳仁天皇）诏曰：……自今以后，追皇舍人亲王，宜称崇道尽敬皇帝，当麻夫人称大夫人，兄弟姐妹悉称亲王。"④ 这是《日本书纪》的主编舍人亲王之子即位天皇后对其父的最高褒奖，其中"崇道"之"道"应为天皇治世之道，当然包括道家易学的内容在内；称"皇帝"而不称"天皇"，似为表明舍人亲王生前重视吸纳中国先进文化的性格。《日本书纪》的编纂和记叙充分反映出这一点。

天应元年（781）六月二十五日条记曰："远江介从五位下土师宿祢古人、散位外从五位下土师宿祢道长等一十五人言……望请因居地名，改土师

---

① 『新訂增補国史大系普及版　続日本紀　前篇』、141 頁。
② 《册府元龟》（第 11 册），南京：凤凰出版社，2006 年，第 11559 页。
③ 『新訂增補国史大系普及版　続日本紀　前篇』、243 頁。
④ 『新訂增補国史大系普及版　続日本紀　前篇』、262 頁。

以为菅原姓。敕依请许之。"① 此土师（菅原）道长之名"道长"，显然取自《周易》第八卦"君子道长，小人道消也"句②，乃以名显志也。

（三）《日本后纪》

该书于840年成书，记录了792年至833年的日本史。主编者为左大臣藤原绪嗣。藤原在奉呈《日本后纪》的奏章（代序）中称：

> 臣绪嗣等，讨论绵书，披阅昔策，文史之兴，其来尚矣。无隐毫厘之疵，咸载锱铢之善。炳戒于是森罗，徽音所以昭晰。史之为用，盖如斯欤。伏惟前后太上天皇，一天两日，异体同光，并钦明文思，济世利物，问养马于牧童，得烹鲜于李老。民俗未饱昭华，薜萝早收涣汗……（臣等）错综群书，撮其机要，琐词细语，不入此录。接先史后，缀叙已毕。但事缘例行，具载曹案，今之所撰，弃而不取。自延历十一年正月丙辰，迄于天长十年二月乙酉，上下四十二年，勒以成四十卷，名曰日本后纪，其次第列之如左。庶令后世视今，犹今之视古。臣等才非司马，识异董狐，代匠伤手，流汗如浆。谨诣朝堂，奉进以闻。谨序。③

不言而喻，此奏章充分显示出八九世纪日本官僚及知识界的汉语水平甚高，关于中国史的知识颇为丰富，对中国百家学术思想的理解甚为深刻。仅以其中赞美前后两位太上天皇（嵯峨、淳和）之句为例（此句与其他后世传抄本无区别），即"钦明文思，济世利物，问养马于牧童，得烹鲜于李老。民俗未饱昭华，薜萝早收涣汗"句。其中，"钦明文思"为《尚书·虞书·尧典》中赞美尧帝之名句④；"济世利物"应是意出《庄子》，庄子曰"利泽施于万世"（《庄子·外篇·天运》），"爱人利物之谓仁"（《庄子·外篇·天地》）⑤。再有"问养马于牧童"，取之于《庄子·杂篇·徐无鬼》中

---

① 『新訂増補国史大系普及版　続日本紀　後篇』、吉川弘文館、1983 年、474 頁、475 頁。
② 《周易注》，〔魏〕王弼注，《景印文渊阁（钦定）四库全书》（第 7 册），第 214 页。10 世纪末权倾朝野的藤原道长之名亦如此。
③ 『新訂増補国史大系普及版　日本後紀』、吉川弘文館、1982 年、1 頁、2 頁。
④ 《尚书》，《四部备要》（第 1 册），北京：中华书局，1989 年影印版，第 3 页。
⑤ 《庄子》，《四部备要》（第 53 册），第 51、60 页。

黄帝求治国之道于乡野牧童的故事。黄帝问如何"为天下"，牧童答曰："夫为天下者，亦奚以异乎牧马者哉！亦去其害马者而已矣！"黄帝再拜稽首，称"天师"而退①。"得烹鲜于李老"，显然源自《老子道德经》中之名句"治大国若烹小鲜"②。"民俗未饱昭华，薜萝早收涣汗"中"昭华"，为汉《尚书大传》用语，美玉之称③；"涣汗"，《易经》用语，大水之意，亦引申为王命④，从上下文关系看，此句似可理解为"民意未达最佳，吾等（以隐士自谦）早受王命（续修国史）"。由此不长之奏章即可看出，《庄子》《老子》《易经》等中国道文化经典对日本当权者的影响何等深刻。

《日本后纪》共 40 卷，现存仅 10 卷，其他已佚失。朝日新闻社电子版《日本后纪》对佚失部分，采用《类聚国史》《日本纪略》的相关记叙予以补缺。其中的延历十九年（800）七月二十三日条记曰："（桓武天皇）诏曰：朕有所思，宜故皇太子早良亲王追称崇道天皇，故废皇后井上内亲王，追复称皇后，其墓并称山陵。"此条即依据《类聚国史》《日本纪略》相关记叙补缺而成。⑤结合早良亲王之生平，细体其"崇道"之"道"，同前述天平宝字三年条，应为包括道家易学内容在内的天皇治世之道。弘仁三年（812）九月十日条记载，某某大臣向天皇上表曰"伏惟皇帝陛下，道高万古，功迈百王"。⑥此处之"道"则指统治国家的能力与方法，与前述之"道"有意义相通之处。

以下为《类聚国史》补充之史料。弘仁十四年（823）四月二十五日条记载，淳和天皇（对太上天皇）言："……然则世有淳醨，时有今古。若推鸿荒之风于名教之代，此庄老之谈，所以见弃于世也。"⑦这是淳和劝说嵯峨接受太上天皇名号时说的话，此前一日嵯峨表示"欲从古朴"无须尊号，淳和天皇才说要将远古荒蛮混沌之风推至礼教名分严明的当代，这是老庄的主张，因不合时宜应被抛弃。淳和如是说，似仅为劝说嵯峨而已，并非想抛

---

① 《庄子》，《四部备要》（第 53 册），第 97 页。
② 《老子道德经》，《四部备要》（第 53 册），第 21 页。
③ 《尚书大传》，《景印文渊阁（钦定）四库全书》（第 62 册），台北：台湾商务印书馆，1986 年，第 389 页。
④ 《周易》，《四部备要》（第 1 册），第 43 页。
⑤ 『新訂増補国史大系普及版　類聚国史　第一』、吉川弘文館、1981 年、155 頁。
⑥ 『新訂増補国史大系普及版　日本後紀』、118 頁。
⑦ 『新訂増補国史大系普及版　類聚国史　第一』、143 頁。

弃老庄之学。所以，淳和天皇自己在天长十年（833）让位后，在辞受太上天皇尊号时即称"老聃杜企跨之涂，量不可强；庄叟开性分之域，谬以太上天皇之授也"①，仍以老庄之学为拒受太上天皇尊号作托词。

天长三年（826）九月六日条记曰："伊豫守从四位上安倍朝臣真胜卒……任阴阳头、……神祇伯……天资质朴，不好祗媚。学老庄，能口自读如流。"② 当时，达到一定级别的官员去世，史家往往给予总结性评价，似盖棺定论。从对安倍真胜的评价可以看出，当时老庄是一门学问，而且是一门较为深奥的学问，在学术层面占有重要的地位，"学老庄"与最后任神祇伯应有内在联系。

（四）《续日本后纪》

该书于869年成书，藤原良房等编撰，记录了833年至850年仁明天皇一代的日本史。天长十年（833）二月二十九日条记载，仁明天皇上表太上天皇请莫让位，"……人之所愿，天必随。道之所通，物不拥……天道无私，冀垂鉴许。"③ 此所谓"天道"应与老子之道有相通之处。

承和七年（840）三月二十六日条记曰："（仁明天皇）敕符陆奥守正五位下良峰朝臣木连、前镇守将军外从五位下匝瑳宿弥末守等，省今月十八日奏，知发援兵二千人。案奏状云，奥邑之民，共称庚申，溃出之徒不能抑制。是则惩又往事之所为也。自非国威，何静骚民。事须调发援兵，将侯物情。其粮料者，用当处谷。但上奏待报，恐失机事，仍且发且奏者。夫预备不虞，古今不易之道也。是以依请许之。宜能制民夷，兼施威德。"④ 此段记录表明，840年春季，陆奥地区（日本东北地区）发生了"庚申之乱"，大批民众涌出街市以"守庚申"，中央政府不得不派出二千援兵前往镇抚。而且此类事件以前亦有发生。朝廷希望威德并施，以静骚乱之民。所谓"庚申"，葛洪在《抱朴子·内篇·微旨》中云："按《易内戒》及《赤松子经》及《河图记命符》皆云，天地有司过之神，随人所犯轻重，以夺其算，算减则人贫耗疾病，屡逢忧患，算尽则人死……又言身中有三尸，三尸

---

① 『新訂増補国史大系普及版 類聚国史 第一』、146頁。
② 『新訂増補国史大系普及版 類聚国史 第二』、吉川弘文館、1981年、281頁。
③ 『新訂増補国史大系普及版 続日本後紀』、吉川弘文館、1983年、4頁。
④ 『新訂増補国史大系普及版 続日本後紀』、100頁。

之为物，虽无形而实魂灵鬼神之属也。欲使人早死，此尸当得作鬼……每到庚申之日，辄上天白司命，道人所为过失。又月晦之夜，灶神亦上天白人罪状。大者夺纪。纪者，三百日也。小者夺算。算者，三日也。"① 总之是劝人乐善勿恶，并在庚申日不能睡眠，否则人身上的三尸（虫）会乘人睡眠之机，上天向主管人寿的司命汇报该人的恶行罪过，从而被司命减寿甚至夺命。大批陆奥民众走上街市以"守庚申"，以致官方不得不出兵镇抚，这说明葛洪的《抱朴子》在当时日本的边远地区的影响已如此之大，更何况在京都、奈良这些中心地区了。古代科学不甚发达，凡人无不欲求长生不老，而道文化则包含助人实现此种欲望的"工具"或"途径"，这或是道文化能够在日本盛行的一个重要原因。然不知何故，当代日本的史学者对此事件极少言之，颇逸常理。

承和十四年（847）五月十一日条记曰："于清凉殿，行庄子竞宴。先是，帝（仁明天皇）受庄子于文章博士从五位上兼备中守春澄宿祢善绳。是日，引善绳宿祢殿上，殊酌恩杯，行束脩之礼。令左右近习臣，各赋庄子一篇。管弦更奏，酣畅为乐，庭燎皙皙。赐善绳宿祢御衣二袭。自外之物，亦称是也。赐近臣禄各有差。当代儒者共以为荣。"② 这是一幅多么谐美祥和的君臣庄子竞宴图。还需注意最后一句"当代儒者共以为荣"，即当代知识分子皆以此为荣，并无门派之见，这也说明了老庄之学对当时朝廷内外之影响何其巨大。

承和十五年（848）六月五日条记曰："（仁明天皇）敕曰，灵心演贶，伫休历而必臻；神道效祯，在至仁而斯感……况复神无常祐，惟德是依。瑞无常臻，因化呈象。故宝祚之庆，在道不在神。天下之平，惟人在惟瑞。"③ 显然，此"宝祚之庆，在道不在神"之道，亦应包含老子之道的内容。

嘉祥二年（849）十一月二十二日条记曰："皇太子上表……伏愿，中和所乐，德广弥彰。保万寿之无疆，怀百神之多福。人称有道，我乃无为。使群臣成鹿苹之欢，六方致凫藻之感。"④ 显然这是关于老子主张的无为之道的直白表述，而"鹿苹之欢"乃取自《诗经》"呦呦鹿鸣，食野之苹；我

---

① 《抱朴子》，《四部备要》（第 55 册），第 24 页。
② 『新訂増補国史大系普及版　續日本後紀』、199 頁。
③ 『新訂増補国史大系普及版　續日本後紀』、212 頁。
④ 『新訂増補国史大系普及版　續日本後紀』、229 頁。

有嘉宾，鼓瑟吹笙"句①，"凫藻之感"乃取自东汉杜诗语"将帅和睦，士卒凫藻"②，均取悠闲、欢悦、和睦之意。

（五）《日本文德天皇实录》

该书于879年成书，藤原基经等编撰，记录了850年至858年的文德天皇在位的日本史。仁寿三年（853）四月十四日条记曰："大内记从五位下和气朝臣贞臣卒。贞臣字和仁……弱冠从治部卿安倍朝臣吉人受老庄，吉人奇之。后入大学。研精不息。"③

齐衡元年（854）八月二十五日条记曰："散位外从五位下名草宿祢丰成卒。丰成，少学老庄，长读五经，义理颇通。学徒多属。天长七年为大学博士，承和四年为直讲。八年转为助教。十一月叙外从五位下。十一年正月以其老者，遥授骏河介，以充教授之资。卒时年八十三。"④ 此条记录了当时日本知识分子从学童至教授的成长发展经历。"少学老庄"，似乎表明老庄之学成为当时知识分子成长的必修课、基础课。"学徒多属"，表示此师学生众多，颇受欢迎。最后朝廷给予教授资格，是对其一生做学问的肯定与褒奖。其中，老庄的作用不可或缺。

天安二年（858）三月十五日条记曰："（文德天皇）有敕，令相摸介从五位下滋野朝臣安成，讲老庄于侍从所，令文章生、学生等五人预听之。"⑤ 天皇亲自下令，命滋野安成在侍从所讲老庄，而且为保证效果还要预讲，其目的是向天皇周边人等推普老庄学问，以懂得无为之治与社会大治之关系。由此可见，文德天皇对老庄学问是何等重视。

（六）《日本三代实录》

该书于901年成书，记录了858年至887年清和、阳成、光孝三代天皇在位时的日本史。编撰者为左大臣藤原时平、右大臣菅原道真（后被贬谪）等。该书序中有言："今上陛下（醍醐天皇），承累圣之宝称，顺兆民之乐

---

① 《毛诗注疏》，《景印文渊阁（钦定）四库全书》（第63册），第438页。
② 《后汉书》，《二十五史》（第2册），上海：上海古籍出版社，1986年，第900页。
③ 『新訂増補国史大系普及版　日本文德天皇実録』、吉川弘文館、1981年、50頁。
④ 『新訂増補国史大系普及版　日本文德天皇実録』、64頁。
⑤ 『新訂増補国史大系普及版　日本文德天皇実録』、113頁。

推。天纵雄才，嗤汉武于大略；德尚恭己，法虞舜之无为。"① 《老子道德经》曰："为无为，则无不治。"② 显然，老子无为政治成为编撰该书的指导思想。菅原道真其实就是一位多学才子，除《汉书》《史记》《文选》《春秋》《白氏文集》及各类医书外，《老子》《庄子》也是其伴身随行之宝典。其名"道真"，源自东汉司马彪注《庄子》。该书在中国早已佚失，但列在《日本国见在书目录》中，说明平安时代日本仍存有此书，菅原道真必稔读此书。唐初训诂学家陆德明释《庄子》，在《庄子·外篇·天地》中"黄帝……遗其玄珠"句后注曰："玄珠，司马云道真也。"另在《庄子·外篇·天道》中也有"夫道……极物之真"句。"极物之真"即探求事物本质、本源之意。总之，"道真"即道学之本质、精华之意，亦表示菅原道真对道学的追求是何等热情。有此缘故，《日本三代实录》中有更多事关老庄之记录亦不足为奇。

贞观元年（859）四月十八日条记曰，皇太后愿文中有"未从汾水之游，俄迁鼎湖之驾"，"然则道之精华，末坠于地；义之骨髓，犹在于人"，"大庭兴梦，无为之化可及；丰谷腾歌，有截之风弥长"。③ 从原文上下文看，文中的"道之精华"与"无为之化"意理相通，而"汾水之游"则取之于《庄子·逍遥游》中"汾水之阳"④ 的故事，"鼎湖之驾"则是黄帝于鼎湖升仙的故事。"大庭兴梦"句可理解为，天皇朝廷的日本梦，即无为的理想可以实现，五谷丰登，四处欢歌，诚礼待客的和谐社会绵延攸长。"有截之风"乃取自唐代之前已广泛流行、后传入日本的《世说新语》，指晋陶侃家贫，其母剪发治馔款客、剪碎草垫喂客之马的故事。⑤

贞观二年（860）十一月十六日条记曰："（清和天皇）诏曰：皇天无亲，以万物为刍狗；圣人无心，以百姓为耳目。是以资生无沫（一作'涯'），不言之化克隆；乐推不厌，无为之业长逸。"⑥ 不言而喻，此"皇天无亲"，乃取自《尚书》 "皇天无亲，惟德是辅；民心无常，惟惠之

---

① 『新訂増補国史大系普及版　日本三代実録　前編』、吉川弘文館、1983 年、1 頁。
② 《老子道德经》，《四部备要》（第 53 册），第 3 页。
③ 『新訂増補国史大系普及版　日本三代実録　前編』、25 頁、26 頁。
④ 《庄子》，《四部备要》（第 53 册），第 6 页。
⑤ 《世说新语》，《四部备要》（第 55 册），第 94 页。
⑥ 『新訂増補国史大系普及版　日本三代実録　前編』、59 頁。

怀"①，"以万物为刍狗"乃《老子道德经》中"天地不仁，以万物为刍狗"②之翻版，"圣人无心，以百姓为耳目"为《老子道德经》中"圣人之在天下惵惵，为天下浑其心，百姓皆注其耳目，圣人皆孩之"③的改语，而"无为之业"则是以老子无为思想视天皇之任的表述。这是老子思想对古代日本政治影响深刻的又一重要例证。

贞观三年（861）八月六日条记曰："释奠如常，外从五位下行直讲六人部福贞讲周易。"八月十六日条记曰："天皇始讲论语，正五位下行大学博士大春日朝臣雄继侍讲。"④

贞观八年（866）二月一日条记曰："释奠，外从五位下行直讲苅田首安雄讲周易。文章生等赋诗如常。"⑤

贞观十年（868）六月十一日条记曰："美浓权守从五位上滋野朝臣安城卒。安城尤好老庄，诸道人等受其训说。卒时年六十八，良干之父也。"⑥这表明直至 9 世纪后期，老庄之学仍时兴不衰，未贯通此学问则难受朝廷重任、成为"良干"。此段记录中之"诸道人等"是否"诸位道士"之意，值得注意。

元庆七年（883）二月十日条记曰："释奠于大学。祭礼已了，外从五位下行助教净野朝臣宫雄讲周易。文章生学生等赋诗。"⑦

仁和二年（886）八月一日条记曰："释奠如常。祭祀礼毕，太政大臣入庙，拜文宣王影。公卿大夫毕会，令明经博士讲论周易。文章生等赋诗如常。"八月二日条记曰："明经博士率得业生学生等，奉参内里。天皇御紫宸殿，引见博士等，一一令论五经义，赐禄有差。"⑧

十数条皆为释奠记录，讲学内容皆为周易。《日本二代实录》对释奠的记录颇详细，每年元旦的朝贺、元月八日开设的读经会（主要由佛僧诵读护国安民的《金光明最胜王经》及各类般若经、法华经等），以及二月、八

---

① 《尚书》，《四部备要》（第 1 册），第 65 页。
② 《老子道德经》，《四部备要》（第 53 册），第 4 页。
③ 《老子道德经》，《四部备要》（第 53 册），第 18 页。
④ 『新訂増補国史大系普及版　日本三代実録　前編』、78 頁。
⑤ 『新訂増補国史大系普及版　日本三代実録　前編』、176 頁。
⑥ 『新訂増補国史大系普及版　日本三代実録　前編』、233 頁。
⑦ 『新訂増補国史大系普及版　日本三代実録　前編』、533 頁。
⑧ 『新訂増補国史大系普及版　日本三代実録　後編』、吉川弘文館、1983 年、615 頁。

月在大学寮举行的两次释奠活动，是朝廷一年中最重要的例行公事活动。释
奠讲学除《周易》外，还有《论语》、《孝经》、《左传》、《尚书》、《礼
记》、《毛诗》以及《诗经》等，但其中《周易》似乎是位居第一的学问。[①]
释奠是天皇时而幸之、亲自过问甚至亲自出讲，太政大臣以下全部高级官僚
出席的学术活动，由此可见释奠在古代日本政治生活中的重要性。释奠对统
一官员思想认识、提高官员精神境界具有重要作用，而其中道、儒两家的学
说主张互为砥进，而非排斥。当然，加上释家，则为道、儒、释三家共支古
代日本社会，这一点是毫无疑问的。

　　总之，"日本六国史"中的丰富史料充分证实，中国道、儒、史、释
传入古代日本，一向多讲实际、少有理论的日本统治阶级奉若至宝，欲充
分利用发挥其社会价值，释教成为其护国顺民之工具，史学成为其借鉴之
镜，道、儒二教成为其建国发展之理论基础、各级官员修身养性之规范。
日本奈良时代和平安时代前期，正应对中国唐朝玄宗及以后时期。日本学习
中国文化，包括道文化在内的中国古代先进文化东传日本，这是清晰无辩的
历史事实。

The Spread of Taoist Culture in China-Japan
Cultural Exchanges（Ⅰ）

Jiang Lifeng

Abstract：The spread of Chinese Taoist culture to ancient Japan is an
important issue in the cultural exchange between China and Japan. For a long
time, Japanese scholars have done a series of researches, the main view of which,
however, is that the religious organization of Taoism has never been passed to
Japan and the Japanese words of "Emperor" and "Shinto", which borrow Chinese
characters, have no links with Taoism. Furthermore, those researches,

---

① 《养老律令》中的《学令》明确规定从五位以上官员的子孙中选拔的大学生必学的经典是：
　　"凡经周易，尚书，周礼，仪礼，礼记，毛诗，春秋左氏传，各为一经；孝经，论语，学者
　　兼习之。"由此可见易学的重要性。参见惟宗直本編·石川介（蕉園）校『令集解』（第十
　　五卷）、東京書林、1871 年、5 頁、6 頁。

intentionally or unintentionally, deny the great influence of Chinese Taoist culture on the development of ancient Japanese society since it was spread to Japan. The researches of Chinese scholars basically take the same path. By reviewing and interpreting first-hand historical materials, the article attempts to analyze the driving factors and circumstance for the development of ancient Japanese society and comes to the conclusion that the spread of Chinese Taoist culture to Japan through the cultural path in Northeast Asia has a great impact on the ideology and mentality of the Japanese people, as well as ways of governance of the Japanese ruling class. Chinese Taoist culture, the Confucian culture and the Buddhist culture have become the three major pillar in promoting the development of ancient Japanese society, which should be fully acknowledged.

Keywords：China-Japan Cultural Exchanges；Taoist Culture；Taoism；Japanese Emperor；Shintoism；Four Mythical Animals

《日本文论》（总第 1 辑）
第 58～101 页
© SSAP, 2019

21世纪初期日本的文化战略探析

崔世广

内容提要： 进入 21 世纪以来，日本加快了构筑文化战略的步伐，通过制定和发布相关法律、法规和政策文件，确立了具有鲜明日本特色的文化战略。日本文化战略内涵丰富，主要包括文化振兴战略、文化产业战略和文化外交战略三个方面。这三个方面既相互区别又有内在联系，形成独特的三位一体结构，发挥了明显的相乘效应。作为日本国家战略的重要一环，文化战略占有不可替代的位置。日本在推进文化战略的过程中，形成了一套富有特色的机制，并取得了令人注目的效果。对日本文化战略的内涵、推进机制及成效做进一步探讨，或许可以为中国文化软实力建设提供某种借鉴。

关 键 词： 文化战略　文化产业　软实力　三位一体结构

作者简介： 崔世广，厦门大学讲座教授，中国社会科学院日本研究所研究员，博士生导师。

日本在历史上一直是一个特别看重硬实力的国家，这从其战前走富国强兵即重视经济和军事的道路，战后又走重视发展经济的路线就可以看出来。但是，日本又是一个对国际形势非常敏感的国家，在冷战后各国日益重视文化软实力、加紧构筑文化战略的潮流中，日本自然也不会甘于落后。自冷战结束特别是进入 21 世纪以后，日本将构筑新的文化战略提上了重要议事日程，日本政府及相关部门通过制定与发布相关法律、法规、政策和文件，确立了明确的国家文化战略，形成了一套富有特色的推进机制，并且取得了不小的成效。

21 世纪初期，日本的文化战略主要体现在日本政府及有关部门颁布的相关法律、法规、政策和文件中：日本政府发布的《文化艺术振兴基本法》

（2001 年）、"文化审议会"提出的报告《关于构筑重视文化的社会》（2002 年）、内阁会议决定的《关于振兴文化艺术的基本方针》（即"第一次基本方针"，2002 年）、日本政府通过的《知识产权基本法》（2002 年）、"国际文化交流恳谈会"提出的报告书《关于推进今后的国际文化交流》（2003 年）、知识产权战略本部（内容产业专门调查会）提出的《振兴内容产业政策——软实力时代的国家战略》（2004 年）和《推进日本品牌战略——向世界宣传魅力日本》（2005 年）、"推进文化外交恳谈会"提出的报告书《创造"文化交流的和平国家"日本》（2005 年）、知识产权战略本部（内容产业专门调查会）提出的《数字内容产业振兴战略——使日本成为顶级数字内容产业大国》（2006 年）和《致力于实现世界最尖端的内容产业大国》（2007 年）、日本政府提出的《日本文化产业战略》（2007 年）、经济产业省内容产业全球战略研究会提出的《内容产业全球战略报告书》（2007 年）、内阁会议通过的《关于振兴文化艺术的基本方针》（即"第二次基本方针"，2007 年）、外务省海外交流审议会提出的《强化日本对外传播的五个提议》（2007 年）、外务省海外交流审议会报告《强化我国对外传播力度的施策与体制——为了增加日本的理解者与粉丝》（2008 年）、文化厅文化传播战略恳谈会报告书《关于提高对日本文化理解与关心的文化传播的措施》（2009 年）、知识产权战略本部（内容产业、日本品牌专门调查会）提出的《日本品牌战略——将软实力产业作为成长的原动力》（2009 年）、日本品牌确立与传播的相关省厅联席会议提出的《日本品牌战略基本方针》（2009 年）、经济产业省提出的《以"文化产业立国"为目标——将文化产业变为 21 世纪的牵引产业》（2010 年）、知识产权战略本部计划委员会提出的《关于推进"酷日本"的基本方针》（2011 年）、内阁会议决定的《关于振兴文化艺术的基本方针》（即"第三次方针"，2011 年）、经济产业省提出的《酷日本战略》（2012 年）、内阁会议决定的《关于知识产权政策的基本方针》（2013 年）、知识产权战略本部提出的《知识产权政策构想》（2013 年）、安倍内阁提出的《日本再兴战略》（2013 年）和《日本再兴战略 2014 年修订版》、《日本再兴战略 2015 年修订版》、内阁会议决定的《关于振兴文化艺术的基本方针》（即"第四次基本方针"，2015 年）、《日本再兴战略》（2016）、日本政府通过的新《文化艺术基本法》（2017 年）、内阁官房和文化厅提出的《文化经济战略》（2017 年）、内阁会议决定的《文化艺术推进基本计划》（2018 年）、内阁官房和文化厅提出的《2018 年文化经济战略行动计划》等。

日本积极构筑文化战略的新动向，引起了中国学界的极大关注和重视，涌现了大量的相关研究成果。但总的来看，这些研究主要是围绕日本文化战略的某个方面来展开的，如日本的文化立国战略、文化产业战略、文化外交战略、文化资源建设战略等，基本没有超出专题性研究的范围，而鲜有将21 世纪初期的日本文化战略作为一个有机整体来把握、对其进行系统和综合性探讨的成果。显然，这样的研究有碍于清楚认识日本文化战略各个部分之间的内在关联，也难以准确把握日本文化战略的整体面貌，进而对日本文化战略的地位和成效做出客观评析。有鉴于此，本文拟主要从上面列举的法律、法规、政策和文件等一手资料入手，尝试从整体上来分析 21 世纪日本文化战略的内涵与结构，揭示文化战略在日本国家战略中的位置及推进机制，并在此基础上探讨日本推进文化战略所取得的成效，进而提出对中国文化软实力建设的借鉴意义。

一　日本文化战略的内涵与结构

如果对日本文化战略的内涵进行深入分析的话，就会发现其主要包括三个方面，即文化振兴战略、文化产业战略和文化外交战略。这三个方面既相互区别又有着内在联系，共同构成了日本文化战略的整体结构。

（一）文化振兴战略

21 世纪以来，文化在日本国家建设和未来发展中的地位日益凸显，文化振兴作为日本文化战略的重要组成部分被提到了前所未有的高度。而且，随着形势的发展和时代的变迁，文化振兴战略的内涵也不断深化。日本于 2001 年制定了《文化艺术振兴基本法》，就是这部法律将 20 世纪90 年代提出的"文化振兴"说法改为"文化艺术振兴"，扩大了对文化概念的解释，显示了对文化振兴认识的深化。这部法律进一步明确了关于文化艺术振兴的基本理念，并且制定了综合推进文化艺术振兴的政策措施，在日本的文化振兴战略中占有重要位置。在该法的基础上，日本每隔四年左右就重新制定一次《关于振兴文化艺术的基本方针》，以适应国内外形势的变化。正如前面提到的那样，2002 年 12 月、2007 年 2 月、2011 年 2 月、2015 年 5 月，日本政府相继公布了四次《关于文化艺术振兴的基本方针》。

日本文化振兴战略的演进，显示了日本对文化的地位及作用认识的深化。通过多年的实践，日本政府逐渐认识到文化具有以下几个重要意义。第一，文化具有基本的价值，是人类丰富心灵、提高修养的精神食粮。文化还是人们生活方式的总和，只有重视每个人的"生活"，提高"人生的质量"，才能创造出有魅力的文化。第二，文化的创造和提高，又会直接影响到人们的生活质量和精神状况。《关于文化艺术振兴的基本方针》强调了文化对社会的安定与发展的作用。"文化通过与他者共感之心，把人与人结合在一起，提供相互理解与尊重的土壤，是人们协同活动、共生的社会基础。"可以说，将文化的发展和创新与构建新型的、具有平等和竞争平衡色彩的日本社会有机结合起来，是日本文化振兴战略的一个重要特征。第三，文化是经济发展新的牵引力。随着时代的发展，文化在经济活动中的作用越来越重要，文化成为经济多样化和高附加值的源泉。与文化相关联的产业也成为新的经济增长领域，这表现在流行文化产业、旅游观光产业、多媒体信息通信产业等方面。同时，文化振兴事业还具有使经济整体恢复活力的作用，对文化事业的投资和支出，可以唤起新的需要，创造新的就业机会。文化振兴除了具有文化领域的意义之外，对于促进经济向更高层次发展和完成经济改革也具有重要意义。因为文化不仅可以为经济的发展提供具有创新意识和竞争意识以及高素质的新型人才，还会形成新的经济增长点和新的文化产业。其中指出，"文化方式，在对经济活动产生很大影响的同时，文化本身也产生新的需要和高附加值，能对许多产业的发展做出贡献"，强调了文化对经济发展的重要意义。第四，文化是软实力。对外文化交流和文化外交，可以提升国家的形象，成为国家的软实力，有利于实现国家、民族之间的沟通，有利于实现国家的对外战略目标。当然，日本国家形象的提升和人们对日本魅力的向往，反过来又会促进观光产业等的发展，促进国内外对日本产品的消费，推动日本经济的增长。[1]

---

[1] 参见崔世广《面向 21 世纪的日本文化战略》，载南开大学日本研究院编《日本研究论集 (2006)》，天津：天津人民出版社，2006 年。

随着文化重要性的凸显，日本开始把打造文化资源大国作为日本文化振兴战略的重点。日本政府日益认识到日本是一个文化资源大国，并把发掘和重新认识日本的文化资源、将日本真正打造成文化资源大国，纳入文化艺术振兴战略之中。日本政府认为，日本的"文化资源"不仅包括传统文化，而且包括现代生活的各个方面，如日本人的日常生活以及与自然环境共生的生活方式。在此基础上，日本政府提出："价值不仅仅是存在的，也是可以创造的。"正是在这种思想的指导下，日本致力于将国家打造成"文化资源大国"。

日本政府将打造文化资源大国作为文化振兴事业中的重要目标，大力振兴以歌舞伎、能乐、茶道等为代表的传统文化，和以动画、漫画、游戏等为代表的新兴大众文化。日本政府认为，艺术、设计、流行文化、历史文化遗产以及衣食住行等生活方式，都是日本式的"文化资源"。但历史上的"资源大国"并非一定可以成为"经济大国"，因此，以传统文化和流行文化为主要内容的日本文化资源，依然需要政府和地方、民间的大力培育，才能成为永远不会枯竭的资源。只有这样，"文化资源"才具备可持续发展的能力。

日本政府还认识到，日本的"文化资源"不仅存在于东京等大城市，也存在于各个地区和地方。包括文化遗产、街道和景观、传统艺能，以及包括日本大米、日本酒在内的多样化饮食文化等，这些都是源自地方的文化资源。国家应对这些文化资源进行重新评价并加以有效利用，同时也可以借此增强地方经济的活力。扎根于地方传统历史文化的地方文化资源，在今后地区经济和地域社会的发展中具有特别的价值，将日益发挥更加重要的作用。另外，地方文化资源也是观光产业的重要资源，各地方政府应该发挥各自的优势，因地制宜地制定具体政策加以有效利用，并促进其向产业化方向发展。

值得一提的是，在日本的文化振兴战略中，还特别注意提炼出日本文化艺术的特点，以此宣扬日本文化艺术的魅力。进入 21 世纪后，日本政府在振兴文化政策方面，特别强调日本文化艺术富有"感性"的特点。在文化活动中强调"感性"的力量，有助于提高民众的个人感性能力和创造能力。日本政府希望建立一种机制，将"感性"引入经济活动中，开发出使人心情愉悦的居住环境和汽车、家电等产品。为了实现这个目标，政府一方面改善文化事业的办公环境，改革公共协调方式，使民众与企业合作，共同创造出良好的生活环境；另一方面努力促进民众在工作和生活中用"感性"体验和享受丰富的文化成果。

另外，日本还把"美"作为文化艺术的另一个魅力加以强调。在日本，认为日本传统文化艺术、艺能、饮食以及动画、漫画、游戏具有丰富美感，把"美"作为日本文化艺术的一大特点，是一种带有普遍性的认识。在2004 年出版的《美丽的国家日本的使命——久保木修己遗稿集》（久保木修己遗稿集刊行会编『美しい国日本の使命 久保木修己遺稿集』、世界日报社）和町村信孝在 2005 年出版的《保守的逻辑——构建凛然之美的国家》（『保守の論理—「凛として美しい日本」をつくる—』、PHP 研究所）中，都提出了"美丽国家"的概念。安倍晋三在第一次竞选自民党总裁时，便将"建设美丽国家"作为政治口号，向公众介绍了自己的政治目标和理念。其在2006 年出版的《迈向美丽的国家》一书中提出："我们的国家日本，是有着美丽的自然、具有悠久的历史和独特文化的国家。而且，还蕴藏着很大的可能性。能将这种可能性发掘出来的，是我们的勇气、智慧和努力。"①

安倍在 2007 年开始着手实施"建设美丽国家"的构想，在内阁官房内设置了专门的办公室，召集有识之士召开企划会议，由平山郁夫担任座长。日本政府将"建设美丽国家"的目标具体定义为：以日本的传统、文化和自然为基础，通过改革实现自由、有规章和可持续发展兼备的经济体制，重新发挥人的创造力和地方力量。② 由此可见，所谓"建设美丽国家"，也是日本政府"文化立国"战略的一个组成部分。虽然这个构想的具体实施状况由于 2007 年安倍晋三辞职而不尽如人意，"建设美丽国家"企划会议在召开了两次之后也于当年 9 月解散，但安倍于 2012 年 12 月再次成为首相后，"建设美丽国家"又得以继续推行。2015 年 10 月 7 日，安倍成立了隶属于首相的"'日本之美'综合计划恳谈会"。该恳谈会的主旨是："谋求我国文化艺术的振兴及面向下一代的保存和继承，同时向国内外宣传文化艺术与日本人的美意识和价值观，以对其发展以及国际亲善与世界和平做出贡献。"③ 安倍一直强调："我国有着夸耀于世界的文化艺术……日本的文化艺

---

① 安倍晋三『新しい国へ』、文藝春秋、2013 年、230 頁。
② 『経済財政改革の基本方針 2007—「美しい国」へのシナリオ—』、2007 年 6 月 19 日閣議決定、https：//www. kantei. go. jp/jp/singi/kyouiku/goudou/dai4/sankou2. pdf［2018 - 12 - 25］。
③ 「『日本の美』総合プロジェクト懇談会の開催について」、https：//www. kantei. go. jp/jp/singi/nihon_ bi_ sogoproject/pdf/konkyo. pdf［2018 - 10 - 20］。

术中潜藏着连接日本与世界的巨大力量。"① 到 2018 年 6 月，该恳谈会已经举行了六次会议，集中探讨了"日本之美"的内涵，以及向国内外进行宣传的方策。

从上述内容可以看出，日本极力想借文化振兴战略，把日本打造成文化资源大国和文化大国。日本特别注意在硬件和软件两个方面下功夫。一方面，将文化遗产、文化景观、传统艺能，以及包括日本大米、日本酒在内的饮食文化，还有以动漫、游戏、设计、时装等为代表的新兴大众文化，都作为日本的"文化资源"，通过大力发现、培育和创造，将日本的文化资源丰富化。另一方面，努力从日本文化中提炼出独具特点的"感性"和"美"意识（"酷日本"的提法就与这一文化特性有关）等，将其与文化产业的发展相结合，并通过向海外传播，提升"日本魅力"，树立日本"文化大国"的形象。

（二）文化产业战略

文化产业是文化的物化和外在表现，文化产业发展与文化本身密不可分。文化产业是投入少、产品附加值高的产业，被誉为 21 世纪的"朝阳产业""黄金支柱"。现在，文化产业已经成为推动经济增长和培育创新能力以及增强国家经济竞争力的重要因素。文化产业对国家、地区发展的效应，主要表现在促进经济增长、扩大就业规模、强化社区归属与文化认同、塑造城市与区域形象以及增强国家的整体竞争力等方面。近年来，不少国家和地区都将发展文化产业纳入文化战略之中，将文化产业设定为国家战略产业之一。

进入 21 世纪以来，日本政府越来越重视文化产业，开始从战略高度扶植和推动文化产业的发展。日本 2001 年提出知识产权立国方针，明确提出十年内把日本建成世界顶尖的知识产权大国，并于 2003 年 3 月 1 日实施了《知识产权基本法》。2004 年 4 月，知识产权战略本部（内容产业专门调查会）提出题为"振兴内容产业政策——软实力时代的国家战略"的报告，

---

① 「日本の美」総合プロジェクト懇談会「ジャポニスム2018 総合推進会議（第 1 回）議事要旨」、http：//www. kantei. go. jp/jp/singi/nihon_bi_sogoproject/dai4/gijiyousi. pdf［2018 - 10 - 20］。

建议"将振兴内容产业作为国家战略支柱"的基本方向，并提出集中改革的具体政策（三个目标与十个政策）。2006 年 2 月，知识产权战略本部又提出《数字内容产业振兴战略——使日本成为顶级数字内容产业大国》的报告，把将日本建设成世界顶级的数字内容产业大国定为基本目标。2007 年 3 月，知识产权战略本部提出"致力于实现世界最尖端的内容产业大国"，进一步提高了发展文化产业的目标。

2007 年 5 月 16 日，日本政府发布《日本文化产业战略》，集中体现了对文化产业的综合考量。该战略报告指出，文化战略的基本视点在于，在推进日本文化产业战略时，重要的是日本人自身要重新认识、评价"日本的魅力"。而且，拥有文化产业与日本的经济利益以及作为软实力与外交上的利益直接相联系这样的视点，也非常重要。更为重要的是，还要拥有将尊重多样性、与自然的共生、珍惜物品等具有普遍性的价值观向世界传播的眼光。该报告认为，文化产业的影响力是反映综合国家魅力的文化力，通过文化产业的影响，可以使消费者形成对日本文化的共鸣，促进对日本的理解；而对日本文化的憧憬，又可以吸引世界，对广泛的日本产业产生中长期的波及效果。同时，文化产业不仅有利于增大经济效果，通过提高日本形象增加"日本品牌"的价值，还有利于增进对日本的访问交流以及国民之间的相互理解。因此，有必要超越产业振兴的层次，确立文化交流和传播战略，充分认识文化产业力的根源，培育扎根于大众感性的文化产业。①

2010 年 6 月，日本经济产业省出台了《以"文化产业立国"为目标——将文化产业变为 21 世纪的牵引产业》的报告，正式提出"文化产业立国"的目标。该报告认为，在泡沫经济崩溃以及全球化的激烈竞争中，日本经济正处于重要的转折点。面对以大力发展经济和扩大市场的亚洲新兴国家为中心的市场等，今后不仅可以期待一直以来具有优势的制造业，还期待体现日本文化的产业群，成为日本的经济产业发展和创造就业的推进力量。因此，灵活运用时装、数字内容、设计、食品、生活用品（化妆品、室内用品、玩具、文具等）、观光等文化产业的软实力，向世界提供与日本的文化魅力结

---

① 「アジア・ゲートウェイ戦略会議『日本文化産業戦略』—文化産業を育む感性豊かな土壌の充実と戦略的な発信—」、2007 年 5 月 16 日、http：//www. kantei. go. jp/jp/singi/asia/betten_2. pdf［2018－11－30］。

为一体的产品和服务，将成为未来日本产业发展的一个关键。在这个过程中，不仅应该期待文化产业自身作为成长产业，还应该期待将日本的魅力积极地转换成附加值，使文化产业作为软实力，成为日本产业整体向海外铺开以及将海外顾客吸引到日本的力量。因此，日本应该构筑和展开长期的政策，致力于"文化产业立国"，使文化产业作为支撑 21 世纪日本经济增长的支柱。①

2013 年 6 月 7 日，日本内阁会议通过了《关于知识产权政策的基本方针》。该方针对于变幻的国际局势，充满了危机感，认为"尽管我国拥有悠久的传统和丰富的文化，以及广泛领域的最尖端技术，但是在战略运用方面不得不说落后于其他国家"。为了强化日本的产业竞争力，日本应该利用拥有众多知识产权的强项，在世界上发挥指导能力。该方针提出今后十年日本要成为在知识产权领域中的世界最尖端国家，必须以危机感和速度感制定知识产权政策：一是构筑能吸引国内外企业和人才的世界最尖端的知识产权体系；二是积极支援以亚洲为首的新兴国家构筑知识产权体系，力争使日本的世界最尖端的知识产权体系成为各国依据的标准；三是从这样的世界最尖端的知识产权体系中不断培养具有创造性和战略性的人才。为此，日本应确立"内容产业立国"的国策。② 同样，在 2013 年 6 月 7 日，知识产权战略本部发布《知识产权政策构想》，也提出了强化以内容产业为中心的软实力政策举措：一是采取强化以内容产业为中心的软实力的一体化措施，二是发掘、创造植根于日本传统与文化的有魅力的内容产品和物品，三是向全球宣传日本品牌，四是推进海外拓展战略，五是吸引国内外人才进入日本的服务业，六是强化针对仿造品、盗版的对策，七是培养内容产业人才。③

文化产业的发展程度直接体现了一个国家的文化软实力，文化产业越发达就越有利于文化的传播和渗透，从而增强文化的影响力和吸引力，而这又

---

① 経済産業省「『文化産業』立国にむけて—文化産業を21 世紀のリーディング産業に—」、2010 年年 6 月、https：//www. meti. go. jp/committee/kenkyukai/seisan/cool＿japan/001＿16＿00. pdf［2018－11－30］。

② 『知的財産政策に関する基本方針』、2013 年 6 月 7 日閣議決定、https：//www. kantei. go. jp/jp/kakugikettei/2013/＿＿icsFiles/afieldfile/2013/06/20/20130607－02. pdf［2018－12－25］。

③ 知的財産戦略本部「知的財産政策ビジョン」、2013 年、https：//www. kantei. go. jp/jp/singi/titeki2/kettei/vision2013. pdf［2018－09－16］。

会反过来促进文化产业的发展。正如"强化以内容产业为中心的软实力"这句话所反映的那样，日本的文化产业战略早已不是单纯的产业发展战略，而是将其作为文化软实力来认识，把其纳入了文化软实力战略之中，由其向外宣传日本文化的魅力，同时支持经济产业的发展。

在日本的文化产业战略中，富有特色的是日本品牌战略和"酷日本"战略。以前，日本的贸易主要由民间来进行，并没有明确的国家品牌战略。进入 21 世纪后，日本政府将塑造日本品牌作为重要的国家战略，开始致力于必要的环境整备和支援。日本在《知识产权推进计划 2005》中，明确地提出了日本的品牌战略。该计划指出："为了将日本变成受世界热爱和尊敬的国家，需要进一步提高我国的文化力，确立和强化富有魅力的'日本品牌'。"① 该计划认为，日本拥有丰富的饮食、地域品牌、时装等优秀事物，在海外也受到欢迎，灵活运用这些优秀的事物，创造"日本品牌"，在国家战略上也是重要的。该计划提出了四点建议：一是培养丰富的饮食文化，二是确立多样化的值得信赖的地域品牌，三是创造富有魅力的时装，四是战略性地宣传日本魅力。从 2005 年开始，日本每年的《知识产权推进计划》中，都设有与日本品牌战略有关的部分。

2009 年，是日本推进品牌文化的重要年份。3 月，知识产权战略本部（内容产业、日本品牌专门调查会）发表题为"日本品牌战略——将软实力产业作为成长的原动力"的报告书。报告书提出，今天日本人有必要重新认识日本软实力的价值，"将产生日本软实力的动画、漫画、电影、电视剧、音乐、游戏等内容产业，以及饮食、时装、设计等日本特有的品牌价值创造关联产业作为'软实力产业'，综合性地振兴这些产业和向海外拓展"。报告还提出，要从 2009 年开始采取措施，推进日本品牌的创造和传播，促进软实力产业的振兴和向海外拓展，2015 年内容产业的规模达到 20 万亿日元，由此产生的波及效果，到 2020 年将实现访日外国游客达到 2000 万人，并在此基础上致力于促进外国人对日本文化的理解。在该报告书中，日本品牌战略主要包含以下几项内容：一是完善日本品牌战略的基础，包括制定饮食文化、地域品牌、服装和传统文化等各个领域的战略，二是培养丰富的日

---

① 知的財産戦略本部『知的財産推進計画 2005』、http：// www. kantei. go. jp/jp/singi/titeki2/kettei/050610. html ［2018 – 09 – 16］。

本饮食文化，三是树立多样化的值得信赖的地方品牌，四是把日本时装打造成世界品牌。① 此后，日本政府成立了树立与宣传日本品牌的相关省厅联席会议，发表了《日本品牌战略基本方针》，开始大力推进日本品牌战略。②

在《知识产权推进计划 2009》中，日本使用了"软实力产业"的概念。从其内容上看，"软实力产业"基本等同于内容产业或文化产业，只是从软实力战略的角度赋予其更高的战略定位。该报告将内容产业产品、饮食、时装、设计等产业定位为软实力产业，将其作为拉动日本经济的一个战略产业，明确指出"软实力产业是扩大海外市场、扩大内需的原动力，具有向海外宣传我国魅力的重要作用"。③ 由此可见，日本政府对品牌战略越来越重视。

20 世纪 90 年代以来，日本的流行文化被广泛介绍到世界各国，受到欧美及亚洲地区的广泛关注，这被称为"酷日本"。近年来，日本抓住这一有利时机，开始大力推进"酷日本"战略，由此向世界推介"日本魅力"，树立和提高日本的整体形象，扩大日本在世界上的影响力。2011 年 5 月，知识产权战略本部计划委员会发表了《关于推进"酷日本"的基本方针》，提出了推进"酷日本"战略的施策，主要有发掘和创造"酷日本"、向世界宣传、扩大人气、构筑基础等。④ 2012 年 7 月，经济产业省发布《酷日本战略》，2013 年经济产业省、总务省发布《关于促进内容产业海外拓展的施策》。后者提出，关于"酷日本"战略，有必要将"日本魅力"转换为产业，促进地方再生、增强地域活力。为了将海外需要纳入进来，有必要制定、实行"酷日本"战略。应创造"日本热"，不仅要在当地赚钱，还要吸引人们来日本消费。⑤

---

① 知的財産戦略本部（コンテンツ・日本ブランド専門調査会）「日本ブランド戦略—ソフトパワー産業を成長の原動力に—」、http://59.80.44.99/www.kantei.go.jp/jp/singi/titeki2/houkoku/090310_ nihonbland.pdf［2018 – 12 – 25］。

② 日本ブランドの確立と発信に関する関係省庁連絡会議「日本ブランド戦略アクションプラン」、http://www.cas.go.jp/jp/seisaku/brand/dai02/nbap.pdf［2018 – 11 – 30］。

③ 知的財産戦略本部『知的財産推進計画 2009」、https://www.kantei.go.jp/jp/singi/titeki2/090624/2009keikaku.pdf［2018 – 09 – 16］。

④ 知的財産戦略本部企画委員会「クールジャパン推進に関するアクションプラン」、http://59.80.44.47/www.kantei.go.jp/jp/singi/titeki2/kettei/cjap.pdf［2018 – 12 – 25］。

⑤ 経済産業省・総務省「コンテンツ海外展開の促進に向けた施策について」、http://www.bunka.go.jp/seisaku/bunkashingikai/seisaku/10/06/pdf/shiryo_ 4.pdf［2018 – 11 – 30］。

现在，日本经济产业省制造产业局设立了"酷日本室"，商务情报政策局创造产业课则负责制定"酷日本、创造产业政策"。另外，安倍新内阁还设置了"酷日本战略担当大臣"，负责制订政策计划及推进日本文化产业的输出以及向国内外的宣传等。为了推进日本文化产业的国际拓展，2013 年，日本政府设立了研究推进方策和强化宣传的"酷日本推进会议"，议长由酷日本战略担当大臣担任，成员由各省厅的负责人以及民间人士组成。另外，还设立了有官方背景的基金组织"酷日本推进机构"，目的是向世界传播普及影像、音乐等日本的内容产业。安倍内阁于 2013 年 6 月 14 日发表的《日本再兴战略》，也提出要积极推进"酷日本"战略。

日本品牌战略和"酷日本"战略的精髓，是通过树立日本国家品牌和宣传日本文化的魅力，提高日本各种产品的品牌含量和文化含量，以创造出更高的品牌附加值。近年来，日本大力推进这两个战略，其原因在于这种战略具有形象化、传播快、影响大、波及效果强的特点，推行起来往往容易收到成效。日本品牌战略和"酷日本"战略将文化振兴、文化产业和文化外交有机结合在一起，集中体现了日本文化战略的意图，因而是日本文化战略的重要组成部分。

（三）文化外交战略

文化既是国民的内在根据，又是对外的自我主张，所以对增进国际理解、展示一个国家的形象和魅力有着重要意义。日本的文化战略自开始就具有对内和对外两个不可分割的方面，对外文化战略主要是围绕着扩大日本影响的文化外交展开的。伴随着全球化的不断深入，日本文化在走向世界的过程中得到了国际上的积极评价。日本政府认识到，作为国际社会的一员，日本必须在文化领域做出国际贡献。另外，为赢得国际社会对日本的好感，也必须加强文化的传播和交流。因此，日本政府开始大力推行文化外交。[1]

自 20 世纪 90 年代以来，动画、游戏、漫画等日本流行文化和生活方式在世界受到广泛赞誉，得到了各国民众尤其是青少年阶层的广泛认同，形成了日本流行文化风靡世界的风潮，使因"失去的十年"而在国际上口碑不佳的日本形象大为改观。这反过来促使日本人改变对自身文化的认识。另

---

① 丁兆中：《战后日本文化外交战略的发展趋势》，《日本学刊》2006 年第 1 期。

外，进入 21 世纪以后，美国、英国、法国等在对外文化竞争中的做法，以及中国和韩国等国家在对外宣传与文化交流方面的活跃表现，都让日本产生了强烈的危机感。国际环境的急剧变化使日本强烈地意识到，为了保持日本的国际影响力特别是在亚洲的影响力，有必要大力加强对外宣传，引导其他国家的对日舆论，因而越来越重视文化外交的作用。

2003 年 3 月，"国际文化交流恳谈会"发布了《关于推进今后的国际文化交流》的报告书，提出在 21 世纪要把国际文化交流作为日本外交的一种重要手段。2004 年 12 月，时任首相小泉纯一郎设立了首相直属的咨询机构"推进文化外交恳谈会"。2005 年 7 月，恳谈会提交了《创造"文化交流的和平国家"日本》的报告书。该报告书提出了"传播"、"吸收"和"共生"三个基本理念，在此基础上主张：要通过普及日语，传播日本流行文化和现代艺术等，在世界上积极培养"爱好日本动漫的一代"；要通过"创造性地吸收"，使日本成为充满活力的"文化创造的据点"；要通过向世界传达"尊重和平与共生的精神"这一具有普遍性的价值观，使日本成为"沟通多元文化和多元价值观的桥梁"。该报告书还把东亚和中东伊斯兰地区作为日本文化外交的重点对象，主张通过文化交流和对话来促进上述地区对日本的理解，并致力于形成面向未来的"东亚共同体"，培养共同的利益观和价值观。① 从此后日本的文化外交实践来看，可以说该报告书在一定程度上奠定了日本文化外交战略的基础。

2006 年 4 月，日本外务大臣麻生太郎发表了题为"文化外交新设想"的讲演，强调要以动漫等日本流行文化为主展开文化外交活动。2007 年 6 月，外务省海外交流审议会提出了《强化日本对外传播的五个提议》报告书。该报告书认为，世界上的大众文化人气是提高对日关心的良好机会，日本应该抓住并利用这个机会。报告书建议：应新设立传播日语和日本文化的海外派遣志愿者制度；与当地教育机构合作，二三年内在世界各地增设日语教育据点 100 所以上；强化日本的电视国际播放，制作对外国人有魅力且具有日本特色的电视节目；促进日本有影响力的知识对外传播，进一步促进日本人参加国际会议，支援建立日本与各国有识之士的网络；对其他国家将来

---

① 文化外交の推進に関する懇談会『「文化交流の平和国家」日本の創造を』、http://www.kantei.go.jp/jp/singi/bunka/kettei/050711houkoku.pdf〔2018 – 12 – 25〕。

可能担当政策中枢的年轻领导人，导入长期培养对日理解的访日招待计划等。①

2008 年 2 月，日本海外交流审议会提出报告《强化我国对外传播力度的施策与体制——为了增加日本的理解者与粉丝》，进一步强调了现代日本外交强化对外传播的必要性，认为"强化对外传播在我国的对外关系中是紧要而且关乎生死的课题"。② 在此基础上，提出了一些基本施策，主要包括：强化电视对外播放；扩大日语教育；有效开展包括流行文化在内的日本现代文化的传播，加强对文化交流有功人士的表彰；着重加强日本与中国和韩国的青少年之间的交流；等等。报告还列举了具体的宣传措施：争取从 2008 年度开始将日本广播协会（NHK）的国际对外广播扩充为英国广播公司（BBC）那样的规模；增加日语教育基地；在对外交往中积极有效推广动漫等现代日本文化；支持智囊机构、大学的日本研究；等等。③

2009 年 3 月，文化厅下属的文化传播战略恳谈会又提出了《关于提高对日本文化理解与关心的文化传播的措施》。该报告书指出，现在日本文化仅仅是片段地、部分地为世界所知，从总体上来讲，只要更广泛、更多样性地向世界进行传播，相信更多的人会对日本及日本文化拥有持续的关心、理解和憧憬。在世界各国为了获得本国的尊严和实现富裕的社会，都在举国进行文化振兴和文化传播的时刻，日本"也应该举国战略性地推进文化传播，同时整备和完善必要的基础"。该报告提出了日本应立即着手的工作：一是文化传播计划的项目化，二是确立媒体艺术领域的国际地位，三是促进日本文化的信息传播与理解，四是推进文化艺术创造、城市建设，五是街道、文化遗产及周边环境的综合保护和利用，六是对文化传播有贡献者的表彰。另外，还提出了推进完善文化传播基础的几方面措施：推进向世界文化传播的重点施策；在国内充实和强化对日本文化的介绍；完善日本文化向世界传播

---

① 海外交流審議会「日本の発信力強化のための5つの提言」、https：//www. mofa. go. jp/mofaj/annai/shingikai/koryu/pdfs/h18_teigen. pdf ［2018 - 12 - 10］。

② 海外交流審議会答申『我が国の発信力強化のための施策と体制—「日本」の理解者とファンを増やすために—』、https：//www. mofa. go. jp/mofaj/annai/shingikai/koryu/toshin _ ts _ k. html ［2018 - 12 - 10］。

③ 吴咏梅：《浅谈日本的文化外交》，《日本学刊》2008 年第 5 期。

的国内体制。①

21 世纪头十年以后，日本在推行文化外交方面更是不遗余力。安倍在"'日本之美'综合计划恳谈会"第一次会议上指出："文化艺术是我国软实力的根本。为了提高我国在国际社会的存在感，有必要更加积极地开展传播日本文化艺术魅力的文化外交。"② 实际上，不仅日本外务省、文化厅在大力推进文化外交和对外文化宣传，其他相关省厅如国土交通省、经济产业省、农林水产省等也都加入文化外交的行列。在日本人力推行的品牌战略、"酷日本"战略中，都包含着浓厚的文化外交的意味。

2018 年日本文化外交的重头戏是在法国举办的"日本趣味 2018"。日本在法国以巴黎为中心举办的这次博览会，是进入 21 世纪以来日本最大规模的文化宣传活动。这个活动是日本政府直接推进的，想以夸耀于世界的日本文化力量来提高日本的存在感。博览会从歌舞伎和能、文乐、雅乐等传统文化，到现代的戏剧和美术，以及举办音乐会和漫画、动画展览、日本电影的重映等，对日本文化进行了广泛的宣传和介绍。另外，还举办了在日本也很有人气的若冲展或琳派展，以及可以说是日本文化原点的绳文展，尽最大可能来展现日本文化的魅力。

日本推进文化外交的主要目的，可以归纳为以下三点。

第一，推进相互理解，扩大日本文化的影响，提升日本国际形象。在国际化急速发展的进程中，日本的存立及繁荣深深依存于维持和发展与各国的融洽关系，因此，通过各个领域的国际交流来增进与各国的相互理解、构筑友好关系是极其重要的。特别是泡沫经济崩溃后，日本经济长期低迷，日本一直依赖的有力武器——"经济"已经失灵，日本的国际地位和形象受到不小影响。在这样的背景下，日本开始重视国际文化交流，强调文化外交的作用，想借文化的力量来弥补自身经济实力的下降，给世界以文化国家的形象。

第二，培养国际社会通用的人才，为实现国家目标发挥积极作用。日

---

① 文化発信戦略に関する懇談会「日本文化への理解と関心を高めるための文化発信の取組について」、http：//www. bunka. go. jp/seisaku/bunkashingikai/kondankaito/bunka_hasshin_senryaku/hokoku/pdf/hokoku. pdf［2018 - 12 - 10］。

② 「『日本の美』総合プロジェクト懇談会（第 1 回）議事次第」、https：//www. kantei. go. jp/jp/singi/nihon_bi_sogoproject/dai1/gijisidai. pdf［2018 - 10 - 20］。

本认为，在国际社会中，培养拥有作为日本人的自觉、具备相应素质和主体性能力的人才是非常重要的。另外，深化对日本的历史与传统文化的理解，使人们对其抱有自豪和深厚感情的同时，培养他们具有广阔的视野，理解异文化、与具有异文化和习惯的人们共同生活下去的素质和能力，也是重要的。这是日本作为大国发挥领导作用的前提条件。只有每个日本人在国际社会的生存能力增强，显示日本人的良好素质，才能实现日本的国家目标。①

第三，由文化外交促进文化产业、观光产业等的发展，带动日本经济的增长。随着时代的发展，日本的文化外交、对外文化交流战略日益呈现出新的特点，即与文化产业战略、"观光立国"战略的联系越来越紧密。在日本的文化外交中，主要通过具象化的传统文化艺术、现代媒体内容产业、观光饮食产品等宣传日本、日本文化及其理念，而这样的宣传又会引起世界对日本和日本文化的向往，吸引人们到日本观光旅游和购买消费日本的产品，由此实现文化与经济产业的良性互动。

日本政府还从更高的层次上认识问题，认为使日本成为有文化魅力的国家，社会经济充满活力，国际地位得到提高，这对日本来说是广义上的安全保障。为了让世界增进对日本的理解和认知，向各国传递有魅力的日本文化和理念，作为大幅度机构改革的一环，外务省设立了"宣传文化交流部"，致力于准确把握其他国家和地区的对日感情，积极对外传播日本的文化及其理念的魅力。外务省以前做了大量把握对方国家的舆论、宣传自己国家政策、进行文化交流的工作。今后，外务省在国际文化交流战略方面的工作重心将放在重新认识和把握日本的魅力上。日本有关人士认为，基于日本独特自然观的"美"意识，与重视礼节、调和之心的价值观，是日本文化保留下来的精华。在与西方接触的过程中，年轻人和艺术家们将其以动画、时装等新方式向世界传递。这恰是日本文化的潜在力量，是被世界所接受的东西。日本应该把东京建成像唐朝都城长安那样的学术、艺术的交流据点，把全球的年轻人吸引过来，并通过进一步强化文化、体育等方面的对外合作，在文化遗产保护方面也伸出援助之手，扩大和加强日本

---

① 参见崔世广《面向 21 世纪的日本文化战略》，载南开大学日本研究院编《日本研究论集（2006）》，天津：天津人民出版社，2006 年。

的国际影响。①

日本究竟应该向世界宣传日本文化的什么内容？又该怎样宣传？日本驻法文化参赞渡边启贵认为，首先，要向海外宣传日本文化中"高质"的部分。在目前流行文化盛行的现实下，文化领域的竞争日趋激烈，如果不选择高质量的文化内容向外宣传，就会被世界文化的浪潮所淘汰。因此，在日本文化对外交流方面，需要保证交流内容具有较高的水准。其次，还要注意日本文化的个性与普遍性相结合，要重视日本文化与世界各国文化的共同特性，如对人性善与美以及对人类大爱的歌颂。只有具有这种共同性的日本文化内容，才能比较容易地被其他国家的人们所接受。最后，在海外继续培养喜爱日本文化的人群，其中扩大海外的日语教育是重中之重。渡边指出，作为日本人应该怎样选择向海外宣传的文化内容，以及如何与接受宣传者达成一致，这些都是日本文化外交中的重大课题。②

日本政府为了提升日本文化在多样性世界文化中的价值，还明确提出日本要创造自己的评价体系，使文化艺术领域受到"日本独特的评价标准"的影响。例如，在媒体艺术比赛活动中设定日本自己的"评价标准"，在"JAPAN 国际文化展览"等活动中，设置"新日本样式"和"商品设计奖"等，借此来扩大日本文化的影响力；在其他文化相关领域，如饮食、建筑、机器人，以及商品设计、知识产权、节能等方面，也正在努力制定出"日本标准"。日本政府通过实施表彰等手段，鼓励将这种"日本式"的评价标准向海外推广，如表彰"为日本文化的普及和启蒙做出贡献的外国人"以及"受到国外喜爱的日本表现者"等设立的"总理奖项"和"国际漫画奖"等。日本政府希望通过这些措施，强化日本文化在海外的影响力，为日本政治、经济等方面的国际活动奠定坚实的基础。

作为日本文化战略的重要组成部分，近年来日本加大了文化外交的力度，积极推进对国内外的文化传播，而且相关政策措施也越来越多样化、具体化、实效化。另外，在推进文化外交的过程中，日本日益强调举国体制，行为主体呈现出多样化趋势。在内阁和负责综合调整的内阁官房之外，外务省（以及国际交流基金）和文部科学省（文化厅）作为两个支柱，在文化

---

① 近藤誠一「官民連携市民対象の外交を」、『朝日新聞』2004 年 8 月 24 日。
② 渡邊啓貴「日本文化の発信力の向上を」、『中央公論』2009 年 5 月号。

外交中发挥着重要作用；而国土交通省、经济产业省等中央省厅以及地方政府等也都参与进来，积极推进与文化外交相关的施策。日本的文化外交战略，已经迈入了一个面向未来、具有新的内涵的阶段。

（四）三位一体的结构

从上面的论述可以看出，在日本的文化战略中，文化振兴、文化产业、文化外交三个方面，并不是相互独立、相互分离的，而是一个有机联系的三位一体的体系。近年来，三者之间的联系越来越紧密，并且日益显示出相乘效应，值得关注。

2017 年，日本修改了《文化艺术振兴基本法》，并改名为《文化艺术基本法》，并在此基础上出台了《文化艺术推进基本计划》，日本的文化艺术振兴战略由此也进入了一个新阶段。日本之所以修改并制定新的《文化艺术基本法》，其主旨在于："不仅限于文化艺术的振兴，而将观光、城镇建设、国际交流、福祉、教育、产业及其他的各相关领域的施策纳入法律范围之内"，而且"将文化艺术产生的各种价值活用于文化艺术的继承、发展及创造"，以实现文化艺术的继承、发展和创造的良性循环。这表明，日本的文化艺术振兴，已经不再局限于文化艺术振兴本身，以及由文化振兴促进的经济增长，而是要使经济增长的成果反哺文化艺术的振兴，由此实现文化艺术振兴的良性发展和循环。

这样的文化振兴与文化产业相互关联、相互促进的认识，也体现于日本政府 2017 年制定的《文化经济战略》之中。该文件指出："'日本的文化力'是可以夸耀于世界的我国最大的资产，是应该面向未来着实加以维持、继承并使其发展和成长的。与此同时，在对文化的战略投资也可以成为经济增长起爆剂的认识之下，重要的是超越以往的文化振兴，基于以文化艺术为核心的'扩大增长与分配的良好循环'，致力于实现文化振兴和经济增长。"在"文化经济战略"之下要求："在相关府省厅的紧密合作下，文化艺术与其他领域融为一体创造出新的价值，而且将创造出的价值对文化艺术的保存和继承以及新的创造等进行有效的再投资，由此形成自立、可持续性发展的机制。"① 这表明，现在的日本文化振兴战略已经超越了文化艺术本身，在

---

① 内閣官房・文化庁『文化経済戦略』（2017 年 12 月 27 日）、https：//www. cas. go. jp/jp/ seisaku/bunkakeizaisenryaku/pdf/senryaku_siryou. pdf ［2018 - 12 - 20］。

充分认识其与社会稳定、经济增长以及日本国际形象的内在关联的基础上，开始面向未来谋求新的目标。即对内是文化艺术事业的振兴，使之成为 21 世纪日本经济社会发展的动力；对外则以文化重塑日本形象，使日本传统和现代的文化得到国际上的广泛关注。由此带来的各种社会经济效益，再反哺文化艺术的振兴，促进文化艺术的长期可持续发展。

随着时代的发展，日本的文化外交、对外文化交流也日益与文化产业、"观光立国"紧密结合起来，呈现出相互合作、作用分担的特点，并由此形成了一种合力。日本政府提出，文化外交不光是外务省的事，有关省厅要进行相互合作与分工。其目的包括：一是提高日本的魅力，二是让世界认识日本，三是将世界吸引到日本。在 2014 年的《"酷日本"建议》中，就提出了实现其使命的三个步骤：一是促进国内的增长，二是连接国内与海外，三是迈向贡献于世界的日本。① 经济产业省有关"酷日本"战略的资料中指出："所谓'酷日本'，就是'引起世界共鸣的日本''世界所欲求的日本'。"要通过"酷日本"战略，创造和提高日本的魅力，将其提供给世界，吸引外国人来访，实现日本经济增长，从而创造新的就业机会。也就是由"酷日本"战略创造新机会，促使日本经济重现活力。②

2018 年 3 月，外务省制定了《面向 2020 年东京奥运会、残奥会，为促进访日观光而强化全日本的对外传播》的文件。文件指出，"观光是我国增长战略的一大支柱，是地方创生的王牌，更是面向 GDP 600 万亿日元的增长发动机"。外务省的作用在于，在海外要以"全日本"这样的方式来采取措施，为了使其能与外国游客访日相关联，要强化与其他省厅、国际交流基金、日本国际协力机构（JICA）、日本国家旅游局（JNTO）、日本贸易振兴机构（JETRO）、日本自治体国际化协会（CLAIR）等的合作，积极支持民间企业的活动，扩大信息交流传播。其中特别提出，要面向 2020 年，从以下几个方面对日本的多样性魅力进行对外传播。第一，面向 2020 年，对外宣传日本文化、日本魅力，促进外国游客访日；第二，推动体育对外交流；第三，对有希望增加访日游客的国家，强化输出影像和音乐以吸引游客；第

---

① クールジャパン推進会議「クールジャパン提言」（2014 年 8 月）、https：//www. cao. go. jp/cool_japan/kaigi/cj/5/pdf/siryou2 – 1. pdf［2018 – 10 – 25］。

② 経済産業省「クールジャパン戦略について」、資料 8、https：//www. meti. go. jp/committee/kenkyukai/seisan/cool_japan/001_08_00. pdf［2018 – 10 – 25］。

四，加强现代文化的冲击（以流行文化的力量诉诸年轻人）；第五，将地方的魅力向外传播；第六，参加当地的"日本祭"以及节日活动；第七，与当地的人们一起促进旅游事业发展；第八，介绍日本料理；第九，以最合适的媒体进行对外宣传。①

综上所述，日本的文化战略包括文化振兴战略、文化产业战略、文化外交战略三个方面，这三个方面相互联系、相互作用，共同构成了文化战略的有机体系。随着国内外环境的变化，日本对文化战略的认识日益深化，并在法律制度和政策措施方面不断做出调整和完善，使日本文化战略的特色越来越鲜明。概而言之，日本推进文化战略的终极目标，就是建立一个振兴文化艺术→扩大对内对外文化影响→提升国家综合实力→促进文化产业发展→增强经济社会活力→培育文化创造能力的良性循环系统。

二　日本文化战略的位置及其推进机制

日本的文化战略在日本国家战略中占有重要位置，其作为政治、经济、外交战略的配套工程，具有明显的功能。也正因如此，日本为落实文化战略的目标和计划，形成了一套比较行之有效的推进机制。

（一）文化战略在日本国家战略中的位置

自 20 世纪 80 年代初中曾根康弘首相提出"政治大国"的国家发展战略以来，日本一直在不遗余力地推进政治大国化的进程。但日本政治大国化的重建，需要经济、军事等硬实力和文化、价值观等软实力两方面的支撑。由于近代日本军国主义对外侵略，明目张胆地发展军事力量，势必引起周边各国的担心和疑虑。而泡沫经济崩溃后日本经济风光不再，也使日本的国际影响力下降。因此，运用文化资源、发挥文化的影响力是日本实现政治大国化的比较好的路径之一。文化不仅可以给国内社会经济的发展注入活力，还可以从软实力的角度推进政治大国化，而且更容易获得国际社会的认同。

---

① 外務省「2020 年東京オリンピック・パラリンピックに向けた　インバウンド観光促進のためのオールジャパンの対外発信強化」、2018 年 3 月、https：//www. mofa. go. jp/mofaj/files/000353352. pdf［2019 - 01 - 19］。

　　20 世纪 90 年代后，日本受到泡沫经济崩溃的沉重打击，长期处在经济低迷的阴影之下，迟迟难以摆脱出来。受此影响，日本人的生活感觉、需求和欲望都发生了明显的变化。时代的变化也带来了自我实现手段的多样化，这些均成为文化发展的新契机。随着人员、物品以及服务等方面的世界性交流的扩大，"日本造"已不局限于物质方面，开始扩展到文化方面。90 年代后期以来，日本的动画、漫画、游戏、时装、料理等风靡世界，体育选手活跃于海外舞台，日本流行歌曲在亚洲等地人受欢迎，都显示了日本文化的魅力和力量。

　　可见，20 世纪 90 年代以后，日本继续在文化方面摸索"文化先进国家"所要求的形象和目标。可以说，日本对文化战略的探索，就是在战后的经济发展以及冷战后的挫折基础上形成的，并产生了各种观点和认识，其中包括文化是未来发展的基础和动力、文化是产业、文化是综合国力的重要组成部分等。日本的文化战略开始改变，从以往仅是增加艺术鉴赏机会、促进国际交流、保护文化遗产等，增加了为未来经济社会提供新的价值观和人才、实现文化与产业相结合、提高日本的国际形象等内容。

　　到 21 世纪，构筑新的文化战略开始被提升到国家战略的高度来认识。到这一时期，日本更加重视文化的力量，将振兴文化作为国家战略而法制化，并纳为经济社会发展的一部分，以此推动和谐社会建设和拉动经济增长。更值得注意的是，日本将日本文化的理念设定为"尊重和平与共生的精神"，开始向世界加以推广。前东京艺术大学校长、现文化厅长官宫田亮平指出，越是经济不景气时，就越应该学习美国当年及现在的做法，加大对文化艺术的投入。他指出："日本曾经让世界为之'心动'。'心动'的关键是'文化力'。在培养国民的创造性、赋予产品高附加值的同时，加强国际交流，终将有益于安全保障。"宫田提议，为了重新塑造一个令世界"心动"的日本，在经济不景气的状况下，应该"设立一个可以将观光、知识产权、艺术、体育等进行一元的、横向管理的'文化遗产省'，推进日本版'百分比艺术运动'（Percent for Art），促进以文化为资产的明确的政策态度及其有效运用"。①

　　就是在这样的背景和认识下，日本文化战略的重要性得到不断提升，在

---

① 『朝日新聞』2009 年 12 月 4 日。

日本国家战略中的位置也越来越重要。首先，文化战略被纳入国家立法，开始制度化和法制化。2001 年 12 月，日本国会审议通过了《文化艺术振兴基本法》。该基本法最引人注目的地方，是将"文化立国"的提法改为"文化艺术立国"。2002 年 12 月，日本内阁会议通过了由"文化审议会"提出的《关于振兴文化艺术的基本方针》。在该方针中，按照《文化艺术振兴基本法》设定的基调，将日本文化发展的战略目标明确为"文化艺术立国"，并制定了实施文化振兴的基本策略。2007 年、2011 年、2015 年，日本相继通过了第二个、第三个、第四个《关于振兴文化艺术的基本方针》。2017 年，日本的文化战略进入了一个新阶段，其标志是新的《文化艺术基本法》得到通过。基于该法第七条的要求，2018 年 3 月，经内阁会议审议通过出台了《文化艺术推进基本计划——活用文化艺术的"多样性价值"创造未来》。这是新基本法成立后出台的推进文化艺术的第一个基本计划，表明了日本今后文化艺术政策的目标，以及今后五年（2018 ～ 2022 年）文化艺术政策的方向。另外，与文化战略紧密相关的日本品牌战略、"酷日本"战略、文化产业战略、知识产权战略、"观光立国"战略等的法制化和制度化也日趋得到完善。

其次，文化战略被纳入国家发展战略之中，成为国家发展战略的重要组成部分。例如，在《日本再兴战略》（2013 年）的"国际展开战略"中，推进"酷日本"成为"获得海外市场的战略措施"的一环。"为了将以传统文化、地域文化等日本丰富的文化为背景的内容产业、日本饮食和日本产酒类等的'日本的魅力'进行有成效的对外宣传，使其结出培育产业和获取海外需求的果实，应把'酷日本'置于国家战略，官民一体强化对策。"相关对策包括：第一，加大海外宣传力度；第二，活用海外需求并设置相关支援机构，战略性推进"酷日本"；第三，促进开展海外内容产业等；第四，在海外开展日本饮食和饮食文化的相关活动，促进日本酒类的输出；第五，强化海外宣传体制；第六，有关省厅、相关机构联动制订计划，落实促进外国人访日的宣传活动。①

2014 年，日本政府修改并制定了《日本再兴战略——面向未来的挑

---

① 『日本再興戦略』、2013 年 6 月 14 日閣議決定、https：//www. kantei. go. jp/jp/singi/keizaisaisei/pdf/saikou_jpn. pdf ［2019 - 01 - 18］。

战》。其中，在"国际展开战略""应采取的新具体施策"中，提出要"构筑新的政府'酷日本'推进体制"。该施策强调："重要的是，由基于官民合作的全日本的体制，将内容产业、文化艺术等的'日本魅力'进行有效果的宣传，使其与产业化相结合"。为此，要把"'酷日本'相关府省联席协调会议"作为平台，将战略性强的重要主题和领域特定化，创造出新的各省合作的计划，如在大规模国际活动中的宣传事业、日本饮食和日本酒类的输出、媒体艺术和现代艺术的创造与宣传等。同时，要推进日语教育的普及，强化和灵活运用日本驻外使馆等进行对外宣传。另外，以"酷日本机构"的风险资金供给为吸引，各领域和业界横向合作，进行在海外的商业设施展开、内容产业传播等事业。同时，与内容产业的连续性播放进行合作，促进周边产业的海外展开，创造并开展新的成功模式。再者，为了提高国际信息传播能力，要招聘在海外具有宣传能力和影响力的人才，促进展示会场的新设和扩张。[①]

2016 年，日本政府制定了新《日本再兴战略——面向第四次产业革命》。其中明确提出："时代正在发生巨大变化。是不惧怕变革迈向新的成长之路，还是走世界先行企业的分包之路，日本现在正处于历史的岔道口。跨越这样的变革时代，进入成长轨道，把日本打造成世界上最有魅力的国家，2016 年日本再兴战略便是实现这个目标的方向盘。"该战略重视"观光立国"的意义，指出 2015 年访日外国游客达到 1974 万人，其旅行消费额达到 3.4771 万亿日元，三年间各自增加了 2 倍以上和 3 倍以上。因此，"观光是'地方创生'的王牌，是 GDP 达到 600 万亿日元的支柱，面向 2020 年访日外国游客数达到 4000 万人、访日外国人消费额达到 8 万亿日元的新目标，应使这样的动向更加提速，使观光成为我国的基干产业"。该战略还特别强调"活用文化艺术资源"的经济效用，指出"在我国，存在着由悠久的历史所支撑的从传统文化、艺能到漫画、动画、游戏等，多种多样且世界上独一无二的丰富文化艺术资源"。因此，要最大限度地灵活运用这样的文化资源，在此基础上谋求必要的功能强化，以回应对文化行政新政策需要的期待，进一步推进不拘泥于以往文化政策框架和政策手法、跨领域的举措和产

---

① 『日本再興戦略　改訂 2014—未来への挑戦—』、2014 年 6 月 24 日閣議決定、https://www.kantei.go.jp/jp/singi/keizaisaisei/pdf/honbunJP.pdf［2019 - 01 - 18］。

学官合作等。另外，还要通过海外派遣和接受艺术家等文化交流，以文化外交为首，谋求日本品牌的提升，扩大以文化资源为基础的经济波及效应。而且，不光是文化遗产和传统艺能、艺术文化，包括饮食、教育、图书、音像、游戏软件等在内的内容产业和设计等，都应作为广泛意义的文化来把握，谋求扩大其经济波及效应。为此，以文化厅为中心，通过对国内外成功事例的分析，在 2016 年度中确定政策实施路线图，谋求政策的具体落实。该战略提出的具体目标是：到 2020 年，将文化艺术鉴赏活动者的比例提高到 80%，将鉴赏以外的文化艺术活动者的比例提高到 40%；到 2025 年，致力于实现文化 GDP 扩大到 18 万亿日元（占 GDP 的 3% 左右）。[1]

再者，对文化战略本质的认知越来越清晰，文化战略的内涵也日益充实和完善。如前所述，文化战略是一个体系，包含文化振兴、文化产业、文化外交战略等内容。随着时代的发展，日本对这些战略的内涵及其内在相关性的认识日渐深化。这比较集中地体现于日本政府 2017 年制定的《文化经济战略》中。

如前所述，日本政府在 2017 年制定了《文化经济战略》。在该战略中，提出要超越以往的文化振兴，利用由文化产业发展和经济增长带来的效益，对文化艺术进行再投资，由此形成文化艺术振兴与经济增长的良好循环机制，达到可持续发展的战略目标。该战略认为，要以文化艺术为基轴，使其与国家所提倡的增长战略和未来观光目标，以及城镇建设和国际交流、福祉、教育、产业等关联领域的施策积极配合；同时，国家要与地方自治体、文化艺术团体、非营利组织（NPO）、民间事业者等相关方面相互合作和互动，由此发挥各主体的创意和优势，形成能够展开多样性文化创造活动的环境。另外，应立足于现场第一主义，不仅从供给侧的销售战略出发，还应从需求者、消费者的立场出发，以开辟市场的目的来决定战略。由此真正制定和实施社会所要求的政策，切实回应市场和国民的多样性需求。该战略还指出，不仅要从文化 GDP，而且要从更广泛的视角来把握文化艺术活动，对由文化艺术创造出来的各种各样的价值和所有的波及效果、对国民生活的影响等进行总括性的把握，不仅从量的方面，也从质的方面使其得到充实。该

---

[1] 『日本再興戦略 2016—第 4 次産業革命に向けて—』、2016 年 6 月 2 日閣議決定、https://www.kantei.go.jp/jp/singi/keizaisaisei/pdf/zentaihombun_ 160602.pdf［2019 - 01 - 18］。

战略强调，虽然应重视构筑框架，使创造出来的新价值对文化艺术的继承和发展进行有成效的再投资，但仅此并不能解决围绕文化艺术的所有政策课题。特别是对文化的投资和捐赠，与外国相比，日本还不能说处于高水准，基于这样的状况，要在促进对文化的理解的同时，在战略上重点采取措施，由构筑官民共同推进的体制来扩充民间资金对文化艺术的投资。"这样，通过促进国家与地方自治体、企业、个人的各自投资，出现以文化艺术为起点的创造活动的周期，从这里创造出高附加值和新的需求，由此致力于构筑可持续性的文化发展与经济增长相联系的良好循环。"①

经过21世纪初期近20年的实践，日本的文化战略得以不断充实和完善。日本的文化战略在构建和谐公平的社会、促进日本经济发展、重塑日本的国家形象、提高日本的国际影响力、提高日本的国际地位等方面，发挥了明显的作用，在日本的国家整体发展战略中具有不可替代的重要位置。日本在实施文化战略的过程中也尝到了不少甜头，现在正以2020年东京奥运会、残奥会为契机，面向2025年和2030年，努力在开放的国际潮流中不断创造出新的文化，进而在国内外充分展现其效果，以为日本的未来发展提供更为宽阔的空间，使日本在21世纪立于不败之地。

（二）日本文化战略的推进机制和实现路径

21世纪以来，日本制定了文化战略的明确目标，形成了一个有机的文化战略体系。不仅如此，为了落实和实施文化战略，日本还形成了一套行之有效的推进机制，描绘了一条比较明确的实现路径。

第一，政府主导、重视法制和制度建设。重视法制和制度建设，是日本文化战略的一大特征，这为文化战略的推进和实施打下了牢固的基础。无论哪个国家，要制定和实施文化战略，法制上、制度上的保证都是不可缺少的。当然，在探索和形成文化战略并将其法制化和制度化的过程中，日本政府始终发挥着主导作用。日本政府站在时代的前沿，在把握国内外局势的基础上，主导着文化战略的制定和法制化建设。

日本的文化战略能够比较顺利地推行，其最重要的一个因素是，在日本

---

① 内閣官房・文化庁『文化経済戦略』（2017年12月27日）、https：//www.cas.go.jp/jp/seisaku/bunkakeizaisenryaku/pdf/senryaku_ siryou.pdf［2018 － 12 － 20］。

政府的主导下制定了一批相关法规和政策，使日本的文化战略制度化，在推进落实过程中有法可依、有章可循。而且，随着时代发展变化，这些法规和政策还会不断地得到修改和完善。如前所述，21 世纪以来，日本围绕文化战略相继制定了大量法律文件。例如，《文化艺术振兴基本法》出台后，曾先后制定过四次基本计划。2017 年，日本政府对《文化艺术振兴基本法》进行了修改，新通过了《文化艺术基本法》，并制定了新的《文化艺术推进基本计划》。另外，为促进文化产业的发展，日本政府不仅在政策上予以鼓励，还不断建立、健全法律法规。2001 年，将 20 世纪 70 年代颁布的《著作权法》进行修改，更名为《著作权管理法》并开始实施。近年来，日本又根据文化产业发展的新形势，制定了相应的法律、法规和政策，如《知识产权基本法》、《观光立国推进基本法》、《文化产业战略》、《日本品牌战略》以及《文化经济战略》等。这些法规及政策文件的制定和颁布，为日本文化战略的推行奠定了制度基础，为相关的文化施策提供了重要保证，使各种法律主体的行为有规可循。

在这个过程中，不可忽视的是各种审议会的作用。特别值得一提的是，日本政府在制定文化战略的过程中，始终注重发挥政策审议会等智囊（实际上就是智库）的作用。如此，可以做到集思广益、扬长避短，发挥日本的特色和优势。充分发挥有识之士和政策审议会的作用，这是日本的一个鲜明特点。日本制定的一些相关战略性法律法规和政策等，大都是在由政府设立的相关恳谈会、审议会审议并提出报告的基础上形成的。召开审议会和恳谈会，可以利用政界、官界、产业界、学术界等人士的智慧，还可以通过他们把握国内民意的动向、引导舆论的走向。例如，2015 年 10 月成立的"'日本之美'综合计划恳谈会"的成员有内永友佳子（NPO 法人 J-Win 理事长）、串田和美（演员、演出家）、幸田真音（作家）、小林忠（美术史学者、冈田美术馆馆长）、千玄室（茶道里千家前家元）、津川雅彦（演员）、林真理子（作家）、森口邦彦（染色家、友禅作家），由津川雅彦担任座长。该会议连续几年召开并提出相关的研究报告，产生了不小影响。

更值得一提的是，文化厅下设的"文化审议会"，基本是一个常设机构。第 17 期"文化审议会"（任期从 2017 年 4 月 1 日到 2018 年 3 月 31 日）的成员有石井惠理子（东京女子大学教授）、伊东祐郎（东京外国语大学大学院教授、副校长）、岩崎正美（北海学园大学客座教授）、大渊哲也（东京大学大学院教授）、冲森卓也（立教大学教授）、龟井伸雄（独立行政法人国立文化遗产机构东京文化遗产研究所所长）、熊仓纯子（东京艺术大学教授）、荐田治子（武藏野音乐大学教授）、绀野美沙子（演员、联合国开发计划署亲善大使）、佐藤信（东京大学大学院教授）、篠田昭（新潟市长）、道垣内正人（早稻田大学法科大学院教授、东京大学名誉教授、律师）、藤井惠介（东京大学大学院教授）、松田阳（东京大学准教授）、马渊明子（独立行政法人国立美术馆、国立西洋美术馆长）、宫崎法子（实践女子大学教授）、安美理惠（川柳作家）、汤浅真奈美（印染理事会艺术部长）、渡边俊幸（作曲家、一般社团法人日本音乐著作权协会理事、洗足学园音乐大学教授）。2017 年 6 月 21 日，文部科学大臣松野博一向“文化审议会”提出咨询，要求策定“关于综合且有计划地推进文化艺术施策的基本方式——面向‘文化艺术推进基本计划（第 1 期）”，“文化审议会”及其下属的“文化审议会”第 15 期文化政策部会经过多次讨论、审议，提交了最终报告书。其具体过程是：2017 年 12 月 7 日，“文化审议会”第 15 期文化政策部会提出了“关于文化艺术推进基本计划（第 1 期）策定的中间报告（草案）”；12 月 27 日，第 17 期“文化审议会”第 4 次全体会议（总第 74 次）及“文化审议会”第 15 期文化政策部会（第 7 次）联合召开，提出“关于文化艺术推进基本计划（第 1 期）的策定（中间报告）（案）”。2017 年 12 月 28 日到 2018 年 1 月 10 日向国民征集意见，1 月 26 日，“文化审议会”第 15 期文化政策部会（第 8 次），提出“关于文化艺术推进基本计划（第 1 期）（报告案）”；2 月 16 日，第 17 期“文化审议会”第 5 次全体会议（总第 75 次）及“文化审议会”第 15 期文化政策部会（第 9 次）联合召开，会后提交了“关于文化艺术推进基本计划（第 1 期）（报告案）”。在此基础上，2018 年 3 月 6 日，日本政府内阁决议通过了《文化艺术推进基本计划》。

第二，官民一体，注重发挥中央和地方、产官学、企业和个人等各主体的作用，是日本文化战略推进机制的另一特色。如前所述，日本政府在文化战略的推行和实施过程中，占有无可置疑的地位，发挥着主导作用。政府的主要职能包括两方面内容：一是通过制定战略和实施各种政策，决定文化发展的方向，扩大民众参与文化活动的范围，鼓励民众成为文化活动的主体，为所有国民平等地享有参与权利而创造各种条件；二是促进各地方政府相互之间的合作，并在个人和团体无法完成的事业中发挥国家作用。

这里值得注意的一点是，即便在同属于中央政府的各个部门中，也特别强调各个省厅的合作与分工。例如，在"酷日本"战略中，各省厅的合作与分工如下。其一，在提升日本魅力方面，主要由文化厅、经济产业省、总务省、农林水产省分担任务，进行国内基础的构建。例如，文化厅负责东亚文化艺术会议、建构据点、支援会议活动，以文化艺术培养下一代人才计划；经济产业省负责对文化创造者的商业化支援；总务省负责数字内容的传播、播放框架，创造新的媒体等。其二，在向世界宣传日本方面，主要由经济产业省、外务省、总务省、农林水产省分担任务，负责向海外宣传文化内容、信息和支援开拓海外销售路线。例如，外务省负责在外使馆和国际交流基金的"酷日本"宣传；总务省负责将在日本制作的影视在外国播放；经济产业省和农林水产省负责支援开拓衣食住、娱乐表演等海外销售路线；经济产业省、外务省负责盗版商品对策、通过贸易谈判等撤销壁垒。其三，为了将世界目光吸引到日本，观光厅、外务省、法务省、经济产业省分担任务，负责吸引观光游客、创意人才访日。例如，观光厅和外务省负责开展促进外国人访日宣传活动，法务省、经济产业省负责探讨外国创意人才在留资格条件等。①

但是，要想切实地推进文化战略，使其获得预期的成效，离不开各种主体的参与。只有官民一体，重视中央与地方、官与民、企业与个人等各主体的作用，才能使文化战略真正落到实处，开花结果。因为文化是人们生活方式的总和，其变革和发展离不开国民的支持。如果没有社会和国民的理解与支持，即使制定了文化战略，也难以取得实质性成效。因此，日本文化战略明确提出，要发挥中央和地方、官产学各界、各种团体和个人的作用。例如，《文化艺术振兴基本法》明确规定了国家和地方的责任：一方面，国家有遵照基本理念实施文化艺术振兴施策的责任；另一方面，地方公共团体也有基于基本理念，在与国家协作的同时自主决定及实施具有地方特色政策的责任。

与此同时，日本还非常重视民间和个人的作用。在"第一次基本方针"

① 経済産業省「クールジャパン戦略について」、資料8、https://www.meti.go.jp/committee/kenkyukai/seisan/cool_japan/001_08_00.pdf［2018 - 10 - 25］。

中就明确规定，中央政府要和地方自治体，以及大学、专业机构、NPO、非政府组织（NGO）等民间团体和志愿者加强合作，并鼓励这些民间力量发挥主体性的作用。"第二次基本方针"也明确规定，文化艺术与每个国民的生活密切相关，要创造环境让每一位国民都成为文化艺术的支持者，都有享受、支持、创造、保护和继承文化艺术的机会与条件。让国民自发、自主地参与，在相关文化政策的执行过程中，使国民成为活动的主体，尊重他们的个性和各个地区的特性。政府为实现这个目标，既要给予支持，提供各种相关信息，同时还要提高继承、发展传统文化艺术的水平及扩大范围，鼓励个人、企业和地方公共团体与政府合作，并且要在财政和税制上给予政策支持。

第三，强调连接日本与海外、文化与经济、文化与外交，重视几个方面的相互结合、相互作用。这种提法本身就有令人刮目相看之处，凸显了日本文化战略的特性。这体现了日本对文化战略认识的深化，由此可以最大限度地发挥日本的优势，做到扬长避短。各方面相互配合，可以实现日本与海外、文化与经济以及文化与外交的良性循环和相乘效应。

在 2011 年的"酷日本"官民会议关于"创造性日本——为了连接'文化与产业''日本与海外'"的建议中，明确提出了将日本与海外、文化与产业相连接的观点和施策。首先，关于新日本的创造：一是重振"日本品牌的辉煌"；二是转换产业结构，创造新的生活方式；三是以"创造性日本"来支撑"酷日本"。其次，关于基本构想：一是对日本模式的自觉，二是强调日本特色的社会、组织、艺术"架构"，三是传播日本故事。再次，关于日本品牌的强有力宣传：一是推进战略性、整体性的对话战略；二是设立"创意导演小组"。另外，关于构筑创造性活动基础：一是强化地域活力与传播力——构筑创意枢纽，二是创造新的生活方式和产业，三是扩大创造力的再生产。最后，关于海外"酷日本"：一是促进在海外的展开，二是海外展开的目标，三是各领域横向联合的战略，四是各领域的战略，五是各个市场的战略，六是对外交涉能力的强化。[①]

观光厅的咨询机构——"面向实现'快乐国家日本'探讨灵活运用观

---

① クール・ジャパン官民有識者会議提言「新しい日本の創造―『文化と産業』『日本と海外』をつなぐために―」、2011 年 5 月 12 日、https://www.meti.go.jp/committee/kenkyukai/seisan/cool_japan/2011_houkoku_01_00.pdf［2018 - 10 - 25］。

光资源会议"，在提交的建言中，也提出了在日本观光中体验文化内容产业的重要性。其中主张：首先，活用地域观光资源的体验型内容产业的常规化：一是在观光中更加活用地域固有的自然，二是提供接触日本生活、文化的体验机会，三是将"祭"等节日活动对访日外国人开放，四是将温泉作为观光资源加以活用；其次，将新的体验型内容产业作为观光资源进行发掘的措施：一是有效活用夜间时间，二是有效利用清晨时间，三是提供附加值高的美容服务，四是向外国人开放观战型体育，五是重新规划作为观光资源的海滨；再者，支撑充实体验型观光的措施：一是使购票更加简易化，二是灵活运用公共空间，三是扩大娱乐内容产业的鉴赏机会，四是灵活运用VR、AR 等最新技术等。① 可以看出，该建言贯穿着文化与产业、文化与外交相结合的明确思路。

在内阁官房、文化厅 2017 年制定的《文化经济战略》中，更明确地显示了文化与经济、文化与外交紧密相连的基本思想，该文件提出了三个基本认识。一是国际社会中的文化。作为提高国家存在感的基本要素，文化的意义和重要性在不断提高。二是日本的文化。日本存在着可以夸耀于世界，具有多样性的丰富文化艺术资源。三是经济中的文化。文化决定产业竞争力，牵引着"新的价值创造"。因此，《文化经济战略》所指向的目标也包括三个方面。一是开花结果的文化。面向未来的"文化艺术的切实继承"和培育"下一代文化创造的承担者"、创造新的"下一代的文化遗产"。二是创造产业。创造出以文化艺术资源为依托的新产业、技术革新，推进将文化艺术连接企业价值的企业经营。三是令人激动的社会。形成"了解文化、热爱文化、支持文化的创造性国民阶层"，通过培育"国民文化力"，实现向"文化艺术立国"的飞跃。归根到底，就是形成以文化艺术为起点的价值连锁。②

第四，制定目标、路线图和日程表，做到可追踪和可检验，注重追求实际效果。日本的文化战略，并不是仅仅停留于文件和口号上，而是

---

① 「楽しい国日本」の実現に向けた観光資源活性化に関する検討会議「『楽しい国日本』の実現に向けて（提言）」、2018 年 3 月、http：//www.mlit.go.jp/common/001229313.pdf［2019－01－19］。

② 内閣官房・文化庁『文化経済戦略』（2017 年 12 月 27 日）、https：//www.cas.go.jp/jp/seisaku/bunkakeizaisenryaku/pdf/senryaku_ siryou.pdf［2018－12－20］。

特别注重相关推进步骤，注重制定相关落实细节。因此，日本文化战略中不仅制定了相关目标，还制定了相应的路线图和日程表，并按计划年度等进行跟踪，或根据形势变化做出修改，目的是获得更好的实际效果。所以，从战略目标到方向性，再从推进计划到具体数值，是一般文化战略所具有的几个要素。

例如，在 2018 年 3 月内阁通过的《文化艺术推进基本计划——活用文化艺术的"多样性价值"创造未来》中，就规定了第一期"关于文化艺术推进基本计划"的评价、检验周期的确立等。其基本设想是，基于第一期"文化艺术推进基本计划"，谋求切实而连续性地实施文化艺术推进施策，同时从提高对国民解释责任的观点出发，确立评价、检验周期（即文化艺术政策的 PDCA 周期）。具体而言，其一，对"今后文化艺术政策应努力的方向"（目标）、"今后五年间的文化艺术政策的基本方向性"（战略）与"今后五年应采取的关于文化艺术的基本施策"的关联性，要做到可视性，以便不仅对有关人员，就是对一般国民而言，在逻辑上也是可以理解的；其二，为了在计划期间内，对实施的基本政策进行评价、检验，以"今后五年间的文化艺术政策的基本方向性"为对象，采用精选后设定的指标，按照每个年度进行评价、检验、跟踪，切实把握计划的推进状况，将其反映在今后的施策调整中；其三，在每个年度进行评价的基础上，在中间年度实施中间评价，将其反映于中间年度以后第一期计划施策的推进以及第二期计划探讨和策定中。

该基本计划继而指出，关于设置指标的位置：其一，在评价、检验时，重要的不是以各个指标的状况来进行判断，而是从各个战略指标状况的整体情况来确切地把握进展的状况；其二，应该留意指标是评价、检验、跟踪计划时的依据，但达成指标的内容并不是目的。而关于指标设定的方式：其一，要从减轻评价、检验负担的观点出发，确切地设定精选后的指标，另外，要留意文化艺术各领域的特性，不仅重视定量的，还要重视包括定性评价的质的评价；其二，要将成果指标作为基本指标；其三，在设定指标之际，要留意不要达成目标自我目的化而脱离政策整体，即本来的基本方向性（战略）等；其四，如果当时在指标上没有必要数据时，将探讨第一期计划期间的指标开发。为了开发确切的指标，要进行国内外信息和各种数据的收集、分析等，以积累与文化艺术政策相关的客观根据。在此基础上，《文化艺术推进基本计划》按照六个子战略，分别设定了把握进展状况的具体指标。①

  另外，在内阁官房、文化厅于 2017 年 12 月制定的《文化经济战略》中，一方面明确指出了"文化经济指向的将来目标"，即"通过对文化的战略投资所引发的'以文化艺术为起点的价值连锁'，对多样性领域产生积极的杠杆效果，创造出新的经济价值、社会价值和公共价值"；另一方面，提出了基本的"六个视点"：一是切实继承和发展面向未来的文化遗产，二是创造持续对文化进行投资的架构，三是通过文化经济活动推进地域活性化，四是通过双向性的国际拓展推进日本品牌价值的最大化，五是通过文化经济实现包容社会、多文化共生社会，六是以 2020 年为契机创造出可以夸耀于下一代的文化遗产。接着，还提出了应该推进的"六个重点战略"：一是保护文化艺术资源（文化遗产）；二是活用文化艺术资源（文化遗产）；三是推进文化创造活动；四是加强国际存在感；五是波及周边领域，创造出新的需求和附加值；六是强化"文化经济战略"的推进基础。最后，还论述了"战略推进和不断进行重新审视"的必要性，以"在中长期的视野下，按照社会经济形势等的变化和施策的进展情况等，谋求战略的改善和充实，按必要追加新的施策和进行轨道修正，经常保持战略的最适化"。② 2018 年 8 月，内阁官房、文化厅又在 2017 年《文化经济战略》的基础上，制定了《2018年文化经济战略行动计划》，并附有具体的"工程表"，使"文化经济战略"更加细化，也更具可操作性和可验证性。③

  综上可以看出，经过 21 世纪以来的长期摸索，日本已经形成了一整套比较成熟的文化战略的推进机制和实现路径，而且在实践过程中还在不断加以完善。这为日本在推进文化战略的过程中取得较为明显的成效，奠定了比较扎实的基础。

---

① 『文化芸術推進基本計画—文化芸術の「多様な価値」を活かして，未来をつくる—』、2018年 3 月閣議決定、http://www.bunka.go.jp/koho_hodo_oshirase/hodohappyo/__icsFiles/afieldfile/2018/03/05/a1402067_03.pdf［2018 - 12 - 25］。

② 内閣官房・文化庁『文化経済戦略』（2017 年 12 月 27 日）、https://www.cas.go.jp/jp/seisaku/bunkakeizaisenryaku/pdf/senryaku_siryou.pdf［2018 - 12 - 20］。

③ 内閣官房・文化庁『文化経済戦略アクションプラン 2018』、2018 年 8 月、https://www.cas.go.jp/jp/seisaku/bunkakeizaisenryaku/pdf/senryaku_actionplan.pdf［2018 - 12 - 20］。

三　日本文化战略的成效及其借鉴意义

21 世纪以来，日本大力推进文化振兴、文化产业、文化外交三位一体的文化战略，致力于文化、经济和外交的良性循环，以此提高国民的文化素质和社会活力，提高国民的创造能力，为日本经济产业的发展提供有力的支撑，提升日本的国际形象和存在感。日本在这方面的努力取得了比较引人注目的成效，可以为我们提供一些值得借鉴的启示。

（一）日本文化战略的成效

如前所述，日本的文化战略是一个整体，包含文化艺术振兴、文化产业发展、文化外交宣传等几个方面，因此，推行文化战略的成效也主要体现在这些方面。以下将主要依据相关统计、数据以及事例等，对其进行简要的论述。

第一，文化艺术振兴的成效。文化艺术的振兴，是日本文化战略中的一个重要组成部分，在这方面制定了比较完善的战略方针和施策，推行相关措施的力度也很大。经过日本政府和民间等的长期努力，在保护文化遗产、建设公共图书馆、振兴地方文化等方面成效明显。

首先，关于文化艺术的创造、发展和继承。从日本的一些相关舆论调查结果来看，21 世纪以来，日本国民对日本的认同和自豪感在不断增强。例如，在日本内阁府"关于社会意识的舆论调查"（每年实施）中，日本人作为国民的自豪而举出"文化、艺术"的比例，在 2008 年为 44.9%，2014 年为 50.5%，2016 年为 51.1%，呈现出逐年提高的趋势。另外，据日本情报体系研究机构统计数理研究所所做的"日本人的国民性调查"（每隔五年实施），受访者在关于日本艺术的设问中，回答"非常好"和"比较好"的比例，1998 年为 61%，2003 年为 67%，2008 年为 72%，2013 年为 77%，也显示了不断升高的趋势。与此同时，日本政府等相关部门在保护文化遗产上的投入也在不断增大。据日本文化厅统计，关于文化遗产的修理件数，2014 年为 798 件，2015 年为 838 件，2016 年为 878 件；针对文化遗产拥有者实施的防灾、防范对策，2014 年为 131 件，2015 年为

129 件，2016 年为 171 件。①

其次，关于文化艺术教育的充实。随着日本对文化艺术投资的增加以及文化艺术教育的充实，使用文化设施的国民不断增多，对文化艺术环境的满足度也在稳步提高。据日本文部科学省的"社会教育调查"（每隔三年实施），进入博物馆（包括美术馆）、图书馆等相关文化设施的人数，2007 年，博物馆入馆者为 12416.5 万人，进入图书馆的有 17135.5 万人；2010 年分别为 12283.1 万人、18756.2 万人；2014 年分别为 12957.9 万人、18136.4 万人。根据日本总务省"国势调查"（每隔五年实施）结果，日本的艺术家人数，2005 年为 38 万人，2010 年为 38 万人，2015 年为 41 万人。另外，据日本内阁府"关于文化的舆论调查"，国民的"文化艺术鉴赏"和"文化艺术鉴赏以外的文化艺术活动"参加者比例，2003 年分别为 50.9% 和 16.4%，2009 年分别为 62.8% 和 23.7%，2016 年分别为 59.2% 和 28.1%。其中 18～19 岁的青少年，2016 年参加文化艺术鉴赏活动的有 69.4%，参加鉴赏活动以外的文化艺术活动的有 27.8%。至于 60 岁以上的老龄者，参加文化艺术鉴赏活动的比例，2003 年为 48.5%，2009 年为 59.8%，2016 年为 55.7%；参加文化艺术鉴赏活动以外的文化艺术活动的比例，2003 年为 18.4%，2009 年为 26.1%，2016 年为 24.9%。与此相关，日本人对所在地域的文化环境感到"满足"的比例，2009 年为 52.1%，2016 年为 53.6%。不止于此，日本政府在 2016 年的《日本再兴战略》中还提出，到 2020 年要使文化艺术鉴赏活动者的比例上升到 80%，使文化艺术鉴赏以外的文化艺术活动参加者的比例增加到 40%。②

再次，关于地方自治体等主体的文化参与活动。随着文化艺术振兴战略的推进，日本地方自治体也不断加入这一进程，以活用文化艺术具有的创造性功能，推动地方产业振兴和焕发地域的活力。据日本文化厅的相关调查，

---

① 『文化芸術推進基本計画—文化芸術の「多様な価値」を活かして、未来をつくる—』参考資料「進捗状況を把握するための指標について（現状データ集）」、http://www.bunka.go.jp/koho_hodo_oshirase/hodohappyo/__icsFiles/afieldfile/2018/03/05/a1402067_03.pdf［2018 - 12 - 25］。

② 『文化芸術推進基本計画—文化芸術の「多様な価値」を活かして、未来をつくる—』参考資料「進捗状況を把握するための指標について（現状データ集）」、http://www.bunka.go.jp/koho_hodo_oshirase/hodohappyo/__icsFiles/afieldfile/2018/03/05/a1402067_03.pdf［2018 - 12 - 25］。

参加"创造城市网络日本"的加盟自治体数量，在 2015 年为 70 个自治体、23 个团体，2016 年为 88 个自治体、35 个团体，2017 年为 96 个自治体、36 个团体。据日本文化厅"关于地方的文化行政状况"的调查，地方公共团体制定有关文化艺术的条例、指针的情况是，在 2015 年制定文化艺术条例的有 29 个县、20 个政令市和核心市、90 个普通城市，而制定文化艺术指针的有 38 个县、48 个政令市和核心市、178 个普通城市。另外，据日本总务省"社会生活基本调查"（每隔五年实施），10 岁以上的志愿者人数所占比例，2011 年为 26.3%，2016 年为 26%。其中，从事体育、文化、艺术、学术志愿者活动的人，2011 年占 3.5%，2016 年占 3.7%。① 也就是说，随着日本文化艺术振兴施策的推行，与此相关的统计数据都在升高，表明有关政策取得了比较明显的效果。

第二，发展文化产业的成效。日本把文化产业发展置于强国的重要位置，着力打造日本品牌，彰显日本魅力，使日本文化产业在世界上占有一席之地。日本文化产业发展战略应该说是富有成效的，既形成了强大的文化产业，促进了日本经济的增长，又在世界范围产生了广泛影响，堪称"名利双收"。

日本的动画、漫画、游戏风靡世界，可谓日本现代文化产业的代表。根据日本动漫协会的有关统计，早在 2005 年，日本的动漫出口产值就达到 3130 亿日元的峰值，成为全球第一的动漫出口大国。《美少女战士》《圣斗士星矢》《变形金刚》《灌篮高手》《七龙珠》等日本动漫产品，成为无数中国人的童年记忆，《海贼王》《火影忍者》《名侦探柯南》等仍在流行，在中国拥有非常广阔的市场。实际上，喜爱日本动画、漫画、游戏的，绝不仅限于中国的年轻人，如亚洲的韩国、欧洲的法国等，也拥有很多日本大众文化的粉丝。另外，文化产业原本是美国的强项，但就连文化输出大国的美国，在动漫领域也无法与日本相匹敌。据有关报道，2015 年美国进口了 298 部日本动漫产品，日本动漫产品的出口量位居世界第一；日本漫画的发行量也占据了美国漫画图书市场的半数以上，全面超越了美国本土的同类作品。

---

① 『文化芸術推進基本計画—文化芸術の「多様な価値」を活かして、未来をつくる—』参考資料「進捗状況を把握するための指標について（現状データ集）」、http://www.bunka.go.jp/koho_hodo_oshirase/hodohappyo/__icsFiles/afieldfile/2018/03/05/a1402067_03.pdf ［2018－12－25］。

更有研究者指出，甚至在很多美国作品中都能看到日本动漫的影响。例如，《狮子王》就参考了《森林大帝》，《黑客帝国》则借鉴了《攻壳机动队》，好莱坞还曾经翻拍过真人版的《七龙珠》。[①] 近年来，日本文化产业的产值不断攀升，2014 年文化产业经济规模为 8.7 万亿日元，2015 年达到了约 8.8 万亿日元。按照日本政府的计算，2015 年日本的文化 GDP（8.8 万亿日元）约占整个国家 GDP 的 1.8%。日本政府提出的目标是，到 2025 年把文化 GDP 扩大到 18 万亿日元规模，届时将占整个国家 GDP 的 3% 左右。[②]

另外，在日本政府的统合指导下，与文化产业相关的衣、食、住等消费产业和旅游业也取得了令人瞩目的进步。仅从观光旅游一项，就可以看出日本文化战略对日本经济的拉动作用。据日本观光厅的统计，2015 年访日人数比 2014 年增长了 47.1%，达到创纪录的 1973.7 万人，经过 45 年的发展首次超过了访问外国的日本人的数量。2016 年访日外国游客达到 2403.9 万人，比上年增长 21.8%；2017 年达到了 2869.1 万人，比上年增长 19.3%。另外，2015 年访日外国人的消费额为 3.4771 万亿日元，年间值首次突破了 3 万亿日元，比 2014 年的 2.0278 万亿日元增加了 71.5%。2016 年访日外国人的消费额为 3.7476 万亿日元，比上年增长 7.8%；2017 年则达到了 4.4161 万亿日元，比上年增长了 17.8%。当然，众所周知，来自中国的游客在这方面做出了突出贡献。据日本观光厅 2016 年对访日外国人的有关调查，外国人在访日前所期待的事主要有（复数回答）："吃日本料理"（71.2%），"自然、名胜地观光"（47.9%），"体验日本的历史、传统文化"（16.8%），"美术馆、博物馆"（13.9%），以及"享受日本的大众文化"（10.4%）等。

第三，文化外交方面的影响。文化外交是提升一个国家软实力、增强对世界的影响力和感召力的有效手段。从一定意义上来讲，日本的文化外交和软实力建设也是富有成效的。

---

① 《日本刷屏世界杯：软力量，更可怕，中国更应该警醒》，一点资讯，2018 年 7 月 5 日，http://www.yidianzixun.com/article/0JSp2Ljj，最后访问日期：2018 年 10 月 15 日。

② 『文化芸術推進基本計画—文化芸術の「多様な価値」を活かして、未来をつくる—』参考資料「進捗状況を把握するための指標について（現状データ集）」、http://www.bunka.go.jp/koho_hodo_oshirase/hodohappyo/__icsFiles/afieldfile/2018/03/05/a1402067_03.pdf［2018－12－25］。

评价某个国家文化软实力的一个重要指标是国家形象。从一些国际组织的调查数据中，可以明显看出日本的国际形象和影响力的提升。例如，根据美国皮尤研究中心在 2005 年 6 月 23 日公布的一份"全球态度项目"调查报告，在 16 个受访国家中，有 14 个国家对日本的国家形象持积极肯定态度。又如，根据美国《时代》周刊在 2007 年 3 月 26 日公布的全球民意调查，日本的民意支持率为 54%，与加拿大并列位居世界第一。在美国《时代》周刊 2008 年、2009 年公布的民意调查中，日本连续稳居第一位。

BBC 公布的民意调查也充分体现了日本的国际影响力。在 2008 年的民意调查中，日本对世界的正面影响率为 56%，仅次于德国位居，世界第二，其负面影响率为 21%。在 2009 年的民意调查中，日本对世界的正面影响率达到 57%，在德国、加拿大、英国之后，位居世界第四，其负面影响率为 20%。在 2010 年的民意调查中，日本对世界的正面影响率为 53%，位于德国之后，与欧盟并列世界第二。在 2011 年的民意调查中，日本对世界的正面影响率再次达到 57%，比 2010 年上升了 4 个百分点，在德国和英国之后，与加拿大并列世界第三，其负面影响率为 20%。世界绝大多数国家给予了日本积极评价，其中印度尼西亚和菲律宾的对日积极评价分别达到 85% 和84%；巴基斯坦和印度的对日积极评价也有所提高，分别为 34% 和 39%；拉丁美洲国家除墨西哥给了日本负面评价之外，其他国家对日本仍保持相似的肯定态度，尤其是巴西、智利和秘鲁的对日积极评价达到近 2/3；非洲国家除了肯尼亚对日积极评价有所下降，其他国家的对日积极评价仍保持稳定状态；在欧洲国家中，如意大利、法国、德国、西班牙和俄罗斯的对日积极评价得到了进一步提高；尽管美国和英国的对日负面评价上升到 7% 和10%，但其对日积极评价仍分别达到 69% 和 58%。2013 年，BBC 对 25 个国家的国家形象进行了舆论调查，日本排名世界第四。

另据报道，2017 年波特兰公关公司和南加利福尼亚大学，根据教育、文化、企业活动、外交、数字等六个领域的数值，对全球主要国家进行了排名，发布了"软实力 30 强"报告，日本排名第六位，高居亚洲第一位。2018 年 1 月 29 日，《美国新闻与世界报道》联合 Y&R BAV 集团与宾夕法尼亚大学沃顿商学院，公布全球"最佳国家"排名，日本排名世界第五位，是唯一进入前十的亚洲国家。2018 年 6 月 6 日，国际智库经济与和平研究所，发布了 2018 年全球和平指数，日本排名亚洲第一位、世界第九位。① 2018 年 10 月 17 日，世界经济论坛发表全球竞争力指数，美国名列第一位，日本排名第五位。②

第四，文化认同与文化自信。特别值得一提的是，日本在文化资源建设、振兴文化艺术、发展文化产业、推进文化外交方面的战略施策，提升了日本官方和民间的文化认同与文化自信。就日本官方而言，文化自信越来越明显。安倍晋三在"'日本之美'综合计划恳谈会"等场合频频强调："在我国，有夸耀于世界的文化艺术……我本人认为，日本的文化艺术中，蕴含着连接日本与世界的巨大力量。""以夸耀于世界的日本文化的力量，提高日本的存在感，不仅体现了政府的热情，也是安倍内阁的支柱之一。"③ 可以说，正是基于这样的自信，日本政府在 21 世纪初才敢豪言要在 50 年内拿到 30 个诺贝尔奖项。从 2001 年到 2018 年的 18 年间，日本已经拿到了 18 个诺贝尔奖项。④ 正如"'日本之美'综合计划恳谈会"座长津川雅彦所说："提高日本在世界上的存在感，与日本的国家利益直接相关。当前，有使日本文化在外交方面大大活跃的必要。在外国受到关注的话，在国内也会得到重新认识，可谓一石二鸟。"⑤ 日本文化在世界上影响的增强，对日本国民的文化认同和文化自信也带来了正面影响。

就日本国民的文化自信而言，可以举出日本广播协会的"对日本的热爱与自信"的相关舆论调查。首先，在对日本的热爱方面，认为"出生在日本真好"的受访者所占比例一直保持在高水平。在 1993 年、1998 年、2003 年、2008 年、2013 年的调查中，该比例分别为 97%、95%、95%、96%、97%。其次，对日本的自信近年来开始恢复到较高水准。认为"日本人与其他国民相比具有非常优秀的素质"的人所占比例，在 1983 年、

---

① 《日本刷屏世界杯：软力量，更可怕，中国更应该警醒》，一点资讯，2018 年 7 月 5 日，http://www.yidianzixun.com/article/0JSp2Ljj，最后访问日期：2018 年 10 月 15 日。

② 「日本の競争力、過去最高 5 位 = 人材・起業に課題—世界経済フォーラム—」、時事通信社、2018 年 10 月 17 日。

③ 「『日本の美』総合プロジェクト懇談会（第 4 回）ジャポニスム 2018 総合推進会議（第 1 回）議事要旨」、https://www.kantei.go.jp/jp/singi/nihon_bi_sogoproject/dai4/gijiyousi.pdf［2018‐10‐20］。

④ 《日本真正的可怕之处：18 年里 18 人拿了诺贝尔奖!》，https://baijiahao.baidu.com/s?id=1613302863925036174&wfr=spider&for=pc［2018‐10‐15］。

⑤ 「『日本の美』総合プロジェクト懇談会（第 1 回）議事要旨」、http://www.kantei.go.jp/jp/singi/nihon_bi_sogoproject/dai1/gijiyousi.pdf「2018‐10‐20」。

1988 年、1993 年、1998 年、2003 年、2008 年、2013 年，分别为 71%、62%、57%、51%、51%、57%、68%；认为"日本是一流国家"的人所占比例，在 1983 年、1988 年、1993 年、1998 年、2003 年、2008 年、2013 年，分别为 57%、50%、49%、38%、36%、39%、54%。①

另外，日本文部科学省管辖的统计数理研究所，自 1953 年以来一直进行"日本人的国民性调查"。2014 年 10 月 30 日，该统计数理研究所发表了最新的国民性调查结果。其中，对"如果重生一回是选择日本还是外国"的设问，超过八成（83%）的受访者回答是"日本"，比五年前的 77% 上升了 6 个百分点。其中，特别是 20～29 岁年龄段的男性比五年前急剧上升了 21%，可见年轻人对日本的自信开始增强。依据该研究所的调查，回答者中很多人对日本人的"心灵富足"给予高度评价。而在"日本人的长处"中，很多人选择了"勤勉"（77%，上次为 67%），"彬彬有礼"（77%，上次为 60%），"亲切"（71%，上次为 52%）等。②

当然，在日本社会文化中也存在着一些负面现象，如日本社会的封闭性、社会歧视特别是"欺凌现象"比较严重、自杀率特别是青少年自杀率较高等。在日本的国际形象方面，历史问题的负面影响也将长期存在下去。但是，从以上的介绍和论述可以看出，日本的文化战略总体上来讲还是富有成效的。日本的相关施策和取得的成果，一方面为我们重新认识和评价日本的文化软实力，提供了一个看得见、摸得着的维度，另一方面也可为构筑中国的文化软实力战略和社会主义现代文化建设，提供一个可资借鉴的参考。

（二）对中国的借鉴意义

中国共产党第十八次全国代表大会的报告提出了"文化软实力显著增强"的新要求和目标，即"社会主义核心价值体系深入人心，公民文明素质和社会文明程度明显提高。文化产品更加丰富，公共文化服务体系基本建成，文化产业成为国民经济支柱性产业，中华文化走出去迈出更大步伐，社会主义文化强国建设基础更加坚实"。十九大报告又进一步提出了"坚定文化自信，推动

---

① NHK 放送文化研究所编『現代日本人の意識構造』（第八版）、NHK 出版、2015 年。
② 統計数理研究所『第 13 次調査の結果のポイント』、https：//www. ism. ac. jp/kokuminsei/page2/index. html［2018 - 09 - 10］。

社会主义文化繁荣兴盛"的新使命、新任务。报告指出："文化是一个国家、一个民族的灵魂。文化兴国运兴，文化强民族强。没有高度的文化自信，没有文化的繁荣兴盛，就没有中华民族伟大复兴。要坚持中国特色社会主义文化发展道路，激发全民族文化创新创造活力，建设社会主义文化强国。"

正如十九大报告所指出："发展中国特色社会主义文化，就是以马克思主义为指导，坚守中华文化立场，立足当代中国现实，结合当今时代条件，发展面向现代化、面向世界、面向未来的，民族的科学的大众的社会主义文化，推动社会主义精神文明和物质文明协调发展。"文化或者文化软实力的竞争，将是未来世界各国竞争的一个重要领域，文化建设和文化发展战略将成为 21 世纪的核心课题之一。日本的文化战略在构建有活力的社会、促进日本经济的发展、重塑日本的国家形象、提升日本的国际影响力和国际地位等方面都发挥了重要的作用，在日本的整个国家战略中占有不可替代的重要位置。日本作为世界发达国家，同时作为中国的邻国，其制定和推行文化战略的一些成功经验，对中国制定和完善文化发展战略、提升国家文化软实力，无疑有着重要的借鉴和参考意义。笔者认为，日本的以下做法值得参考和借鉴。

第一，在构筑和推进文化战略时，不断完善法律法规的制度建设。如前所述，在构筑和推进文化战略的过程中，日本政府能够与时俱进，根据时代的变化，先后颁布了大量相关法律法规，为实施文化战略提供了重要的法制保证，使相关文化主体的活动有法可依、有规可循。反观中国，近年来也加快了文化立法的步伐，文化立法正在驶入快速路，这打破了过去依靠部门规章、"红头文件"管理文化工作的传统格局，文化建设初步走上了法治轨道。中国有自己的国情，文化领域的立法有相当难度。但只有在党的十九大所提出的走中国特色文化发展道路的重要思想指引下，按照中国特色的要求整体推进文化立法工作，才能为今后的文化建设奠定坚实的法治基础。在这方面，作为东亚发达国家日本的一些做法，或许可以为我们提供某种参考。另外，日本在制定文化战略和方针时，按照需要建立了相应的"恳谈会"或"审议会"，这些智库或智囊团成员是来自相关领域的内行或专家，汇聚了各方面的力量，在集思广益、优化政策方面发挥了重要作用，也值得中国借鉴。建立专业性的、固定或临时的智囊机构，为推进中国的文化软实力战略建言献策，应该可以收到较好的效果。

第二，制定相应的路线图和日程表，做到可追踪和可检视化。无论制定怎样的文化发展战略，如果没有相应的具体落实措施，恐怕也难以收到预想的成效。因此，能否按照文化战略的目标和方针，制定出切实可行的施策和措施，并进行检验，就成为文化战略能否取得成功的关键一步。日本是个重视细节的民族，在推进文化战略的过程中，不仅制定了进一步细化的子战略，还制定了路线图、日程表以及检验的方法方式。这样，从总战略到子战略，从 5 年计划到年度计划，都提出了具体的目标，并按计划年度等进行跟踪，或根据形势变化做出修改，获得了较好的效果。中国文化部（现文化和旅游部）近年来也制定了"'十三五'时期文化发展改革规划""文化科技创新规划""繁荣群众文艺规划""艺术创作规划"等，在规划中也列出了具体目标、指标和评价机制等，但是细观之后仍然让人感觉还可以再精化细致。因此，日本在推进文化战略过程中重视细节的做法，还有值得我们借鉴的地方。

第三，发挥各种文化主体的积极性，调动一切力量参加文化创造活动。文化建设、文化发展、提升文化软实力，并不仅仅是政府的事情。如果没有各种主体的积极参与，人民群众缺少文化创造的欲望，恐怕难以顺利实现文化发展战略的目标。日本政府通过立法和各种施策，确定文化发展的方向和推进措施，积极鼓励各种文化活动的主体参与文化创造活动。在这里，一方面坚持中央政府在推进文化战略中的领导地位，另一方面也非常重视各地方政府之间的合作，以及民间和个人在文化创造活动中的作用。通过中央政府和地方政府与大学、专业机构、NPO、NGO 等民间团体及志愿者合作，充分发挥民间力量的自主性和主体性作用，推动文化艺术的创造和发展。毋庸置疑，中国各级政府在提升国家文化软实力、推动中国特色社会主义文化建设方面发挥着强大的领导作用，这是中国文化建设和发展的一个巨大优势。但是，在调动各种文化主体参与文化建设和创造活动方面，可能还有巨大的潜力有待发掘。特别是与经济活动相比较时，这方面的差距可能就显得有些突出。例如，中央电视台每年设立年度经济人物评选，却没有设立年度文化人物评选。在这里，中国可以借鉴日本的一些做法，采取措施充分调动各种文化活动主体的积极性，鼓励人们参与文化建设事业，促进中国特色社会主义文化事业的大繁荣。

第四，坚持国内与海外、文化与经济、文化与外交相结合的观点。文化无处不在，会体现在社会、经济和对外关系等方方面面。"软实力"也不能仅仅理解为对外的文化影响力，其最根本的还是蕴藏在国内人民群众中的文化创造力。人民群众的文化创造力，不仅会体现在各种作品和产品中，还会通过这些在文化产业和文化外交中发挥作用。所以，"软实力"与"硬实力"是不可分割的、可以相互转化的。日本在推进文化战略的过程中，能够坚持国内与国外以及文化与经济、外交相互联系和作用的观点，在组织体系方面打破各自为政的现象，而成立中央政府牵头各相关部门参加的机构，建构起作用分担、相互合作的框架，从而发挥相乘效应。参考日本的相关做法，中国也应该强化国内与海外、文化与经济、文化与外交有机联系的观念，在推进文化软实力战略时，进一步增强文化和旅游部、外交部、国家新闻出版广电总局、商务部等机构的横向合作。在中央的领导下，建立各部门既有分工又有合作的框架，推进中国文化软实力战略的实施，应该获得事半功倍的相乘效果。

第五，注重提炼民族文化的理念，并致力于使其普遍化。日本在推行文化战略的过程中，特别注重从民族传统和文化中提炼出与世界潮流相一致，又具有日本特点的价值观和理念，如"与自然、社会的共生"、富有"感性"的"美"意识、日本式"待客之道"、"安全"及"安心"的日本社会等。特别是利用外国人创造且流行于世界的"酷日本"概念，为其赋予丰富内涵，使之成为宣传日本文化的一个品牌，通过大力提倡和宣扬，收到了意想不到的成效。中国文化博大精深，具有日本无法比拟的丰富文化资源。在推进中国文化软实力战略实施的过程中，我们也应该把中国人的和平发展、世界大同的世界理想，重国家、重集体、重家庭的家国情怀，以及天人合一、"中和"、"中庸"的处世之道等加以提炼，上升到亚洲价值观、人类价值观的高度，与"一带一路"倡议的伟大构想相结合进行演绎，从文化战略的角度讲述中国故事，相信会收到预期的成效。

第六，充分认识自身的文化特性，尽量做到扬长避短。日本文化有着自己的特点，比如重视感性和审美，注重细节和追求极致等，这体现在茶道、花道等传统艺能，动画、漫画和游戏等现代文化，以及衣食住行等生活方式中。但是，日本文化也有其短处，如不擅长抽象思维、不擅长理论性和逻辑性地把握事物等。应该说，日本对自身文化特点有着清醒认识，因而把艺能、文化、生活方式都纳入文化的范畴，大力提倡日本文化的感受性和审美性等。另外，比起从书本上了解日本来，更注重让人们从体验和感受中了解日本，这集中体现在"观光立国"战略上。"观光立国"战略使日本不仅获得了丰厚的经济利益，还广泛获得了人心，可谓名利双收。不少中国游客在日本大量购物的同时，也增加了对日本的好感度，就是一个很好的证明。与日本相比，中国历史悠久、文化底蕴丰厚。不仅拥有众多名山名川，还拥有大平原、大草原等，拥有丰富的自然景观和世界自然遗产（自然遗产 12 项，自然与文化双遗产 4 项，数量均居世界第一）；不仅拥有以儒家、道家思想等为代表的具有普遍性的理念，还形成了具有明显多样性的地域文化和生活方式（中华料理集中体现了这一点）。这些都是中国文化的独特魅力之所在。我们应该更进一步深入发掘中国文化的魅力，将独特的自然景观、历史人文景观、中华料理等打造成我们的优质文化资源，把中国文化和中国人的思考方式有机地纳入其中，以喜闻乐见的现代媒介形式大力对内外进行介绍和宣传。这不仅可以促进世界对中国文化的认识和理解，提升中国的整体形象和文化影响力；同时还可以促进中国人对自身文化的了解，增强民族文化自信。在这方面，纪录片"舌尖上的中国"应该是一个成功的例子。在现阶段，致力于打造传统与现代相结合的文化产品，如制作《三国演义》《西游记》《水浒传》等相关的动漫产品，也许是一个将文化与产业以及对外宣传结合起来的较好突破口。

日本文化软实力的提升，以及日本文化对世界影响力的增大，势必对中国产生深刻影响。中日两国关系中既具有合作的一面，也具有竞争的一面。而竞争又会体现在综合国力、文化软实力的竞争等方面。虽然中国在经济总量上已经远远超过了日本，但在文化软实力建设的某些方面，与日本可能还存在着一定的差距。在未来的国际社会，国家之间的竞争将是全方位的竞争。中国可以借鉴日本在该领域的某些长处，扬长避短，全面提升文化软实力，在国际社会发挥更深远的作用。

Japan's Cultural Strategy in the Early Twenty-first Century

Cui Shiguang

Abstract：Since entering the 21st century, Japan has accelerated the pace of building a cultural strategy through formulating and implementing relevant laws, regulations and policy documents, in order to establish a cultural strategy with distinctive Japanese characteristics. The rich essence of Japanese cultural strategy mainly includes cultural revitalization strategy, cultural industry strategy and cultural diplomatic strategy. Those aspects are not only different from each other and intrinsically linked with each other, forming a unique trinity structure and making a significant multiplication effect. As an important part of Japanese national strategy, cultural strategy occupies an irreplaceable position. In the process of promoting cultural strategy, Japan has formed a whole set of special mechanisms and achieved remarkable results. Further discussion on the essence, promotion mechanisms and effects of Japanese cultural strategy may provide some reference for the construction of Chinese cultural soft power.

Keywords：Cultural Strategy；Cultural Industry；Soft Power；Trinity Structure

《日本文论》（总第 1 辑）
第 102～147 页
© SSAP，2019

中国的日本哲学思想史研究
如何从朱谦之"接着讲"

——纪念朱谦之先生诞辰 120 周年

刘岳兵

内容提要：朱谦之给中国的日本哲学思想史研究后来者留下的研究著作和资料集，是有形的精神财富，尤其是其通史性的哲学史著作和专题性的日本儒学研究著作，即便想要从整体上超越，也必须从他"接着讲"开始。他以生命体悟和追求真理，与时俱进，主动将自己的研究工作与时代精神、民族大势结合起来的进取心和探究心，表现出一个个性丰满且具有社会良知的中国学者的高洁真挚的人格和坚定的信念。这更是需要我们后来者不断地"接着讲"的。朱谦之研究日本哲学思想的基本学术观念和方法，不是来自井上哲次郎，也不是丸山真男，而是从他自己的历史哲学走向马克思主义的。他对日本儒学的评价也经历了一个不重视到重视的过程。如何接着朱谦之讲日本哲学思想史研究，首先面临的一个问题就是如何评价朱谦之所运用的马克思主义的思想观点和方法。

关 键 词：朱谦之　日本哲学思想　井上哲次郎　中国当代学术史

作者简介：刘岳兵，南开大学日本研究院教授，博士生导师。

研究中国哲学的现代学者，大都熟悉冯友兰在定位自己的哲学体系与宋明理学的关系时所用的"照着"讲和"接着"讲的说法。冯友兰在 1939 年 5 月商务印书馆出版的《新理学》的"绪论"中解释书名"何以名为新理学"时说：

> ……照我们的看法，宋明以后底道学，有理学心学二派。我们现在所讲之系统，大体上是承接宋明道学中之理学一派。我们说"大体

上",因为在许多点,我们亦有与宋明以来底理学,大不相同之处。我们说"承接",因为我们是"接着"宋明以来底理学讲底,而不是"照着"宋明以来底理学讲底。因此我们自号我们的系统为新理学。①

半个世纪之后,冯友兰晚年在总结自己一生的学术成就及其在中国哲学史上的地位时,将自己的哲学体系作为"中国哲学近代化时代的理学"的一种(另一种是金岳霖的哲学体系)来论述时,开篇第一节,即用"'接着讲'与'照着讲'"为标题来说明:

> 《新理学》开头就说,本书"是'接着'宋明以来底道学讲底,而不是'照着'宋明以来底道学讲底"。
> 中国需要近代化,哲学也需要近代化。近代化的中国哲学,并不是凭空创造一个新的中国哲学,那是不可能的。新的近代化的中国哲学,只能是用近代逻辑学的成就,分析中国传统哲学中的概念,使那些似乎是含混不清的概念明确起来。这就是"接着讲"与"照着讲"的分别。②

他的"接着讲"不仅是中国哲学的研究方法,而且是创新中国传统哲学、建构现代中国哲学的一种精神追求。③"接着讲"既重视学术传承,又重视创新。"新理学"作为宋明理学的一种现代形态已经得到学界的普遍认可,新理学系统构建"接着讲"的方法和理念,也成为具有普遍意义的发展和创新人文学科的共识之一,因此强调"人文学科的新的创造必须'接着讲'"。学术思想、学科传承,要尊重前辈大师的遗产,"'接着讲'是突破,是扬弃,是创造,是发展"。④

具体到不同的学科,接着谁讲,如何接着讲,自然会有所不同。比如美学,叶朗就明确提出"必须从朱光潜'接着讲'"。⑤ 中国的日本哲学思想史研究,

---

① 冯友兰:《三松堂全集》(第4卷),郑州:河南人民出版社,2001年,第4页。
② 冯友兰:《中国哲学史新编》(第7册),台北:蓝灯文化事业股份有限公司,1991年,第166页;冯友兰:《三松堂全集》(第10卷),郑州:河南人民出版社,2001年,第629页。收入全集时,章节标题及此段中的"近代化"均改为"现代化"。
③ 参见高秀昌《"接着讲"——一种治中国哲学史的方法》,《中州学刊》2003年第2期;蒙培元《如何理解冯友兰的"接着讲"》,《中州学刊》2003年第4期。
④ 叶朗:《人文学科新的创造与"接着讲"》,《中国文化报》2012年10月25日。
⑤ 叶朗:《人文学科新的创造与"接着讲"》,《中国文化报》2012年10月25日。

笔者曾经呼吁"应该接着朱谦之讲"①，后来又对"接着朱谦之讲"的意义做了三点概括，即尊重原始资料的实证精神、重视理论修养和史料与理论结合、运用"无征不信"的历史主义的实证方法。② 至今，这一观点也没有发生变化，之所以特意提出并专门再谈"接着朱谦之讲"，是因为对朱谦之的日本哲学思想研究的评价，有些"问题"还没有很好地澄清，有必要对相关问题做出客观的、符合实际的说明，只有对学术史有准确的认识，我们才能够明确自己的方向。

一　朱谦之在中国的日本哲学思想史研究上的地位

关于朱谦之在中国的日本哲学思想研究领域的地位，日本学者铃木正早在 1985 年访问中国后，就撰文将朱谦之在北京大学开创的日本哲学史研究团体称为"朱学派"③，后来卞崇道的《日本哲学研究四十年》④ 和王家骅的《中国的中日思想交流史研究》⑤ 等文章也都对朱谦之的学术贡献做了充分说明，这些都是有目共睹、没有争议的。

结合前人的研究成果，笔者曾将朱谦之在中国的日本哲学思想研究领域的开创之功或者说研究特色，概括为以下四点："（1）开创了以马克思主义研究日本哲学思想的先河；（2）系统地梳理了日本的哲学史、儒学史；（3）重视中日思想交流和比较研究，特别注重中国思想对日本的影响；（4）重视原始资料的搜集与整理"⑥，并对此做了比较详细的论述。

同时也注意到对朱谦之如下的否定性评价：

> 严绍璗在为王青的《日本近世儒学家荻生徂徕研究》（上海古籍出版社 2005 年版）所写的序言（第 7 页注释⑥）中提到："自从 1958 年

---

① 刘岳兵：《中国日本思想史研究 30 年》，《日本学刊》2011 年第 3 期。
② 刘岳兵：《朱谦之的日本哲学思想研究》，《日本学刊》2012 年第 1 期。
③ 鈴木正「近代化成功のカギ探る—中国における日本哲学研究—」、『朝日新聞』（夕刊）1985 年 7 月 6 日。转引自卞崇道《现代日本哲学与文化》，长春：吉林人民出版社，1996 年，第 211 页。
④ 北京日本学研究中心编《中国日本学年鉴（1949～1990）》，北京：科学技术文献出版社，1991 年。
⑤ 严绍璗、源了圆主编《中日文化交流史大系［3］·思想卷》，杭州：浙江人民出版社，1996 年，"序论"。
⑥ 刘岳兵：《朱谦之的日本哲学思想研究》，《日本学刊》2012 年第 1 期。

三联书店刊出朱谦之先生的《日本的朱子学》以来，继后有 1962 年上海人民出版社出版的《日本的古学及阳明学》、1964 年三联书店出版的《日本哲学史》，我国关于日本思想的研究基本上笼罩在这些著作表述的范围内，很少有能出其左右者。但是，现在我们知道，中国版的《日本的朱子学》和《日本的古学及阳明学》的基本观念和学术体系，来自于日本东京富山房出版社在 20 世纪初期连续出版的由著名哲学家井上哲次郎撰著的《日本阳明学派之哲学》（1900 年第一版）、《日本古学派之哲学》（1902 年第一版）和《日本朱子学派之哲学》（全）（1909 年订正三版）。1964 年三联刊出的《日本哲学史》的基本观念则来源于上述井上哲次郎与丸山真男《日本政治思想史研究》。1999 年 10 月 15 日《光明日报》在'理论与学术版'上有文章说：'（朱先生的）《日本的朱子学》和《日本的古学及阳明学》是用马列主义观点研究日本哲学的典范，受到日本学者的高度评价'云云。该文作者及作者所说的'日本学者'可能都没有阅读过日本井上哲次郎与丸山真男的相关著作，所以这个书评便说了些不三不四的话，让研究者不知所云莫名其妙了。"如果真是这样，朱谦之日本哲学研究的特色可谓一目了然。朱谦之掌握马克思主义的程度、其自身学术特色在日本哲学研究中的体现，还值得进一步研究。顺便订正，上述《光明日报》上的文章，据查应是 2000 年 8 月 29 日《光明日报》上发表的署名"于光"的《百科全书式学者——朱谦之》。①

严绍璗是国内日本研究的代表性学者，在日本汉学、汉籍与中日文学交流史研究方面具有很深的造诣，其意见值得重视。而且这篇序言以"日本江户时期汉学家最后的学问"为正标题，收录于其《比较文学与文化"变异体"研究》一书中②，这种意见或已产生了比较广泛的影响。无独有偶，他在 2006 年为王青的著作《日本近世思想概论》所写的序文中，也提到类

---

① 刘岳兵：《"中国式"日本研究的实像与虚像》，北京：中国社会科学出版社，2015 年，第 66 页。《日本学刊》2012 年第 1 期发表《朱谦之的日本哲学思想研究》时删去此注。金津日出美翻译拙文时，将此注释全文译出，参见金津日出美「中国における日本思想史研究の方法論的問題—ある学術史の回顧と展望—」、『東アジアの思想と文化』第 4 号、2012 年 3 月、84 - 85 頁。
② 严绍璗：《比较文学与文化"变异体"研究》，上海：复旦大学出版社，2011 年，第 265 ~ 269 页。

似的话题。序言正文中说：

> ……学界众人对于日本文化的真实面貌，例如关于学界经常挂在嘴边的"日本儒学"层面，国内的"儒学家"、"哲学者"很难就"中国儒学传入日本"的真实轨迹和"日本儒学"的真谛说出个有模有样的"子丑寅卯"来……中国学术界至今也没有一部在真正意义上可以称之为"日本思想史"或"日本哲学史"的著作，更未见有断代史的研究呈现于世，零星散篇的研究当然存在，有些表述在文献方面也相当丰厚，在思考方面也相当地深入和深刻，但因为没有有效地组织成相应的体系，所以常常不为有关研究者注目，也难以使人形成较完整的学术印象。

作者在"学术印象"后面又特别做了一个注释：

> 1964 年三联书店有朱谦之著《日本哲学史》刊出，1989 年山东大学出版社有王守华、卞崇道著《日本哲学史教程》出版，读者如果阅读过 20 世纪初期日本井上哲次郎关于日本的"朱子学"、"阳明学"和"古学"的三部著作以及丸山真男关于日本思想史的研究著作，则前书称为"著作"就不尽合适。①

由此可见，严绍璗对朱谦之日本哲学思想研究的评价，几乎是全盘否定的，认为其《日本哲学史》称不上"著作"，其《日本的朱子学》和《日本的古学及阳明学》也不过是 20 世纪初井上哲次郎的《日本阳明学派之哲学》、《日本古学派之哲学》和《日本朱子学派之哲学》三部著作的"中国版"，且断言朱谦之日本哲学思想研究的"基本观念和学术体系"都来源于井上哲次郎和丸山真男的《日本政治思想史研究》；包括朱谦之在内的"日

---

① 严绍璗：《序二》，载王青《日本近世思想概论》，北京：世界知识出版社，2006 年，第Ⅶ页。需要说明的是，王青在《中华日本哲学会通讯》新第 30 期（2017 年 10 月 31 日）上发表《我国日本哲学研究的薪火相传——从朱谦之到黄心川、黄夏年》，指出："朱谦之先生在我国的日本哲学研究领域有开拓和奠基之功，他先后发表了《日本的朱子学》（生活·读书·新知三联书店，1958 年）、《日本的古学及阳明学》（上海人民出版社，1962 年）、《日本哲学史》（生活·读书·新知三联书店，1964 年）三部专著和《日本哲学（古代之部）》（商务印书馆，1962 年）、《日本哲学（德川时代之部）》（商务印书馆，1963 年）两部资料集，堪称是用马列主义观点研究日本哲学的典范。"在文章结尾，王青还指出："笔者相信在黄心川先生的努力传承和黄夏年老师的全力整理下，朱谦之先生作为我国日本哲学研究先驱的伟大学术功绩终将为历史所铭记。"

本儒学"研究，没有就"中国儒学传入日本"的真实轨迹和"日本儒学"的真谛"有效地组织成相应的体系"，这样的著作不能说"在真正意义上可以称之为'日本思想史'或'日本哲学史'的著作"。对于这样的评价，中国的日本哲学思想界一直没有做出什么回应。在笔者看来，这既是对朱谦之的不尊重，也是对严绍璗的不尊重。

鉴于严绍璗的意见当中涉及的问题较多，下文主要以朱谦之的《日本的朱子学》与井上哲次郎的《日本朱子学派之哲学》为例来加以辨析。

二 朱谦之的《日本的朱子学》与井上哲次郎的《日本朱子学派之哲学》

朱谦之的《日本的朱子学》①（以下简称"朱著"）与井上哲次郎的《日本朱子学派之哲学》②（以下简称"井上著"）的关系③，可以从以下几个方面展开分析。

（一）朱谦之对井上哲次郎相关研究的总体评价

朱谦之在其著作中对井上哲次郎相关研究的总体特点，实际上已经说得

---

① 朱谦之：《日本的朱子学》，北京：人民出版社，2000 年。此书于 1958 年由生活·读书·新知三联书店初版，2000 年由人民出版社再版，本文引此书者皆出自再版。

② 井上哲次郎『日本朱子学派之哲学』、富山房、1923 年。朱著所列参考书为该书 1924 年 7 月东京富山房的第 14 版，笔者所持为 1923 年 9 月出版的第 13 版。

③ 2017 年由中国人民大学哲学院张立文教授申报的国家社会科学基金重大项目"日本朱子学文献编纂与研究"获得全国哲学社会科学规划办公室的批准立项。2018 年 3 月 25 日中国人民大学哲学院召开了"江户时代日本朱子学的发展与演变暨'日本朱子学文献编纂与研究'重大项目开题研讨会"，会上，"林美茂教授作了题为《关于日本朱子学学派划分的若干问题》的报告。林美茂教授以井上哲次郎著《日本朱子学派之哲学》和朱谦之著《日本的朱子学》两部著作为依据，考察了两者对于日本朱子学学派划分方案的不同。井上著将朱子学划分为京学及惺窝系统、惺窝系统以外的朱子学派、南学及暗斋学派、宽政以后的朱子学派、水户学派五个派别，朱著则将朱子学划分为京师朱子学派、海西朱子学派、海南朱子学派、大阪朱子学派、宽政以后朱子学派和水户学派六个派别。朱谦之之方案是在井上哲次郎方案的基础上进行了增补与修订，形成了具有中国特色的日本朱子学全貌的展现。通过对比，不难发现，与井上方案相比，朱谦之之方案更为全面与合理，所以项目组以朱谦之之方案为参照划分子课题，进行具体工作分工。但是朱谦之方案中也存在着一些问题，如意识形态先行、缺少整体性框架、各学派思想发展史模糊、来自中国的影响失踪等，这些问题是项目组在此后的文献整理、编撰与研究过程中必须要注意和克服的问题"。参见《中华日本哲学会通讯》总第 53 期，2018 年 4 月，第 20 页。

非常明白：

> 关于儒学东渐的研究资料，可举者甚多，尤以井上哲次郎与西村时
> 彦的著作，尤为重要。井上为研究此学权威。惟于朱子学之起源，所述
> 甚少，大阪朱子学派及水户学派，则几无叙述，且其所论在伦理格言，
> 引证多汉文和译，似不如原始资料之可据。①

首先，朱谦之充分肯定"井上为研究此学权威"。"此学"，无论理解为
"日本儒学"、"日本哲学"还是"东洋哲学"都不为过。井上的日本儒学
研究三部曲，即严绍璗反复提及的《日本阳明学派之哲学》《日本古学派之
哲学》《日本朱子学派之哲学》等，如其与蟹江义丸所编《日本伦理汇编》
中那样对日本儒学派别的划分、对各派主要人物及其基本著作的整理，无疑
对后世日本儒学的研究具有重要的示范意义。在这个意义上讲，朱谦之的日
本儒学研究无疑也受到他的影响。

同时，他也看到了井上对日本朱子学研究的不足，即"于朱子学之起
源，所述甚少，大阪朱子学派及水户学派，则几无叙述"。与其说是不足，
不如说二者研究的侧重点不同，则更加准确。朱著的主要目的，如其所言：
"本书注重叙述朱子学在日本之传播与发展，但亦注重选录日本朱子学派及
与之相关的原始史料，使中国研究者得以直接与此原始史料相接触。"② 其
用意也在"为研究中国哲学者参考之用"，他认为"中国哲学对于日本的影
响，亦为中国学者研究日本哲学史特别主要的任务之一。然而不幸即此种研
究工作，在中国今日尚属创举"③。因此，朱著分为"前论"和"本论"两
大部分，前论"日本朱子学之传播"，从《论语》《千字文》传入日本到奈
良平安时代汉文学的兴起，经中世禅林宋学传入，到江户时代朱子学的兴
盛，清晰而系统地描述了中国儒学传入日本的基本轨迹，可以说是一部完整
的中国儒学东传日本简史。这方面，在日本学界，同时代和岛芳男的《日
本宋学史之研究》（吉川弘文馆，1962 年）和《中世之儒学》（吉川弘文

---

① 朱谦之：《日本的朱子学》，前记，第 7 页。
② 朱谦之：《日本的朱子学》，前记，第 9 页。
③ 朱谦之：《日本的朱子学》，前记，第 1 页。

馆，1965 年）可以说将这一领域的研究推向了深入；而中国学界，尽管后来也有一些研究，比如有人提出"日本早期儒学"，从事五山文学研究的学者最近也有所增多，但是从总体上而言，可以借用严绍璗的话说，"因为没有有效地组织成相应的体系……也难以使人形成较完整的学术印象"。期待着后来者尽快能够"超越"朱谦之的这前半部书。

就井上哲次郎的研究而言，《日本朱子学派之哲学》是他的日本儒学三部曲中的最后一部，他研究日本儒学的目的在于通过"阐明德教的渊源"，来"医治现今社会的病根"，"培养国民的道德心"。① 井上哲次郎认为朱子学派是"德川时代最具实力的重要哲学派别"②，并重视"朱子学派的道德主义与当今所谓的自我实现说，即便其形式不同，而其精神几乎如出一辙"③。他认为：

> 朱子学派的学说值得我们学习的地方固然不少，然至于其实践道德，值得学习的更多。特别像藤原惺窝、林罗山、木下顺庵、安东省庵、室鸠巢、中村惕斋、贝原益轩诸氏，其人格之清高、其品性之纯洁，可以说是我邦朱子学派之代表，足以永垂其道德模范于后世。当今日俄战争已告终结，随着我邦之威光大显于宇内，欧美学者渐欲究明我邦强大之缘由。值此之际，德川三百年间我邦实行教育主义，对在国民道德的发展上受到伟大影响的朱子学派的历史研究，岂可一日怠慢？有志于德教之学者，都应该对此进行深入研究。④

由此也就可以看出，朱谦之以"其所论在伦理格言"几个字便简明而又精辟地概括出了井上著作的特点。至于其"引证多汉文和译"，可以说是为了日本读者的需要，似不必苛求。

对日本儒学派别的划分，朱谦之几乎完全遵照井上哲次郎、蟹江义丸所编《日本伦理汇编》的划分，同样计划在完成这部"叙述朱子学的影响"的"第一册"著作之后，准备"第二册叙述朱子学以外诸学派的影响，包括古学派、

---

① 井上哲次郎『日本朱子学派之哲学』、序。
② 井上哲次郎『日本朱子学派之哲学』、1 页。
③ 井上哲次郎『日本朱子学派之哲学』、3 页。
④ 井上哲次郎『日本朱子学派之哲学』、5－6 页。

阳明学派、折衷学派、考证学派及老庄学派"。① 第二册便是后来成书出版的
《日本的古学及阳明学》。朱谦之虽然在大的派别框架划分上继承了井上之说，
但他对具体派别的内容进行了很大的补充。比如，朱子学派，井上就根本没有
提及大阪朱子学派，而朱著中专门用一章的大篇幅来叙述（正论第五章）。朱谦
之《日本的古学及阳明学》中说："关于哲学史方面，古学派及阳明学派尚少专
著，惟井上哲次郎所提供资料尚可用，而立场、观点不同"②，这也同样适用于
他们二者的朱子学著作的关系。反对功利主义的井上哲次郎，或许是有意忽
略了大阪的朱子学者；而在当时弘扬唯物主义哲学传统的中国学界，朱谦之
重视大阪朱子学派也自有其道理。他说：

> 　　大阪朱子学派从三宅石庵开始，盛于中井竹山、履轩兄弟，其学派
> 分布遍全国，到了富永仲基、山片蟠桃更完全走上唯物主义路上，这不
> 但标志了日本资本主义生长过程中的上升的现象，而且也标志了朱子学
> 在日本的影响，从唯心主义而至唯物主义的一种转移。③

　　可见，朱谦之把大阪朱子学派作为一种进步的社会现象来看待，并充分
肯定其在日本唯物主义发展进程中的重要意义。

（二）《日本的朱子学》对《日本朱子学派之哲学》的引用分析

　　接下来，具体通过朱著与井上著中的相关注释的对比，来探讨两者的关系。
　　朱著一共有 1127 条注释，绝大部分是原始材料的出处。其中与井上著
相关的一共只有 18 条，其中 2 条是引用《日本阳明学派之哲学》。剩下的
16 条注释中，出现最多的是"前论"第二章"朱子学之传播"，占了 7 条，
其中 3 条（注释⑯、注释㊆、注释㊈）的前 2 条注释分别与川田铁弥的
《程朱学派之源流》、西村时彦的《日本宋学史》对举，第 3 条则是将井上
著与川田、西村的著作三者并举。"本论"第四章"海南朱子学派"中出现
3 条相关的注释，其中注释㉘是与和辻哲郎的《日本伦理学史》下卷相对

---

① 朱谦之：《日本的朱子学》，第 2 页。
② 朱谦之编著《日本的古学及阳明学》，北京：人民出版社，2000 年，前言，第 21 页。该书于
　 1962 年由上海人民出版社初版。
③ 朱谦之：《日本的朱子学》，第 349 页。

举。也就是说，即便从形式上看，井上著在朱著中也不是绝对性的存在。

朱著中有关井上著的注释大概可以分为以下三类。

第一类是表示赞同的观点或重要史实。这时候往往与其他文献并举共证，以上所列均属此例。

第二类，表示需要补充或延伸。例如，在叙述楠木正成的思想成因时，朱著先提起：

> 正成的忠诚义烈，在日本史上放一大光辉。但他的思想，是否由于崇奉朱子学的结果，尚成问题。如西村时彦《日本宋学史》、井上哲次郎《日本朱子学派之哲学》*均认此为牵强附会。①

标*处是注释序号㉗②所在位置。值得注意的是"《日本宋学史》"后有注释㉖，或欲以此说明这种观点已经颇具"权威性"。正因为如此，朱谦之才觉得有进一步搜寻史料、展开分析加以补充的必要。经过他的论证，最后的结论是："正成的纯忠至诚，虽其天性，而其所得于孔孟之教，尤其是朱子学的忠君爱国观念，这大概是尚有痕迹可寻的了。"③无论如何，朱著是用史料对这些可寻的"痕迹"进行了清楚的表述。

有些还表现在意义的延伸甚至是引申和发挥上。比如，在"本论"第三章"海西朱子学派"中论安东省庵时，指出："省庵在世界观方面，则更进而有朴素的唯物主义倾向，与贝原益轩相同，且皆得力于罗整庵，这可以说是海西学派的特点。"在引用一段省庵的著作之后，评价说：

> 井上哲次郎指出省庵这种理气合一论，是理随气而有，与气一元论的见解甚为接近。*换句话说，也就是具有素朴的唯物主义因素的思想了。④

标*处是注释序号⑦⑤所在位置。井上著的原文为："省庵超脱区区朱陆二

---

① 朱谦之：《日本的朱子学》，第58页。
② 注释内容为："井上哲次郎：《日本朱子学派之哲学》，第619页。"参见朱谦之《日本的朱子学》，第127页。
③ 朱谦之：《日本的朱子学》，第60页。
④ 朱谦之：《日本的朱子学》，第243页。
⑤ 注释内容为："参照井上哲次郎：《日本朱子学派之哲学》，第158～159页。"参见朱谦之《日本的朱子学》，第277页。

派的争论，而欲接圣学渊源之意气诚可敬佩。其就理气而取理气合一论，以理为随气而具者，几有进于唯气一元见解之痕迹。"① 由"唯气一元"，自然而然就引申出"换句话说，也就是具有素朴的唯物主义因素的思想了"。

还有一些注释是对井上著中的史料所在进行补充的。比如，对于义堂周信的著作，朱著中指出"《空华日工集》抄录三卷，收入《续史籍集览》"②，并对此做了注释，即注释66："井上哲次郎谓全书不传，但据川田铁弥《日本程朱学之源流》第 41 页作五〇卷，并云全部藏京都南禅寺。"③ 而井上著这样记述：义堂"所著有《空华集》二十卷、《空华日工集》（详称《空华日用工夫集》）若干卷，可惜日工集全书不传，唯《续史籍集览》收载《空华日工集》的抄录三卷"。④

第三类，表示订正与质疑、讨论。

订正，比如在叙述贝原益轩的思想变化时，朱著中说："及至读陈清澜的《学蔀通辨》才一变而为纯然朱子派的人物。"⑤ 接着引用了《益轩先生年谱》中的相关段落⑥，引文结束后做了注释，即注释⑰："参照《日本朱

---

① 井上哲次郎『日本朱子学派之哲学』、158 頁。
② 朱谦之：《日本的朱子学》，第 78 页。
③ 朱谦之：《日本的朱子学》，第 128 页。
④ 井上哲次郎『日本朱子学派之哲学』、626 頁。
⑤ 朱谦之：《日本的朱子学》，第 247 页。
⑥ 《益轩全集》（益轩会编纂，益轩全集刊行部发行，1910 年）第一卷卷首载有贝原好古、梶川可久撰《益轩先生年谱》，"相关段落"为益轩 36 岁时的"宽文五年"（1665）条。现将原文、井上引文、朱著译文列举如下。原文："甞て陸象山の学を好み、また王陽明の書を喜ぶこと已に数年、朱陸兼用の意あり。此歳始て学蔀通辯を読み、遂に陸王の非を悟り、盡く旧見を棄て、全く程朱の説を信じて純如たり。以為らく尚書論語は是れ聖人の説く所、此を以て陸王の説に比すれば、齟齬（そご）する所あり、帰向する所大に異る覚ゆと。是より益々廉洛関閩の正学を信じて、直に洙泗の流に泝らむと欲し、心を専にし志を致し昼夜刻苦して講学最も勤む。"（第 14～15 頁）井上引文："先生甞て陸学を好み、且つ王陽明の書を玩読し、数歳朱陸兼用の意あり、今年始て学蔀通辨を読み、遂に陸氏の非を悟り、盡く旧学を棄てて純如たり。先生謂へらく、尚書論語は是れ聖人の説く所、此を以て陸王の説に正さば、則ち齟齬（そご）する所ありて、而して帰向する所大に異る覚ゆ。是れに由りて益々濂洛関閩の正学を信じ、直に洙泗の流に泝らむと欲し、心を専らにし志を致し昼夜力め学んで懈らず寝食を忘れるるに至る。"井上哲次郎『日本朱子学派之哲学』、267 頁。朱著译文："先生尝好陆王，且玩读王阳明之书数岁，有朱陆兼用之意。今年始读《学蔀通辨》，遂悟陆氏之非。尽弃其旧学，纯如也。先生谓《尚书》、《论语》是圣人所说，以此正陆王之说，则大有所齟齬，而觉所归向大异。由是益信濂、洛、关、闽之正学，直欲诉洙泗之流，专心致志，昼夜力学不懈，至忘寝食。"参见朱谦之《日本的朱子学》，第 247～248 页。原文在"纯如"前有"全信程朱之说"，井上引文与朱著译文皆无，可见此段译文译自引文。

子学派之哲学》，第 266～267 页，惟井上氏以《学蔀通辨》误为陈白沙撰，
应予改正。"① 井上著原文为："益轩初好陆王之学，然及读陈献章《学蔀通
辨》，遂弃陆王之学而成纯然朱子学派之人。"② 朱著指出《学蔀通辨》非
陈献章（即陈白沙）所撰，而为陈清澜（陈建，号清澜）所撰，订正了井
上著之误。

质疑或讨论，也体现在朱著中的相关部分。例如，在论述林罗山的理气
关系论时，强调林罗山受王阳明所言"理者气之条理，气者理之运用"的
影响，主张"罗山否认朱子的理气二元论，主张理气合一，性情合一，他
这种思想虽依据于王阳明二语，事实上却与张横渠的气一元论相同"。朱著
指出"罗山是一个极尊崇朱子的人"，但是似乎更看重他"在世界观方面，
宁可违背了朱子之意，这就可见他是一个追求真理的人，拥护朱子而并不埋
没于朱子的圈套中。理气之说颇推崇阳明，而不属于阳明学派"。③ 接下来，
对井上著的质疑或讨论就出现了：

> 阳明学乃是朱子学公开的敌人，但罗山却能于此有所选择，这是日
> 本朱子学之一大特色。佐藤一斋《言志晚录》颇知此意，而近人如井
> 上哲次郎在《日本朱子学派之哲学》中反为抹煞他的优点★，可怪。④

翻开井上著对照，相关的部分是井上将惺窝、罗山与暗斋三人对朱子学
的态度及器量进行比较，指出："罗山之崇奉朱子学远比惺窝峻峭明快，尽
管如此，又不像山崎暗斋那样陷入偏固狭陋。"⑤ 接着，井上引了两段佐藤
一斋《言志晚录》中的话：

> 博士家古来遵用汉唐注疏，至惺窝先生，始讲宋贤复古之学。神祖
> 尝深悦之，举其门人林罗山。林罗山承继师传，折中宋贤诸家，其说与

---

① 朱谦之：《日本的朱子学》，第 277 页。
② 井上哲次郎『日本朱子学派之哲学』、266－267 页。
③ 朱谦之：《日本的朱子学》，第 186 页。
④ 朱谦之：《日本的朱子学》，第 187 页。★处为注释㊷："《日本朱子学派之哲学》，第 64～65
页。"参见朱谦之《日本的朱子学》，第 234 页。
⑤ 井上哲次郎『日本朱子学派之哲学』、63－64 页。

汉唐殊异，故称曰宋学而已。至于暗斋之徒，则拘泥过甚，与惺窝罗山
稍不同。

　　惺窝罗山课其子弟，经业大略依朱氏。而其所取舍，则不特宋儒，
而及元明诸家。鹅峰亦于诸经有私考，有别考，乃知其不拘一家者显
然。①

　　对此，井上评价说："这虽原本出于一斋为自家所取首鼠两端的地位做
辩护之意，也未必能否定罗山没有被完全埋没在朱子圈套中的愚（痴）。然
其作为朱子学派的旗帜决无暧昧模棱者也。一斋将惺窝与罗山一视同仁，于
宽宏之度而不计异同，此论可谓未得其肯綮。"井上认为佐藤一斋的学问性
格就是属于"阳朱阴王"的，所以觉得佐藤对林罗山的评价缺乏原则性，
未得要领。他也认为林罗山在理气关系问题上"背朱子而与阳明，是其未
全埋没于朱子圈套中之处也"。②　而且与朱著重视林罗山的唯物倾向相比，
井上更注意到林罗山将"理气一而二二而一"之意"要之归乎一而已矣，
惟心之谓乎"③　的归结与感叹，并分析说："其'归乎一而已矣'意味着一
元，其'惟心之谓乎'意味着唯心，如此，若他进一步深入考察而至主张
唯心的一元论，那将会在哲学上产生许多最有意思的结果，但是他最终没能
够在此更进一步。"于是，井上得出的结论是："罗山在理气之说上不满足
于宋儒之说，反而采取阳明的一元的世界观，然于其他学问全体上，全然崇
奉朱子，决非如阳朱阴王而取首鼠两端的地位。"④　这可以视作对佐藤一斋
的一种回应。

　　对佐藤一斋的学问，朱谦之在《日本的古学及阳明学》中有专门的论
述，就其"阳朱阴王"，说这"并不是诽谤，而是历史事实如此"。甚至说：
"既然朱子学的元祖都兼取朱陆，那么一斋在林氏教团之中，讲些阳明之学
有什么关系呢？"⑤　联系起来，就不难理解他对井上著的相关评价为什么感

---

① 『佐藤一斎　大塩中斎』（日本思想大系）、岩波書店、1980 年、255－256 頁。
② 井上哲次郎『日本朱子学派之哲学』、66 頁。
③ 『羅山先生文集』巻 68「随筆五」、京都史跡会編『羅山文集』、平安考古学会、1918 年、
　 400 頁。朱著引用时，"惟心之谓乎"中"谓"误植为"矣"。参见朱谦之《日本的朱子
　 学》，第 186 页。与 1958 年初版（第 159 页）之误植同。
④ 井上哲次郎『日本朱子学派之哲学』、67－68 頁。
⑤ 朱谦之编著《日本的古学及阳明学》，第 292 页。

到"可怪"了。一个敢于在"公开的敌人"阵营中"有所选择"地吸取自己认为正确的思想因素、打破学派壁垒而"追求真理的人",这样的"优点"当然是不容"抹煞"的。况且,如朱著中已经提到的,林罗山在少年时代就具有"'抗颜讲新说'的革命精神,所以在他早年学说里,便充满着素朴的怀疑主义与无神论的思想"。① 这些都是可贵的品质,值得肯定和发扬。

实际上,朱著也通过对井上著相关观点的讨论突出了自身的特点。比如,对日本朱子学理论个性的看法,井上认为朱子学派的学者很少有自己的创建,只是忠实地崇奉朱子的学说,最终不得不成为"朱子精神上的奴隶"。② 朱谦之看到了井上著的这一点,给予了肯定:"正如井上哲次郎所指出:在古学派及阳明学派中所见的豁人目惊人耳的壮绝快绝的大议论大识见,在朱子学派中竟绝不可得见。"③ 对此,朱著展开了一段较长的评论,朱著自身的特点也在其中得到了充分的体现:

> 但虽如此,拿这些话来批判暗斋学派及宽政以后朱子学者自无不合,拿来说明海西学派,便觉有些不合。至如井上氏就没有注意到的大阪朱子学派,传至中井履轩、富永仲基就也何尝没有壮绝快绝的令人惊心怵目的大议论大识见呢?即在暗斋学派之中也有佐藤直方不信神、不信卜筮,因此竟被削弟子籍。宽政以后朱子学者,也有赖山阳竟指斥宋儒之病,在造立名目。由于以上事实,可见日本朱子学派即使不免于千篇一律,而其特出的人物,却也不少,尤其是这些特出人物,许多可以说是接近于唯物主义思想体系。这也就说明了为什么朱子学在它产生的本国,已濒于衰颓的命运的时候,而在日本反而蓬蓬勃勃一时现出灿烂开花的异彩。④

以上是朱著引用井上著的基本情况。虽然在整个朱著的注释中,井上著出

---

① 朱谦之:《日本的朱子学》,第 184 页。
② 井上哲次郎『日本朱子学派之哲学』、598 页。
③ 朱谦之:《日本的朱子学》,第 526 页。原书做注释①:"井上哲次郎:《日本朱子学派之哲学》,第 598～599 页。"参见朱谦之《日本的朱子学》,第 535 页。
④ 朱谦之:《日本的朱子学》,第 526～527 页。

现的频率非常低，但是基本史料方面，井上著已经提供了一个比较扎实的基础，因为井上著面对的是日本读者，故而将原本为汉文的史料翻译为日文了，而朱著则根据"原始资料"将其还原为汉文，"使中国研究者得以直接与此原始史料相接触"。① 当然，从资料的"原始"性而言，无疑也更为"可据"。

（三）两者"结论"的比较

前面就朱著与井上著两者在总体和细节上的关系做了一些简要的梳理，我们再看看两者的"结论"。两本书都专门设有"结论"部分，这里只是以井上著中与朱著相关的部分做一个对比。

第一，从发生学的意义上看，井上著只是着眼于日本的朱子学从佛教脱离，其先驱者敢于"打破僧俗的隔离"，把目光从生前死后的世界拉到现实生活世界，所讲日常彝伦可以作为国民教育之资源。随着由僧侣所倡导的朱子学的影响日渐增大，到德川时代儒教逐渐代替佛教成为时代精神的主潮。而朱著，如前所述，是将叙述中国哲学对日本的影响作为"中国学者研究日本哲学史特别主要的任务之一"来看待，这样在井上著中作为附录的部分就变成了朱著中的首要部分。如果说井上著注重儒佛关系的问题，朱著则侧重于唯物论和唯心论的关系问题；如果说井上著旨在阐释传统思想资源为国民教育服务，朱著则是以日本为例揭示唯物主义与唯心主义两条哲学路线在日本的斗争过程和发展规律。正如朱著"结论"部分开篇所言："哲学史是唯物主义与唯心主义斗争的历史，这在日本，也并非例外。"②

第二，日本朱子学的发展状况与阶段，井上著分为三期：

> 第一期自虎关玄惠至藤原惺窝凡二百七八十年间，是为准备之时代。第二期自藤原惺窝至宽政三博士凡一百九十余年间，是兴隆之时代。第三期自宽政三博士至王政维新凡七十余年间，是复兴之时代。维新以后之朱子学不过第三期之余势。第二期之兴隆时代因有两种源头，自分为两大系统，即惺窝的京学系统与时中的南学系统……此二大系统

---

① 朱谦之：《日本的朱子学》，前记，第 9 页。
② 朱谦之：《日本的朱子学》，第 521 页。

之外虽有中村惕斋、贝原益轩之徒，此等与惺窝之京学系统有同一性质。第三期为第二期两大系统合一而成复兴时代之朱子学。复兴时代的朱子学排斥一切异学而作为唯一的教育主义，其实际势力虽然相当大，但是作为学问仅仅是第二期的微弱的反响，没有留下任何伟大的业绩。总之，我邦朱子学于第一期发其萌芽、第二期开其春花、第三期结其果实，其果实恰逢维新之暴风雨而不知其去向，然朱子学决非全然谬误，特别不可否定其伦理说中存在永远不灭的真理。由此可以想见其隐然在影响人心、培养国民道德上关系不一般。①

朱著对日本朱子学的总体发展面貌，也有详细的论述：

朱子学派在日本的发展，也是一切都依条件、地点和时间为转移的。先就条件说，五山禅僧之传朱子学，和博士家不同，博士家和公卿派接近，却又与林氏家学不同，林氏家学又与市民社会的思想家所倡导的儒学不同。即以大阪朱子学派为例，它的进步性是伴着那时候商业资产阶级的兴起而来，这完全是反映阶级的社会关系。朱子学反映封建社会的意识形态，亦反映封建社会之内部的进展。如封建社会之从割据到统一的局面，在水户学派的思想中就很具体地反映出来。由此可见只要与其相联系的那些条件不同，朱子学的派别也就不同。

次就地方来说，京师朱子学派和海西朱子学派不同，海西朱子学派和海南朱子学派不同，大阪成为全国"町人"之都，因此也发生了代表町人文化的朱子学派。可见地理环境虽不是主要的有决定性的作用，却确实影响朱子学的发展情况。②

接下来：

再次，就时间来说，例如江户时代朱子学的发达，大致可细分为五个时代。宽永时代——庆长（1603）—正保（1647），元禄时代——庆安

---

① 井上哲次郎『日本朱子学派之哲学』、596－598頁。
② 朱谦之：《日本的朱子学》，第527页。

（1648）—宝永（1710），享保宝历时代——正德（1711）—宝历（1763），明和宽政时代——明和（1764）—文化（1817），文政天保以后——文政（1818）—庆应（1867）①。

　　就中宽永时代至享保宝历时代，可以算做朱子学的上升阶段，也可以说是兴隆时代。宝永时代有惺窝（1561～1619 年）门人的林罗山（1583～1657 年），元禄时代有木下顺庵（1621～1698 年）、安东省庵（1622～1701 年）、贝原益轩（1630～1714 年），享保宝历时代有新井白石（1657～1725 年）、室鸠巢（1658～1734 年）、雨森芳洲（1668～1755 年）、三宅观澜（1674～1718 年）、五井兰洲（1697～1762 年）均可代表那时之进步思想方面。但到了明和宽政时代，朱子学便进入下降阶段。这时除大阪朱子学派异军特起，对朱子既是肯定又是否定之外，有名的所谓宽政三博士，如柴野栗山（1736～1807 年）之流，都是陈陈相仍，这不是朱子学的复兴，而是朱子学的回光返照。这时代替它的主导思想是古学派和折衷学派。所谓水户学派在文政天保以降颇吐光辉，但它乃是朱子学的变种，也可以说是朱子学的历史哲学与徂徕学派的合流。由此可见日本朱子学的发达趋势也是因时间的具体条件而有所不同。它的上升阶段产生了具有进步思想和唯物主义倾向的思想家，但他的下降阶段却产生有许多唯心主义倾向和教条主义者。我们只要注意日本朱子学派的发达，如何依条件、地点和时间而转移，便可以理解朱子学在日本发展之客观的真正原因。②

　　朱著对日本朱子学学派划分的时代，对社会阶层、地域的因素等历史条件分析更为周密细致。井上著中虽没有明显表现出历史升降的史观，且从总体上看两者对发展阶段的划分也基本一致，但依然很明显可以看出朱著的划分更为细分化、条理化。思想上的"唯物""唯心"与历史进程的

---

① 相关日本年号及时间如下：庆长（1596～1615 年）、宽永（1624～1644 年）、正保（1644～1648 年）、庆安（1648～1652 年）、元禄（1688～1704 年）、宝永（1704～1711 年），正德（1711～1716 年）、享保（1716～1736 年）、宝历（1751～1764 年），明和（1764～1772 年）、宽政（1789～1801 年）、文化（1804～1818 年），文政（1818～1830 年）、天保（1830～1844 年）、庆应（1865～1868 年）。下文儒者生卒年为笔者所加。

② 朱谦之：《日本的朱子学》，第 528～529 页。

"上升""下降"有怎样的必然关系且另当别论,"我们只要注意日本朱子学派的发达,如何依条件、地点和时间而转移,便可以理解朱子学在日本发展之客观的真正原因"。用这样的思想指导我们研究历史,今天也仍然适用。

第三,日本朱子学的优缺点。所谓优缺点,当然是相对而言的。井上著从涵养国民道德的角度,指出"朱子学的伦理学说中具有普遍性的价值","与西洋理想派的伦理学说有共通之处","朱子学派足以成为儒教诸派中最安全、稳健的教育主义"。这些都被视为优点。还有,他特别提出,在宇宙论上,日本朱子学者相对于朱子的"理气二元论",或倾向于"唯气论"(林罗山、安东省庵、贝原益轩)或倾向于"唯理论"(三宅尚斋),认为这是哲学上"进步之征兆"。至于缺点,井上认为主要是单调、有千篇一律之感而缺乏变化,好像是同一个模子铸出来的,究其原因,则归为"教育上的划一主义的结果"。①

朱著的"结论"部分也有内容"判朱子学的优劣点"。首先指出:"日本朱子学派虽也有不少狭窄的宗派主义,但就大体来说,尚能对异派取兼包并容的态度。"随着其思想意识形态化的加强,排斥异学的倾向也越来越明显,以至于宽政之后朱子学"愈缩愈小,踽踽到不能自容,而因此当兰学在日本初步发展的时候,朱子学便成为与之对抗的反动力量"。② 如何对待西学成为评价的一个标准。最后他举出"在朱子学派以外,号称独立思考的独立学派,如安藤昌益、三浦梅园、山片蟠桃、司马江汉等,因他们不受朱子学的束缚,所以均能最高度地去接受西学,而且倾向于唯物主义哲学。两相比较,此亦可以判朱子学的优劣点"。③

第四,朱著与井上著作最大的不同在于,井上仅仅停留于学派的划分、史料的罗列④,而朱谦之将这些人物及其思想和当时社会历史的关系联系起

① 井上哲次郎『日本朱子学派之哲学』、599 - 603 頁。
② 朱谦之:《日木的朱子学》,第 529 页。
③ 朱谦之:《日本的朱子学》,第 531 页。
④ 2009 年日本山川出版社出版的《日本思想史辞典》中列有词条"《日本朱子学派之哲学》",评价说:"一本书为首的三部著作,尽管在追溯儒教的道德谱系的同时探索了西洋道德哲学的类似性,但是停留在重视学统的分类上,还不能说是探讨与历史变化或社会相对应的思想史的考察。"参见石毛忠・今泉淑夫・笠井昌昭・原島正・三橋健(代表编者)『日本思想史辞典』、山川出版社、2009 年、778 頁。

来，再通过自己的史观加以探讨，是一种真正的历史研究，是一部有特色的思想史著作。

三 如何接着朱谦之讲日本哲学思想史研究

以上仅就朱谦之的《日本的朱子学》与井上哲次郎的《日本朱子学派之哲学》的关系做了简单的对照和分析，或许有助于澄清严绍璗提出的相关问题。

朱谦之研究日本哲学思想的基本学术观念和方法，不是来自井上哲次郎（唯心主义的实在论），也不是来自丸山真男（近代主义或民族主义）[1]，而是如他自己所说："在观点方面，日本哲学界至今尚少以马克思主义观点阐述日本哲学思想的发展。惟永田广志所著《日本哲学思想史》（三笠书店，1938 年）一书可用。"肯定该书"叙述朱子学派如新井白石、贝原益轩及水户学派等，均极精彩，惜篇幅不多"，明确自己"本书引证永田广志之说较多，详见各章中附注"。[2] 如何接着朱谦之讲日本哲学思想史研究，首先面临的一个问题就是需要对朱谦之所运用的马克思主义的思想观点和方法进行客观评价。

（一）理论自觉：情理的自觉与实践的自觉

朱谦之是一位真诚的思想家。他在历史和哲学方面的贡献都是他用心探索、苦心钻研的结果，他的思想转变也是他发自内心地感受世界、改造自我的真实写照。朱谦之的著述宏富，也善于自我总结和自我批评。下文尝试根据其《一个哲学者的自我检讨——五十自述》（1950 年 5 月 17 日）和《世界观的转变——七十自述》（1968 年 12 月 4 日）分析他是如何学习和运用马克思主义的思想和方法的。

---

[1] 朱谦之在《日本哲学史》中论述福泽谕吉的思想时提到过丸山真男："关于他的思想体系，有人以为是'典型的市民的自由主义者'（丸山真男）。"参见朱谦之《日本哲学史》，北京：人民出版社，2002 年，第 189 页。在论述国学者的思想时也提及："关于复古国学和儒学古学派的关系，近人论著颇多（村冈典嗣《日本思想史研究》第 166 页以下，和辻哲郎《日本伦理思想史》下卷第 544 页，丸山真男《日本政治思想史研究》第 149 页以下，永田广志《日本哲学思想史》第 158～159 页）。"参见朱谦之《日本哲学史》，第 96 页。

[2] 朱谦之：《日本的朱子学》，前记，第 8 页。

朱谦之青年时代的无政府主义者形象一直为人津津乐道，铃木正教授在向日本介绍中国的日本哲学研究时，提到朱谦之就用了一个"年轻时是无政府主义者"的定语①。实际上朱谦之早就对自己"根深蒂固的无政府主义思想"做了反省：

> 我并不是一般所谓无政府主义者，并不是那些跟着克鲁泡特金之流去步资产阶级后尘的无政府主义者，在我细读马克思的《哥达纲领批判》和列宁的《国家与革命》两书，我更不相信我是一个无政府主义者。我的过去根本错误，还在没有彻底站在无产阶级的立场，没有彻底运用唯物辩证法，我一方面承认共产党革命之历史必然性，一方面又站在共产主义第二阶段的立场，而不觉走向一种"不活动的等待底理论"，这自然是一种自由主义个人主义的残余思想在暗里作祟。我假使不克服这些旧思想，我便要在时代阵营中成落伍者。我在前述学习期间首次读到斯大林《无政府主义还是社会主义》，读到马克思主义与无政府主义原则上的不同，是在前者是"一切为着群众"，后者是"一切为着个人"，我不觉一面赞叹不已，一面即自己批评，我应该怎样痛下决心来把这"一切为着个人"的旧思想来一个歼灭战？孤独的奋斗生活是我在许多许多年相信惟有孤独的奋斗才能造成伟大的成功，然而事实胜于雄辩，孤独只能造成消极的革命理想，只能避免于为罪恶的奴隶，要前进一步就不可能了。自我"五四"运动以后，离开革命的群众，成就了个什么？如果孤独是表现着真理，那么，不用说，它一定会给自己开辟道路，然而我不能，我只能沉默——沉默——再沉默下去，这种痛苦乃是生命的大损伤，我难道就永远是这样颓唐消沉下去吗？我难道在学术上三十年的艰苦努力全都归泡影，等于白费吗？我在《奋斗廿年》中宣言"我敢宣告唯我主义的死刑"，现在我却更要无情揭露我本身的短处，拒绝宣告残留在我思想里的一切虚无思想的死刑了。

---

① "北京大学有年轻时曾经是无政府主义者的朱谦之教授，从以前开始研究日本的朱子学、阳明学，早在 1964 年就出版了《日本哲学史》。"参见铃木正「近代化成功のカギ探る—中国における日本哲学研究—」、『朝日新聞』(名古屋版夕刊) 1985 年 7 月 6 日。

　　我今年五十岁了……今年却是我新生之一年，新生有如小孩般地喊
出一个"我"字，我却喊着"群众"；新生有如翻天覆地般从思想的包
袱里翻身出来；新生使我高举着学习马列主义和毛泽东思想的大旗
帜。[①]

　　我过去的自我批评，毕竟不过是某种一时倏忽即逝的东西，我实在
还没有彻底研究错误发生底根源和采取改正错误的必要措施，我之决心
从思想上从头做起，则实从 1945 在梅大转变之一年开始，那时我已渐
倾向于我们伟大领袖马克思和列宁的理论：辩证唯物论和历史唯物论，
但使我知道有马克思、列宁和斯大林的论自我批评的理论，则实从近半
年来中国共产党领导实行布尔什维克的批评与自我批评开始，基本的事
实是全国人民解放战争的胜利，造成了使我们知识分子有了搞通思想和
为人民服务决心的基础。[②]

　　有真诚的反省和伟大的社会主义建设实践的事实做基础，朱谦之的思想
转变，无论是就个人还是时代而言，相比之下，自有其"合逻辑性"的一
面，而且他也主动地发挥了自身的理论"优势"。这个优势之一便是他对黑
格尔哲学的深入研究。

　　朱谦之 1931 年从日本留学回来之后，发表了《日本思想的三时期》[③]，
这是第一次由中国学者详细系统叙述日本思想发展的历史和现状的文章。除
此之外，他还对黑格尔哲学持续关注[④]，因为正值黑格尔逝世百年纪念，翻

---

① 朱谦之：《一个哲学者的自我检讨——五十自述》，载《朱谦之文集》（第一卷），福州：福
　　建教育出版社，2002 年，第 111 页。
② 朱谦之：《一个哲学者的自我检讨——五十自述》，载《朱谦之文集》（第一卷），第 109 ~
　　110 页。1945 年日军进攻粤北，中山大学师生被迫迁徙，先到广东龙川，后文理医三学院在
　　梅县复课，这种经历对朱谦之在梅县的思想转变产生了重要影响。他说："回溯梅县的几个
　　月生活，给我印象极深，尤其这个地方，是我一生思想大转变的所在地，人不是到了山穷水
　　尽他是不会变的，不肯变的，但一旦思想发生变化，则它一往直前，力量之大却也无可伦
　　比。我在抗战以前无论抱如何革命思想，总不免是唯心论的，观念论的，但在抗战期中，我
　　所写《太平天国革命文化史》却已开始应用了唯物史观来解释革命文化的背景。"参见朱谦
　　之《一个哲学者的自我检讨——五十自述》，载《朱谦之文集》（第一卷），第 88 页。
③ 朱谦之：《日本思想的三时期》，《现代学术》第 1 卷第 3、4 期合刊，1931 年 12 月。
④ "留学日本时代我专心研究历史哲学，尤特别注意黑格尔资料的收集。"参见朱谦之《一个哲
　　学者的自我检讨——五十自述》，载《朱谦之文集》（第一卷），第 98 页。

译了几篇日本学者论黑格尔哲学的文章，后来编著了一本《黑格尔主义与孔德主义》①。这时他表达既不同于苏联的唯物论的立场也不同于德国的观念论的立场，而是宣布自己是要以"生命辩证法"的立场将黑格尔与孔德和柏格森结合起来。② 但是在他的《发刊历史哲学丛书序言》中又充分注意到唯物史观的重要性，甚至想在丛书中收入《马克思的历史哲学》，虽然该丛书没有按照原定计划出齐，但是其《历史哲学大纲》中对马克思主义唯物史观及其各派历史哲学做了详细的叙述。

1945 年原子弹在日本的爆炸加快了日本帝国主义投降、反法西斯战争胜利的步伐，对朱谦之而言，"原子能的解放，使任何人也没法否认'物质'和原子之物理的存在"，他说正是这种自然科学的理论变化"使我复归于唯物论者的阵营里"。③ 具体而言，他是从列宁的《唯物论与经验批判论》中"得到科学理论的根据，我最后竟变成为列宁的学生了。列宁的这一名著，给哲学界以很大的贡献之一，就是他首先揭破了'物质消灭论'之思想上的堕落与腐化，他指明这是近代自然科学的危机，对我更可以说是对症下药了"。④ 原子弹的爆炸，将"原子之物理的实在性"变成了事实。他后来反复强调：

> "事实是顽强的东西"，无论你愿意否，你总是不能把它撇开不管，现代原子思想的物理学的胜利，就是马列主义理论的胜利，同时也是我的思想的胜利了。
>
> 不错！"事实是顽强的东西"（列宁：《帝国主义论》，引英国俗语，解说计卡。——原注释），由于事实，我现在变成唯物论者了，而且在素以黑格尔和辩证法为研究目标的我，又自然而然地非变成辩证法的唯物论者不可。但我此时虽有如此巨大的突变，而为环境和地位的限制，我只得把我的新思想隐藏起来，用沉默的方式生活下去。我在梅县以迄

---

① 朱谦之：《黑格尔主义与孔德主义》，"历史哲学丛书"，上海：民智书局，1933 年。
② 朱谦之：《黑格尔的百年祭》，《文艺新闻》（上海）第 10 期，1931 年 5 月 18 日。此文收入《黑格尔主义与孔德主义》一书时有修改增补。
③ 朱谦之：《一个哲学者的自我检讨——五十自述》，载《朱谦之文集》（第一卷），第 91 页。
④ 朱谦之：《一个哲学者的自我检讨——五十自述》，载《朱谦之文集》（第一卷），第 92 页。

今日，没有公开发表什么新著作，即是这个缘故。[①]

此后两年，他的工作之一就是 "从旧哲学的批评中找出新哲学，在黑格尔的辩证法中发现其'合理的内核'"。他 "更注意黑格尔和马克思的方法论的关系"，带着一种使命感致力于黑格尔哲学研究：

> 马克思在 1858 年一月写信给恩格斯说："我很想用两三个印张，以一种为一般人的理智所能理解的形式，阐明黑格尔。" 然而为情势所迫，以致不能实现。列宁也曾想写一部关于马克思主义辩证法之有系统的书，但亦为情势所阻，以致只能做成他的哲学笔记中《黑格尔逻辑学一书摘要》。现这个神圣的重大任务，似乎已落到我们学生头上，让我们去担负起来了。因此我们也决不畏缩，为着实现马克思和列宁未成的志愿，我们应该义无容辞地十倍百倍的努力，因此这一年中，我竟废寝忘食一心一德来担负了这关于黑格尔哲学之系统解释的这个任务……每日我自晨至晚，孜孜不倦地把黑格尔的主要著作，一读再读三读，以求根据唯物主义观点来加以解释。[②]

这个成果，就是他 1949 年 10 月完成的 "精心结撰之作"《黑格尔哲学》。他说：

> 我这书引证列宁的《哲学笔记》的地方很多，但为顾虑到反动派的注意，不得不说得含糊、紧缩，我不写列宁，不写伊利奇，只写作 Uladimir，有时也偶然写 Lenin，使人不易捉摸。这种不自由发表的情形使人难堪极了。然而不自由是对旧世界而言，旧世界的不自由正为新世

---

① 朱谦之：《一个哲学者的自我检讨——五十自述》，载《朱谦之文集》（第一卷），第 92 页。朱谦之回忆，在抗战胜利思想转变之后，1947 年给大学三年级开必修课 "西洋哲学专家研究" 讲的就是 "黑格尔哲学"。他说："我知道在资产阶级社会里，大学永没有讲黑马列主义的自由，然而我却有讲马列主义的根源思想即黑格尔哲学的自由，因此这一年的全部时间，几乎都埋头伏案着为着去把那些包含在为黑格尔所发现但穿着神秘外衣的方法中的合理因素，加以阐明而努力了。" 参见朱谦之《一个哲学者的自我检讨——五十自述》，载《朱谦之文集》（第一卷），第 97 页。
② 朱谦之：《一个哲学者的自我检讨——五十自述》，载《朱谦之文集》（第一卷），第 98 页。

界的自由作一准备。我在完成了《黑格尔哲学》之后几天，新世界便霹雳一声出现了。①

随着"新世界"的到来，每个"新生儿"都从既带着旧痕迹又满怀新希望的"思想包袱里翻身出来"。黑格尔哲学——马克思主义的重要思想来源之一，朱谦之从日本留学时代起开始关注、研究，持续了20多年，从与唯物史观保持距离，主张以"生命辩证法"的立场阐释黑格尔，经历过民族生死存亡的炮火洗礼，到逐渐自觉地接近并运用唯物史观来分析问题，阐明"包含在为黑格尔所发现但穿着神秘外衣的方法中的合理因素"，其思想的立足点经历了从"一切为着个人"到"一切为着群众"的翻天覆地的转变。然而这只是"新生"的开始。真正掌握马克思主义并能够运用其思想方法从事学术研究、解决理论问题，就需要进行系统的学习和不断的"思想改造"，这是许多知识分子来到"新世界"所面临的问题。

朱谦之积极投身于这种学习和改造之中。1949年11月，他制订了详细的学习计划，列出了马克思、恩格斯、列宁、斯大林、毛泽东等的经典著作30多种②，一面学习一面自我批评。他表示："下最大的决心要从此展开了批评与自我批评的武器，用此武器来彻底克服我那残余的陈旧的虚无主义思想的倾向而完全接受那新的前进的马列主义和毛泽东思想。因为这才是今后向前发展的基础，这才是我今后加入社会主义共产主义社会的原动力。"③在朱谦之的学习与改造过程中，值得注意的有以下三点。

第一，"世界观之逐渐转变是开始于关于《武训传》的批评以后"。他说：

> 我因学习了《武训传》的批判才完全明了艺术和教育都是阶级性的，而我从前表现于《文化哲学》和《文化社会学》中"超阶级"思想，乃是根本错误，意识到这是无产阶级世界观和小资产阶级世界观的不同……只在学习关于《武训传》的批评以后，我才能站稳立场，决

---

① 朱谦之：《一个哲学者的自我检讨——五十自述》，载《朱谦之文集》（第一卷），第100页。
② 朱谦之：《一个哲学者的自我检讨——五十自述》，载《朱谦之文集》（第一卷），第103页。
③ 朱谦之：《一个哲学者的自我检讨——五十自述》，载《朱谦之文集》（第一卷），第107页。

心把这错误思想加以肃清……《文化哲学》根本是从一切人都是好的这个前提出发，所以太信赖了人类的良心，而忘记了有许多剥削阶级存在，因为立场错了，世界观也错了，甚至所用以实现未来社会的方法也流于空话。这说明了我过去思想如何丧失了批判的能力，如果不是解放以后，经常参加政治学习，这错误的小资产阶级世界观，怎么能够倒转过来呢？①

第二，真心学习，自觉改造，其中最受益的是对《实践论》《矛盾论》的学习。他说：

> 最得力的是关于《实践论》、《矛盾论》的学习，最对我起根本变化的是高等学校教师中的思想改造运动。《实践论》、《矛盾论》提供我以检查、分析解放以前的思想方法，使我能较彻底地正视我的错误思想……我此时因群众的智慧帮助下才正视了我自己的个人英雄主义的错误思想，我深刻地感到群众力量的伟大无比，同时更应该从内心深处感谢中国共产党，感谢这一次思想改造运动，感谢全体群众所给我的过去所得未曾有的思想教育。共产党改造了世界，也改造了我。②

第三，学习和改造的成果，首先是承担哲学系"辩证唯物主义与历史唯物主义"和"社会发展学说史"两门课程的教学，并制定撰写了详细的教学大纲。这两份教学大纲都收录在《朱谦之文集》第一卷中。如其所言，"前者是根据斯大林的经典著作《辩证唯物主义与历史唯物主义》内容，将唯物辩证法之四大特征，分析为三十六规律，又将哲学唯物主义与历史唯物主义中生产之三大特点，各分析为九项目，目的在较深刻地学习斯大林的经典著作，并想能应用辩证唯物主义与历史唯物主义来解决一定的具体问题"③。此大纲第四章开篇指出马克思主义辩证法的四大特点为相互联系的法则、运动发展的法则、质量变化的法则、对立的统一和斗争的法则。

① 朱谦之：《世界观的转变——七十自述》，载《朱谦之文集》（第一卷），第177页。
② 朱谦之：《世界观的转变——七十自述》，载《朱谦之文集》（第一卷），第177页。
③ 朱谦之：《世界观的转变——七十自述》，载《朱谦之文集》（第一卷），第177页。

"上篇 辩证唯物主义"第四章至第七章，每章分别解说一条法则，每章分三节，每节分三款，这就是所谓的"唯物辩证法三十六规律"，简略标示如下：

一、相互联系的法则 （一）客观性：1. 联系的客观性，2. 联系的规律性，3. 联系的具体性；（二）全面性：4. 全体联系，5. 有机联系，6. 内在联系；（三）条件性：7. 条件，8. 地方，9. 时间。【第四章】

二、运动发展的法则 （一）发展的必然性：10. 必然性，11. 偶然性，12. 预见性；（二）发展的可能性：13. 可能性与现实性，14. 革命的创造性，15. 新的事物之不可克服性；（三）发展的生命性：16. 生命性，17. 转变性（否定之否定），18. 曲线性。【第五章】

三、质量变化的法则 （一）前进的运动上升的运动：19. 由旧质态进至新质态，20. 由简单到复杂，21. 由低级到高级；（二）从量到质以及从质到量：22. 质量的统一性，23. 由量到质，24. 由质到量；（三）渐变与突变：25. 渐变性，26. 突变性，27. 实践性。【第六章】

四、对立的统一和斗争的法则 （一）对立的统一：28. 对立的统一性，29. 内在的矛盾性，30. 对立统一的相对性与对立斗争的绝对性；（二）对立的斗争：31. 斗争的不可避免性，32. 斗争的尖锐性，33. 斗争的复杂性；（三）对立的发展：34. 矛盾推动前进，35. 不断的革命，不断底发展，36. 批评与自我批评是新社会发展的辩证规律。【第七章】①

再来看大纲中"下篇 历史唯物主义"第五章至第七章关于生产的三大特点及九个项目：

生产底第一个特点（生产底规律性） （一）生产底不断变更和发

---

① 朱谦之：《辩证唯物论与历史唯物论教学大纲》（1951 年 8 月，中山大学哲学系讲稿提纲），载《朱谦之文集》（第一卷），第 691~725 页。上述内容根据"大纲"第四至第七章（第 695~701 页）简略而成。原文各款由 A、B、C 标识，这里改为 1~36 连续标识，以直观表示"三十六规律"。

展。（二） 生产方式的变更必然引起全部社会制度、社会思想、政治观点和政治制度的变更（"基础"与"上层建筑"的问题也是社会存在决定社会意识的问题）。（三） 在各个不同的发展阶段上有各个不同的生产方式（每一个不同发展阶段上的经济基础都有适合于这不同发展阶段底上层建筑）。

生产底第二个特点（生产底矛盾性） （一） 生产力与生产关系之辩证法的发展。（二） 生产力发展之从旧质态进至新质态。（三） 历史上的基本生产关系与阶级斗争。

生产底第三个特点（生产底实践性） （一） 新的生产力的发生是在旧制度内部发送的，是旧制度内部矛盾的结果。（二） 从自发的发展到自觉的活动（没有一种旧的生产会自发地走下历史舞台，旧的东西永远不会自己灭亡而必须把它消灭……进化须让位于革命）。（三） 新政治制度和新政权在废除旧生产关系而奠定新生产关系中的积极作用。①

因为基础教材是斯大林的《辩证唯物主义与历史唯物主义》，这个体系至今还在影响着中国高校的马克思主义教学，虽然朱谦之自我评价说"这在1951年间初期著作，未免使人有生吞活剥之感，而尤以辩证法的三十六规律之说，缺点最多"②。这或许是当时高校哲学系中较早、较系统的一部辩证唯物主义和历史唯物主义教学大纲，其内容非常丰富，从每章后面所列的"补充教材"，就可以看出编者的认真与专业。再结合他学习《实践论》所写的论文《实践论——马克思主义辩证认识论底新发展》，可以看出朱谦之理解的一些特色，而这些特色也与他的"思想传统"有关。比如，前面提到他在20世纪30年代所主张的"生命辩证法"，在学习《实践论》的文章中专门以一定篇幅论述"真理之生命观"③，通过对柏格森的直觉主义和尼采的超人主义的批判，认识到了"马克思、列宁主义辩证认识论的生命

① 朱谦之：《辩证唯物主义与历史唯物论教学大纲》，载《朱谦之文集》（第一卷），第713~719页。
② 朱谦之：《世界观的转变——七十自述》，载《朱谦之文集》（第一卷），第178页。
③ 朱谦之：《实践论——马克思主义辩证认识论底新发展》，载《朱谦之文集》（第一卷），第684~687页。

观是将生命和现实性合一，是将生命和实践合一，是将生命和客观的真理合一。从现实性中，从实践中，从反映物质生活的客观真理中所见永远的生命，这就是辩证唯物主义的认识论，这是唯物辩证法的基本原理"①。这样，就在自我批评中超越了自我，而且他在这种认识的基础上，提出"'绝对真理的长河'不就是'永远的生命＝辩证法'是什么呢？"② 不仅对"真理"的解释凸显了自己的特色，而且赋予了"生命辩证法"这个旧概念以崭新的生命。而且"唯物辩证法三十六规律"中有一条就是"生命性"③。

1952 年思想改造运动结束后，朱谦之调回北京大学哲学系工作，先在中国哲学史教研室，在转向日本哲学研究之前，对老子、桓谭、王充、李贽以及中国哲学对欧洲的影响等都有深入和实证的研究，最能够体现其学习成果的或许要算《中国哲学输入欧洲是辩证唯物论的重要源泉之一》（1951 年5 月石印本）了，这个问题直到最近都还是一个比较热门的话题。

前文通过较长的篇幅介绍了朱谦之"理论自觉"的详细过程，除了为弄清他的日本哲学思想研究的理论和方法之外，也是鉴于目前日本研究界的现状，如宋成有教授曾经呼吁的，"日本史研究的最急切的任务之一是尽快推出史学理论和研究方法论的研究著作"④。而笔者的相关研究工作，也被评为"理论之后"的日本思想史研究⑤。可见，无论是在日本历史还是日本哲学研究中，"理论"创造多么不容易。

（二）理论应用：马克思主义与日本哲学思想研究

日本哲学史研究成为朱谦之运用马克思主义进行耕耘的"试验田"。他说：

> 1958 年以后，我的研究任务，转入东方哲学史方面，由于当时对

① 朱谦之：《实践论——马克思主义辩证认识论底新发现》，载《朱谦之文集》（第一卷），第685 页。
② 朱谦之：《实践论——马克思主义辩证认识论底新发现》，载《朱谦之文集》（第一卷），第687 页。
③ "生命性——'永远的生命＝辩证法'——生命逻辑即革命逻辑"，参见朱谦之《辩证唯物论与历史唯物论教学大纲》，载《朱谦之文集》（第一卷），第697 页。
④ 宋成有：《中国的日本史研究理论与研究方法演进30 年综述》，载李薇主编《当代中国的日本研究（1981—2011）》，北京：中国社会科学出版社，2012 年，第500 页。
⑤ 吴光辉：《"理论之后"的日本思想史研究——刘岳兵博士〈日本近现代思想史〉述评》，载刘东主编《中国学术》（第32 辑），北京：商务印书馆，2012 年。

于了解亚非拉各国的思想动态，促进文化交流，支持东方各国民族解放运动的斗争，研究东方哲学史有其现实的意义，因此正在我对于中国哲学史极感兴趣之时，科学院提出东方哲学史研究的重要性，而且把这任务交给北大。金克木起草了关于印度哲学研究计划，马坚起草了关于阿拉伯哲学研究计划，我呢？奉命起草关于日本哲学史的研究计划，并且打成文件。我虽曾留学日本，但从未注意日本哲学，而即在日本本国当时也还没有从头到尾一部成功的日本哲学史可资参考。我感着彷徨，但终于完成任务。在北大图书馆善本室里，发现有李盛铎（木斋）任日本大使时所搜集许多日本中古哲学的原著，经我钻研之后，居然找到许多材料。我开始试用马克思主义观点、方法加以分析批判，以后材料积累越多，研究的兴趣也越浓厚，我在 1957 年至 1963 年之间前后发表了《日本的朱子学》（1958 年 8 月，三联书店）、《日本的古学及阳明学》（1962 年 12 月，上海人民出版社）、《日本哲学史》（1964 年 8 月，三联书店）三书，约一百万言。又以个人编注的《日本哲学史料》，用东方哲学史组名义发表《日本哲学》二册（古代之部，1962 年 12 月；德川时代之部，1963 年 3 月，均商务印书馆版），把一百年来中国哲学者应该做而没有做的工作完成了。[①]

这的确是一项伟大的"创举"！开创了运用马克思主义研究日本哲学思想的新范式，为我们今天"接着讲"日本哲学思想史提供了一个很好的典范。从理论上看，至少有以下三点值得注意。

第一，一方面将哲学史划分为唯物主义与唯心主义斗争的历史，另一方面力图避免对唯物主义和唯心主义及其斗争做简单、机械的理解。例如，将佛教视为主观唯心主义，而将朱子学视为客观唯心主义。进而又指出："客观唯心主义虽然也是唯心主义，但在其与主观唯心主义思想斗争的时候，便含着多少唯物主义的思想内容。"[②] 他特别看重从旧阵营里"翻身"出来的京都朱子学派：

日本京都朱子学派敢于从僧侣主义阵营之中翻身出来，讲究朱子性

---

① 朱谦之：《世界观的转变——七十自述》，载《朱谦之文集》（第一卷），第 179～180 页。
② 朱谦之：《日本的朱子学》，第 522 页。

理之学，肯定了世界及其规律的存在，因此他们的运动，便具有元气淋漓的新气象。虽然朱子学的本身还只是一种客观唯心主义，但从其以合理主义代替信仰主义的观点看来，对于主观唯心主义哲学中最反动的方面的斗争，却是具有与唯物主义相联系的因素。①

更进一步，即使同属于一个学派，也特别注意不同的人物思想倾向有很大的差异，必须具体问题具体分析。

> 其实即在朱子学派之中，也包含唯物主义倾向与唯心主义倾向之内在的矛盾，因也展开了在朱子学派中唯物主义与唯心主义思想的斗争。尤其是朱子的世界观原为二元论，而到了日本朱子学派手中，往往不满足于二元论，而将理气二元论归结为气一元论或理一元论。前者如林罗山、安东省庵、贝原益轩等接近于唯物主义，后者如三宅尚斋则完全变成唯心主义了。日本朱子学有左派也有右派，左派如新井白石、室鸠巢，如贝原益轩，如中井履轩，他们虽和古学派的意见不同，但均接近于唯物主义的派别。相反地如海南朱子学派，如宽政三博士，这些朱子学的右派则很明显地属于唯心主义的派别。水户学派是朱子学的杂种，其中有暗斋派的成分，也有徂徕派的成分，分开来看则前者属于唯心主义思想体系，后者接近唯物主义思想体系。而且即在暗斋学派之中，三宅尚斋是唯心主义，佐藤直方则接近唯物主义。可见即同在朱子学派之中，其思想内容很不一致，一个人的思想，也不一定前后相同，是要加以分别认识的。②

值得注意的是，朱谦之在《日本的朱子学》中曾经透露过想写一本《日本唯物论史》③，后来在《日本的古学及阳明学》前言中甚至明确划分了日本马克思主义唯物哲学形成的三个时期，即第一期"马克思主义传播以前唯物主义哲学及辩证法思想产生的准备时期"、第二期"马克思主义传

---

① 朱谦之：《日本的朱子学》，第 523 页。
② 朱谦之：《日本的朱子学》，第 525～526 页。
③ 朱谦之：《日本的朱子学》，第 382 页。

播以前日本唯物主义哲学形成时期"和第三期"马克思主义唯物哲学与修正主义斗争的时期"。① 《日本唯物论史》虽然未见出版，但是对照后来的《日本哲学史》，也可基本弄清朱谦之的研究体系，其《日本哲学史》目录如下：

第一章　神话传说及佛教化时代
　　第一节　古代神话传说
　　第二节　日本佛教
第二章　封建统治时期的朱子学之一
　　第一节　室鸠巢、贝原益轩
　　第二节　中井履轩、富永仲基
第三章　封建统治时期的朱子学之二
　　第一节　雨森芳洲、山崎暗斋
　　第二节　会泽正志、藤田东湖
第四章　儒学的分化之一：古学派
　　第一节　伊藤仁斋、伊藤东涯
　　第二节　荻生徂徕、太宰春台
第五章　儒学的分化之二：阳明学派
　　第一节　中江藤树、佐藤一斋
　　第二节　大盐中斋、吉田松阴
第六章　国学者的"日本精神"哲学
　　第一节　贺茂真渊
　　第二节　本居宣长
　　第三节　平田笃胤
第七章　封建制解体过程中新世界观的萌芽之一
　　第一节　安藤昌益
　　第二节　司马江汉
第八章　封建制解体过程中新世界观的萌芽之二
　　第一节　三浦梅园

① 朱谦之编著《日本的古学及阳明学》，前言，第 5～6 页。

第二节　皆川淇园

第三节　山片蟠桃

第四节　镰田柳泓

第九章　明治初期的启蒙思想

第一节　西周

第二节　福泽谕吉

第十章　明治时期的唯物主义与无神论

第一节　加藤弘之

第二节　中江兆民

第三节　植木枝盛

第十一章　早期社会主义者的哲学

第一节　片山潜

第二节　幸德秋水

第三节　堺利彦

第十二章　日本型资产阶级哲学

第一节　西田几多郎

第二节　田边元

第十三章　战前日本型修正主义思想：三木清

第十四章　法西斯主义及其批评者

第一节　北一辉、大川周明

第二节　高坂正显、高山岩男

第三节　河合荣治郎

第十五章　马克思主义哲学在日本的论争和成长

第一节　山川均、福本和夫、河上肇

第二节　户坂润

第三节　永田广志

原始资料要目

　　以上下划线为单横线的，是《日本的古学及阳明学》前言中所列举的"准备时期"的名单（朱子学的新井白石、中井竹山，古学派的山县周南未入目录）；下划线为双横线的，是"形成时期"的名单；下划线为双波浪线的是第三期的名单（野坂参三未列入目录）。由此可以充分看出朱谦之的日本哲学史体系的特点，即如他所言：

> 日本哲学史即日本科学的唯物主义世界观及其规律的胚胎、发生和发展的历史。
>
> ……………
>
> 研究日本哲学史主要是以马克思主义观点，阐述日本唯物主义哲学思想的发展，并批判过去所有唯心主义哲学体系；但也不能忘却在唯心主义哲学里面，正如黑格尔的辩证法，有其合理的内核一样……现代日本哲学的主流是辩证唯物主义和历史唯物主义的发展，而追溯其思想背景，则不可不先研究一下马克思主义以前唯物主义哲学及辩证法思想产生的准备时期哲学的诸流派。[①]

这个体系与 30 年前的《日本思想的三时期》中的体系相比，已经发生了翻天覆地的变化了。

第二，用阶级分析的方法，重视不同学派代表不同的社会阶级利益，同时也力图避免对阶级分析方法做简单化的理解。上面介绍朱谦之论日本朱子学的总体发展时，谈到了"一切都依条件、地点和时间为转移"，条件、地点、时间，都包含在"唯物辩证法三十六规律"中。他在论述"条件"的时候，就提到五山禅僧的朱子学、博士家和公卿派的朱子学、林氏家学与大阪朱子学、水户学，都是不同"阶级的社会关系"的反映。古学派和阳明学派也不例外。他说：

> 古学派是朱子学的反对派，是不当权的中小地主阶级思想，阳明学派则为下级武士所掌握，站在地主和市民的思想立场，因为两派基本上都是不当权派，所以和保守主义的朱子派不同。尽管如此，只要他们自己是地主阶级，则不管是当权派或不当权派，是大地主还是小地主，他们总是随着与农民阶级的矛盾，而或多或少具有剥削者的思想性格，这

---

① 朱谦之编著《日本的古学及阳明学》，前言，第 5、6 页。

就是他们思想的局限性的阶级根源。①

原则上虽说如此，但是其观点也不是一切以"阶级"为界限的"唯阶级"论。比如，他在论及"苦学而成名"的朱子派学者安积艮斋时，就评价说他"颇能给贫苦的人设想，而站在接近人民的立场上"②。又如，在论述荻生徂徕的自由学风时，认为"这自由主义学风标志着从封建社会意识形态到资产阶级社会意识形态的转变。固然徂徕之学根本上是复古学，但在复古之中也包含着新的东西"。③ 就是说，阶级也好、意识形态也好，都不是看成铁板一块，具体到历史人物时，需要具体分析。

最明显的是，即便同样属于唯物主义的阵营，但也可能有不同的政治立场。他在《日本哲学史》中论述永田广志的部分指出：

永田的思想史研究方法，基本上是正确的……对唯物主义的一般的性格，认为"……唯物主义在一定的历史时代里，常为代表社会发展利益的阶级的哲学而展开。"（《永田广志选集》第五卷，第3页。——原注释）但是把这唯物主义的一般特征应用到日本个别的大哲学家的评价上，就不免有可以商榷的地方。例如对于中江兆民和加藤弘之的评价，永田不管两人相对立的政治立场，只因其哲学均为形而上学的唯物主义，即均归之于"资产阶级唯物主义者"的范畴……永田对于加藤，轻视其思想的反动性，对于中江则反轻视其进步性，而从理论的形式的类似，同样规定为"资产阶级唯物主义者"，所以永井清明批评永田是自己放弃了反映论的立场，把两人哲学的本质弄糊涂了。（《昭和思想

---

① 朱谦之编著《日本的古学及阳明学》，第382页。他在《日本的朱子学》一书"江户时代朱子学兴盛的原因"一章的结尾这样写道："日本阳明学派与朱子学派的思想斗争乃是反映新与旧的斗争，革命与保守的斗争。就阶级关系来说，也就是代表新兴市民阶级与代表封建领主的上层武士之间的思想斗争。由上所述，可见随着阶级的差别与变动，便形成了儒学内部的分化现象……日本儒学的派别本来就是代表阶级的差别，我们现在研究日本儒学史也就应该应用马克思主义的观点、方法来加以分析，知道江户时代的社会阶级关系，也就容易明白为什么在这时候儒学的兴隆和他的分派的原因了。"参见朱谦之《日本的朱子学》，第164~165页。

② 朱谦之：《日本的朱子学》，第409页。

③ 朱谦之编著《日本的古学及阳明学》，第125页。

史》，第 328 页。——原注释）①

永田广志以马克思主义观点阐明日本哲学思想史，曾经得到过朱谦之的高度评价，但在这里，他看到了先驱者的"极限与界限"，感受到了"日本唯物主义史里内在的联系的探求，实在并不容易"。② 在他自己的论述中，鲜明地指出："兆民与弘之均为唯物主义者，但弘之初主天赋人权论，后变为国权主义者，相反地兆民则为民权主义者。弘之是官僚的护教学者，中江是在野的批判的思想家、真正的唯物主义者。"③

第三，对日本哲学思想的特点，重视来自中国的影响，强调"中国哲学对于日本影响的重要性；其中尤以朱子学派、古学派和阳明学派，竟可称为中国哲学之有条件的移植"。④ 同时，他还强调两者存在本质上的不同。

> 朱子学在日本和其在中国是有本质上的不同。日本朱子学是按日本哲学自身的发展规律，而与各学派发生关系。例如日本虽从古以来敢于摄取外国的种种文物，但却有一个特点，即无论如何不肯抛其独特固有的即神典所传的日本精神。即使这日本精神，实以古代的神话为基础，是充满着许多不合理的成分。朱子学传到日本首先即须与此不合理的成分相结合。固然朱子学的左派，可以把这个不合理的成分用朱子学的合理的成分来改造、代替，而相反地朱子学的右派，则居然把朱子学的合理成分，给不合理的神道成分牺牲了。例如林罗山的"理当心地神道说"即为前者，山崎暗斋的"垂加神道"所谓"土金之教"即为后者，而要之以朱子学与神道相结合使朱子学日本化则为事实。⑤

> 日本无论古学或阳明学均与神道发生关系，朱子派如此，反朱子派亦如此。日本虽从古以来，敢于摄取外国的种种进步文化，但无论如何，却不肯抛弃其独特的落后的神道思想，直到现在，这种阻碍社会进

① 朱谦之：《日本哲学史》，第 462~463 页。
② 朱谦之：《日本哲学史》，第 462 页。
③ 朱谦之：《日本哲学史》，第 213 页。
④ 朱谦之编著《日本的古学及阳明学》，前言，第 9 页。
⑤ 朱谦之：《日本的朱子学》，第 531~532 页。

步的思想还在发生作用。①

儒教只可能与日本魂相结合，因此而儒教中的许多精理名言，只要与日本魂不相适合的，便要注定否定的命运。②

日本对于中国哲学的摄取是有其限制性的，因此而日本的朱子学便和中国的朱子学也有其本质的区别。③

对神道思想的评价，它是否只有落后、阻碍社会进步的一面另当别论，朱谦之在这里强调日本哲学思想与中国的关系及其对"日本哲学自身的发展规律"的重视，无论如何是对后来者的中肯的告诫。后来也有不少中日儒学比较或力图探寻日本儒学"道统"自立及自解体，尽管有或过或不及之感，但都是在阐明"日本哲学自身的发展规律"，是重建日本哲学史研究新范式征途上的有益探索。

（三）无征不信：旁征博引与资料集的选编

朱谦之对原始文献的重视，从他的三本日本哲学研究著作所列参考文献可见一斑。笔者曾经这样评价过："如果说，朱谦之在研究日本的哲学思想时所运用的马克思主义和他自己的文化比较学的理论是一种外在的临时习得的或固有的由来已久的理论，在给他的研究带来开拓性贡献的同时，也不可避免地形成某种局限的话，朱谦之那种尊重原始资料、强调'无征不信'的历史主义的实证方法，则是最终使他的研究著作成为这个领域的经典之作的法宝。"④

笔者在撰写本文之前，又仔细阅读了朱谦之的《日本的朱子学》，再次为其旁征博引所折服，也为自己的无知而羞愧。在朱著的引导下，笔者接触了许多以前没有摸过的史料。例如，从网上找到了雨森芳洲的《橘窗茶

①　朱谦之编著《日本的古学及阳明学》，第 385 页。
②　朱谦之：《日本的朱子学》，第 532 页。
③　朱谦之：《日本的朱子学》，第 533 页。
④　刘岳兵：《朱谦之的日本哲学思想研究》，《日本学刊》2012 年第 1 期；刘岳兵：《"中国式"日本研究的实像与虚像》，第 69～70 页。

话》，巨正纯、巨正德的《本朝儒宗传》，安积艮斋的《艮斋文略》《艮斋文略续》，等等，翻出了架上的《先哲丛谈》《日本道学渊源录》等。

下文介绍几种朱谦之经常引用而我们平时不太注意的重要著作：

《甘雨亭丛书》，四八册，六集，四七种，安政三年，安中造士馆刻本。

《日本儒林丛书》，三卷，东洋图书刊行会，昭和二年（<u>关似一郎编，五卷，昭和二至四年</u>）。

《续日本儒林丛书》，四卷，昭和二—四年。

原念斋：《先哲丛谈》，八卷，文化一三年丙子刊。

大冢观澜辑：《日本道学渊源录》，四卷，昭和九年刊本。①

1.《甘雨亭丛书》

加藤友康、由井正臣编的《日本史文献解题辞典》中收录了前田一良撰写的《甘雨亭丛书》词条，内容如下：

该丛书收录江户时代的著名学者三十数人的论文、随笔、诗文等六十余种。上野国安中藩主板仓胜明编，安中造士馆藏版。全七集（别集二集），五十六册。弘化二年（1845）至安政三年（1856）刊行。胜明号甘雨、节山，对经史之学深有造诣，致力于广泛收集诸学者著作，并简明地写有各学者的传记，有助于了解其学问上的相互关系。至今为止，作为刊本仅见于该丛书的，为数不少。

第一集

1. 文公家礼通考（室鸠巢），2. <u>仁斋日札（伊藤仁斋）</u>，3. <u>格物余话（贝原益轩）</u>，4. <u>韫藏录（佐藤直方）</u>，5·6. 白石先生遗文（新井白石著，立原翠轩编），7·8. <u>白石先生遗文拾遗（新井白石）</u>

第二集

9. <u>西铭参考（浅见䌹斋）</u>，10·11. 倭史后编（栗山潜锋），12~14. 澹泊

---

① 参见朱谦之《日本的朱子学》，前记，第 2、3、5、6 页。划双横线部分为《日本的古学与阳明学》中所示。实际上此丛书正编有六卷。

先生史论（安积澹泊），15·16. 湘云瓒语（祇园南海）

第三集

17~19. 狼疐录（三宅尚斋），20·21. 赤穗义人录（室鸠巢），22. 烈士报仇录（三宅观澜）、萱野三平传（伊藤东涯）、大高忠雄寄母书（赤松沧洲），23. 奥宇海运记（新井白石）、畿内治河记（新井白石），24. 芳洲先生口授（雨森芳洲述、岱琳编）

第四集

25. 尚书学（荻生徂徕）、孝经识（荻生徂徕）、孟子识（荻生徂徕），26. 帝王谱略国朝纪（伊藤东涯），27·28. 东涯漫笔（伊藤东涯），29. 奥州五十四郡考（新井白石，广濑典补），30. 南岛志（新井白石），31. 鸠巢先生义人录后语（大地昌言编），32. 修删阿弥陀经（太宰春台）、助字雅（三宅观澜）

第五集

33. 孝经启蒙（中江藤树），34. 足利将军传（佐佐宗淳），35. 东韩事略（桂山义树编）、琉球事略（桂山义树编），36·37. 弊帚集（栗山潜锋），38~40. 木门十四家诗集（新井白石编）

【别集】

第一集

41. 病中须佐美（室鸠巢）、上近卫公书（柴野栗山）、子姪禁俳谐书（成岛凤卿），42. 日本养子说（迹部良显）、非火葬论（安井真祐），43. 父兄训（林子平），44. 古学先生和歌集（伊藤仁斋），45. 番山先生和歌（熊泽蕃山）、卞驒山（荻生徂徕）、呗欣生公记（太宰春台）、桧垣寺古瓦记（服部南郭），46. 人名考（新井白石）、准后准三后考（新井白石），47. 樱之辨（山崎暗斋）、樱品（松冈恕庵），48. 忠士笔记（浅见綑斋）、湘云瓒语附录（祇园南海）

第二集

49. 天下天下论（室鸠巢）、政事谈（名越克敏）、大学和歌（室鸠巢）、鬼门说（新井白石），50. 楠正行笔记（佐藤直方）、答服部栗斋称谓问目书（中井竹山）、附鸠巢与白石论土屋主税处置，51. 静斋随笔（河口子深），52·53. 耻斋漫录（安东省庵），54~56. 鸠巢先生

书批杂录（铃木重充编）①

　　如上所述，该丛书的特点在于不仅史料的收集整理，而且每个人物都在卷首附有编者的所撰传记或在书后附有跋语。朱谦之的引用（单横线为《日本的朱子学》，双横线为《日本的古学及阳明学》所引，双横线加着重号，为两书均出现者），既有原始资料，也有引用编者板仓胜明②所撰传记或跋文的。试举一例，比如《白石先生遗文拾遗》，此书即为板仓读其书而"知其为人，窃有所慕"而遍搜其著作编辑而成，其《跋白石先生遗文拾遗后》曰：

　　　　余总角读先生答建部内匠头书，有云：合则鞠躬尽力，裨补阙漏，违则深藏其身，高栖其志。于是始知其为人，窃有所慕焉。及长，数阅遗书，多是国家有用之书。自非博物洽闻、洞见古今，而尤明邦典，安能如此乎？栗山柴氏曰：在中之典刑，实旷古之伟器，一代之通儒也。非溢美也。独恨先生之后明邦典者寥寥莫闻。近时有赖襄者，好讨论国史，其文可观，而犹有未能出其范围者矣。呜呼先生之有功于邦典，岂浅鲜哉！宜矣！至今百有余年，海内称之而不衰也。特惜其遗书多罹火灾，而今存者不及其半焉。余旧藏立原万所纂遗文二卷，又求其所漏，相继收录，顷樨宇林祭酒示白石遗稿外集，辑录颇多。万所不纂，亦收录在其中。于是除其二卷既刻者，更编其余，并余所尝收录者，校其异同，合为二册，名曰《白石先生遗文拾遗》。后之人补其所漏，则余所望也。天保辛丑七月既望节山板仓胜明书于安中城鬻暑亭。③

　　该丛书中的新井白石的遗文二卷及遗文拾遗二卷，后来都收入《新井白石全集》第五卷中。

----

① 加藤友康・由井正臣编『日本史文献解题辞典』、吉川弘文馆、2000 年、173 页。
② 板仓胜明（1809～1857 年），江户时代后期大名，上野国（现群马县）安中藩主。
③ 新井白石：《白石先生遗文拾遗》（下），"甘雨亭丛书"，安中造士馆藏版，弘化二年（1845），第 42 页。"总角"：童年。"建部内匠头"：建部政宇（1647～1715 年），播磨国林田藩第三代藩主。"在中"：新井白石字在中。"立原万"：立原翠轩（1744～1823 年），水户藩儒者。"樨宇林祭酒"：林樨宇（1793～1847 年），林述斋之子，幕府儒官、大学头。

2.《日本儒林丛书》

关仪一郎编纂，分正编（六卷、167 篇）、续编（四卷、47 篇）、续续编（三卷、45 篇），另有别册"儒林杂纂"一卷（13 篇），共计 14 卷、272 篇，分"随笔"、"史传书简"、"论辩"、"解说"以及"诗文"等各部，涉及作者 150 余人。初版于 1927～1938 年由东洋图书刊行会发行。1971 年由凤出版再刊。东京大学文学部伦理学研究室教授、日本儒学研究者相良亨盛赞该丛书为"德川时代儒者资料的无上宝库"，"如果没有《日本儒林丛书》这样的丛书，今天我们的研究将在基本的资料方面遇到很大的困难"。对于本丛书所收资料的珍贵性，他举了荻生徂徕的著作为例说明，说要彻底研究徂徕思想形成的过程，必须读《萱园随笔》和《萱园十笔》，而一般的读者只能通过该丛书接触到这两种书，进而强调此丛书收录的著作大多是类似于此的珍贵资料。查看朱谦之的《日本的古学与阳明学》，其荻生徂徕部分所引《萱园随笔》和《萱园十笔》的资料，的确也都出自此丛书。

3.原念斋的《先哲丛谈》和大冢观澜的《日本道学渊源录》

这两种是归入"思想家史传类"的重要"研究参考资料"。《先哲丛谈》最早的刊本为文化十三年（1816），到 1994 年平凡社"东洋文库"出版了源了圆和前田勉的规范的译注本，使这部给 72 位儒者以生动素描的"文艺性"读物获得了学术的新生命。作者原念斋（1774～1820 年）出自折中学派山本北山之门，力图超越学派的门户之见而客观公正地叙述各家的生平事迹。举其《凡例》数则可见一斑：

> 余尝自室町氏季至近世，有人物足传者，则求其传，若行状蓝寸章辑之，凡一百卷，命曰《史氏备考》。而其言行之迹，别存稗官或口碑者亦多，因更收录之，且掇取其要于《备考》中及诸家集，遂成数十卷，《先哲丛谈》是也。此编则独系其儒家类者云。
>
> 儒家类凡十四卷。今刻者八卷，自永禄讫于享保，余卷校订未毕，当嗣刻。此编随闻见辄纪之，不能无遗漏焉。然如其出群超绝可以入史者，大氏具于此。沧海遗珠，将俟他日收拾焉。
>
> 次序率从其年齿先后，不分以门流……
>
> 此编专以知先儒之性行履历为主，而未及其识见者，以其人皆有成书布于世也。间有略举识见者，以其未著见者也。

> 私记小说，固有可信有可疑。此编传其可信阙其可疑，皆有依据。
> 然而逐章记出典，不胜其烦，故概省之耳。①

　　因为该书雅俗共赏，可以说是一本很好的江户儒学研究的入门向导。比如，人们经常提及的山崎暗斋应对"如果孔孟进攻日本将如何是好"的故事，《日本的朱子学》就是直接引自文化十三年的初版本。特别是经过规范的注释之后，这本趣味横生的历史读本作为传记史料的可信度和学术价值也大大提高了。

　　传记类的资料，还有一部《日本道学渊源录》在朱著中征引的频率较高。该书由楠本硕水门人冈直养于 1934 年刊刻发行。其原委如《例言》所言：

> 　　此书大冢观澜所辑也，初名《本朝道学渊源录》，又有《本朝儒先
> 录》及《别录》，千手旭山共校补之。而本朝道学改日本道学，总合为
> 一部，更名曰《榑桑儒海》，以传之月田蒙斋，蒙斋未及刻，而传之我
> 楠本端山硕水二先生。
> 　　渊源录与山崎暗斋先生为首，以下收其门人及传统诸君子。虽纯奉
> 朱学，不入门者不录。虽倡异说，一入门者，概皆录之。以论断焉。硕
> 水先生增补，更补录者二卷，共九卷……
> 　　儒先录所采，世自有其原本，至渊源录，则查索尤费心力。欲知我
> 国宋学真传，非翻此书不可。况先生所增补，岂可不传哉？
> 　　直养奉事二先生，恩义特深。且私淑蒙斋先生，往年已刻其随笔，
> 今又欲及《榑桑儒海》，绵力不能，独汇印《渊源录》。乞硕水先生嗣
> 子士敬、君翔嗣子伯善，俱诺焉。乃商之诸先辈以成之。
> 　　《渊源录》五卷，续录二卷，今渊源录合为四卷，续录分为五卷，
> 以便装订。而硕水先生及君翔署名卷尾者，移置于卷首，合先生补录，
> 共十一卷。

　　此书前有增补者幕末明治时代儒者楠本硕水（1832～1916 年，名孚

---

① 原念斋『先哲叢談』、慶元堂、擁万堂、不自欺斋梓行、文化十三年（1816）、「凡例」、
　　1 頁。

嘉)。"序"写于1900年12月,开篇即颂扬山崎暗斋,说:"本邦奉朱学者故不为尠,就中求其尊信之笃、造诣之深,且流传之盛者,盖莫若山崎暗斋氏一流诸先生焉。其于朱子经说及文集语类,熟读详味,必究底蕴,不止其早晚定未定也。"又有此前校补者千手旭山(1789~1859年)于天保十三年(1842)所写的序,开篇也同样盛赞山崎暗斋,说:"孔子之道得子朱子,而后明于天下万世焉。子朱子之书来于本邦也久矣。南浦尊之于西海,而亦信佛;惺窝信之于山阳,而亦尊陆。而后名儒辈出,各自治其章句、解其训诂,而能造乎其道者盖鲜矣。至于暗斋山崎先生出,始能独步以入其室,能味其道腴,以倡之于天下,使子朱子之道章章乎明于世,其功可谓伟矣。"①渊源录前四卷分别为暗斋先生、佐藤(直方)先生、絅斋先生、尚斋先生,续录前四卷分别为暗斋先生门人(38人附2人)、佐藤先生门人(9人)、絅斋先生门人(12人附2人)、尚斋先生门人(20人)。如千手旭山序言所述,暗斋"高足若佐藤请见三宅三先生,最能得其传,而继开殆亚于先生焉。其他巨儒硕德出于其门者甚多,及其再传三传以至于源远,私淑以成其德者,盖多其人云。余父母之国大冢翁子俭,辑其遗传,名曰道学渊源录,以拟之于伊洛渊源之录"。可见该书旨在模仿朱子的《伊洛渊源录》,以山崎暗斋为日本道学正统,而阐明其学脉源流。此篇后来收入冈田武彦等编的《楠本端山·硕水全集》② 中,对于研究崎门学派及其在日本的分布情况,仍然是非常重要的资料。

朱谦之的《日本的朱子学》中除了叙说山崎暗斋一系时多处引用《日本道学渊源录》外,因为该书中续录卷四附录为室鸠巢,朱谦之的相关论述也多有引用,特别是该附录收有室鸠巢的《议神道书与游佐木斋》一文,朱著引用颇为详细,因为此篇"最可代表其无神论的进步思想"③,故亦将此篇录入其"东方哲学史资料选集"《日本哲学》的"二、德川时代之部"。

① 大塚観瀾著、千手旭山校補、楠本碩水増補、岡直養刊行『日本道学淵源録』(合十一卷)、開明堂、1934 年。
② 岡田武彦他編『楠本端山·碩水全集』、葦書房、1980 年。
③ 北京大学哲学系东方哲学史教研组编《日本哲学》(二、德川时代之部),"东方哲学史资料选集",北京:商务印书馆,1963 年,第 23 页。

4."东方哲学史资料选集"与《朱舜水集》、《日本佛教思想史料选编》

作为学者，朱谦之的可贵之处是不仅能在自己的著作中旁征博引，而且还注意系统地选编资料集以嘉惠学林。1963 年出版的两本"东方哲学史资料选集"，日本哲学思想研究领域都比较熟悉了，就不再赘述了。我们来看看他整理的另外两本资料集。

《朱舜水集》，上、下两册，朱谦之整理，中华书局 1981 年出版，1984 年第二次印刷。《日本的朱子学》所列参考资料，为"《舜水先生文集》，二八卷，《附录》一卷，享保五年刊本，一六册；又《朱舜水全集》，稻叶岩吉编，明治四五年刊本，一册"。① 正文注释中除了"稻叶本"外，还有"马浮本"（《舜水遗书·文集》）。② 其《日本哲学史》用的也是"稻叶本"，以上涉及了"享保本"、"稻叶本"以及"马浮本"三个版本。朱谦之"整理"《朱舜水集》的情况，从中华书局编辑部的《出版说明》中可见一斑：

> 《朱舜水集》是北京大学教授朱谦之先生一九六二年整理出来的。他把稻叶君山编《朱舜水全集》的全部内容重新加以编排，并根据中日几个版本做了校勘（详见凡例），写出校勘记，初步加了标点，在正文中补入了《犀角杯铭》一文，在附录中补充了由中日文书籍中搜集的一些可供参考的材料。③

《朱舜水集》在出版之后，又得到了进一步的校勘修订，如编辑部所言，"因为不可能再同整理者商量，这些改动只能由编辑部负责了"。从《凡例》看，朱谦之对各种版本的考订，特别是对于朱舜水在日本交往的各种人物以及相关的资料，下了很大功夫。这个《朱舜水集》，台湾学者徐兴庆在其编著的《新订朱舜水集补遗》中也认为是"目前最易阅读、参考之版本"。④ 他说："经笔者与中华书局出版之《朱舜水集》

---

① 朱谦之：《日本的朱子学》，前记，第 4 页。
② 参见朱谦之《日本的朱子学》，第 277 页。
③ 中华书局编辑部：《出版说明》（1980 年 3 月），载《朱舜水集》，朱谦之整理，北京：中华书局，1981 年，第 4 页。
④ 徐兴庆编著《新订朱舜水集补遗》，台北：台湾大学出版中心，2004 年，自序，第 16 页。

对照结果，发现其中未刊载者为数颇多，即一并网罗、解读与注释，故本书称之'补遗'。"① 可见，其"补遗"的标准就是在朱谦之的工作基础上进行的。从日本学界 2014 年出版的《季刊日本思想史》（第 81 号）特集"朱舜水与东亚文明：水户德川家的学问"（徐兴庆、辻本雅史编）看，朱谦之整理的《朱舜水集》依然是从事该领域研究必不可少的基本资料。

《日本佛教思想史料选编》，朱谦之编、黄夏年点校，2015 年由宗教文化出版社出版。该书中有印顺的《序》，黄夏年的《朱谦之先生与日本佛教研究》和朱谦之夫人何绛云女士于 2007 年 10 月 27 日写的《后记》。载收录内容依次为：①亲鸾（1173～1262 年）的《愚秃钞》，②法然（1133～1212 年）的《选择本愿念佛集》，③法然的《净土宗略要文》，④亲鸾的《净土文类聚钞》，⑤伊藤仁斋（1627～1705 年）的《语孟字义》，⑥伊藤仁斋的《童子问》，⑦杂著（年次不详，作者不详），⑧贝原益轩（1630～1714 年）的《大疑录》，⑨中岩圆月（1300～1375 年）的《中正铭并序》《室欲铭并序》《中正子》，⑩虎关师炼（1278～1346 年）的《通衡》，⑪自编《参考用书》。

以上诸篇，虽然所选皆为名著，但不知编排次序是不是朱谦之所原定。可以将以上文献归为三类：一是镰仓时代佛教的代表著作（①～④），二是五山僧侣的向儒著作（⑨⑩），三是江户时代儒学代表作（⑤⑥⑧）。其中⑤⑥⑧和⑨⑩都曾经以节选的形式分别收录在"东方哲学史资料选集"《日本哲学》的"古代之部"和"德川时代之部"。这部"思想史料选编"不像上两本选集，史料前没有说明，也没有注释。也许如《后记》所言，"朱先生这部著作只是用了自己写作时参考"②，整理出来就的确已经不易了，而且也是很有意义的。通过这本史料集，我们可以知道朱谦之"一直有个心愿，想写一本中国人自己写的日本佛教思想的专著，为此他一直不断地搜集这方面的资料，仅书目的总字数就达 3 万以上"。③ 而且从这个书目即《参考用书》，可以感受到一个学者孜孜不倦的追求。

---

① 徐兴庆编著《新订朱舜水集补遗》，第 18 页。
② 何绛云：《后记》，载朱谦之编《日本佛教思想史料选编》，黄夏年点校，北京：宗教文化出版社，2015 年，第 369 页。
③ 黄夏年：《朱谦之先生与日本佛教研究》，载朱谦之编《日本佛教思想史料选编》，黄夏年点校，北京：宗教文化出版社，2015 年，第 6 页。

四　结语：文如其人——以人格、信念铸就一座丰碑

朱谦之给中国的日本哲学思想史研究后来者留下的研究著作和资料集，是有形的精神财富，尤其是其通史性的哲学史著作和专题性的日本儒学研究著作，即便想要从整体上超越，也必须从他"接着讲"开始。如黄心川所说，"1927 年之后，朱先生一直迎着时代的潮流前进，经过漫长道路的探索，他终于接近并最后接受了辩证唯物主义的思想"[①]。他以生命去体悟和追求真理，与时俱进，主动将自己的研究工作与时代精神、民族大势结合起来的进取心和探究心，表现出一个个性丰满且具有社会良知的中国学者的高洁真挚的人格和坚定的信念。这更是需要我们后来者不断地"接着讲"。戴康生在朱谦之诞辰一百周年的纪念会上以朱谦之的自叙诗"重来但愿成霖雨，世世生生更益人"为题[②]，讲述了自己亲身感受到的朱谦之的人格与信念。2020 年是朱谦之诞辰 120 周年，其人其学，我们都应该继续"接着讲"。

只有以人格、信念铸就的丰碑，才具有永恒的价值。朱谦之对于山崎暗斋的教条主义的批判[③]，特别是对柴野栗山的机会主义的无情批判，斥责他是一个"恃势凌人'乘世变'的机会主义者，即便有尊王的姿态，也不过他平生的投机取巧的伎俩如此"[④]。这些在 20 世纪 50 年代的研究心得，结合那个时代的背景，再想想现在，想想历史和未来，的确令人回味无穷。

[①]　黄心川：《中国禅学思想史跋》，载忽滑谷快天《中国禅学思想史》，朱谦之译，上海：上海古籍出版社，1995 年。《朱谦之文集》（第十卷），福州：福建教育出版社，2002 年，第 603 页。

[②]　戴康生：《重来但愿成霖雨，世世生生更益人——纪念朱谦之诞辰一百周年》，载朱谦之《日本哲学史》，"代序"，北京：人民出版社，2002 年。该诗句出自朱谦之的《自叙诗三十四首》最后一首，曰："散诞生涯七十春，早年愚昧晚年真。三山五岳非名贵，万卷千文未是贫。昔日哀伤云过眼，今朝苦乐雾中身。重来但愿成霖雨，世世生生更益人。"参见《朱谦之文集》（第一卷），第 209 页。

[③]　朱谦之：《日本的朱子学》，第 296～301 页。

[④]　朱谦之：《日本的朱子学》，第 394～395 页。

How to Have "Carrying-on Narration" on the History of Japanese Philosophical Thoughts in the Light of Zhu Qianzhi

—Commemorating the 120th Anniversary of Zhu Qianzhi's Birth

Liu Yuebing

Abstract: The research books and resource collections left by Zhu Qianzhi for the coming researchers of Japanese philosophical thoughts in China are tangible spiritual wealth, especially the universal philosophy works and monograph of Japanese Confucianism. Even if someone wants to surpass him, the carrying-on narration must be referred to his achievements. Pursuing the truth, keeping up with the times and actively combining his research and time spirit as well as national trends, he has shown sincere personality and firm faith as a Chinese scholar with social responsibility. This is what our latecomers have to inherit. When Zhu Qianzhi studied Japanese philosophical thoughts, the basic academic ideas and methods were not coming from Inoue Tetsujirō or Masao Maruyama. It was himself that worked from historical philosophy to Marxism. At the beginning, he didn't think it is important to study Japanese Confucianism, but later he emphasized more on it. The first problem of how to carry on the studies of Japanese philosophical thoughts is how to comment the Marxism ideas and methods used by Zhu Qianzhi.

Keywords: Zhu Qianzhi; Japanese Philosophical Thoughts; Inoue Tetsujirō; Contemporary Academic History of China

《日本文论》（总第 1 辑）

第 148～161 页

© SSAP，2019

近代日本国粹与国际的路线之争*

周颂伦

内容提要： 明治初年的文明开化、大正政变开启的大正民主以及政党政治，是近代日本三个国际化时期，日本所取得的发展为世界所认可。中日甲午战争、日俄战争、法西斯主义乃至发动太平洋战争，是近代日本国粹思潮泛滥时期，日本一直试图用不断扩大战争的手段来摆脱危机。三个国际化时期和三个国粹化时期交叉间隔，国粹化无情地消耗了国际化的发展成果。国际化或国粹化对国家政策的牵引和造成的进步或倒退，是值得汲取的教训。

关 键 词： 近代日本　国粹　国际　牵引国策

作者简介： 周颂伦，浙江越秀外国语学院东北亚研究中心特聘教授，东北师范大学历史文化学院教授，博士生导师。

1891 年，三宅雪岭在《真善美日本人》开篇写道："日本人是种什么人呢？这是一个怎样的问题？提问的自然是日本人，他知道自己就是日本人。被问的也知道自己是日本人。然而对于这样一个提问，哑然不语者甚多。"[①]众所周知，作为姊妹篇，三宅还写了《假丑恶日本人》，正是因为有在三宅看来对欧化风潮顶礼膜拜的"假丑恶"（这类人物多为政客或商界精英），所以三宅大声疾呼要守护保留日本根性（富士山或樱花等）的"真善美"。黄皮肤欧美人的"假丑恶"与着和服木屐的"真善美"的对峙，是明治年

---

* 教育部人文社会科学重点研究基地——南开大学"世界近现代史研究中心"重大项目"东亚世界的裂变——关于东亚国际政治对立局面形成之文化探源"（编号：14JJD770005）的部分研究成果。

① 三宅雪嶺『真善美日本人』、改造社、1931 年、1 頁。

代形成的一种社会文化风景——眷恋与痛恶、向往与轻蔑。这种对峙贯穿了整个近代日本，一直未能给出确凿的答案。著名学者上山春平曾表示："我不是否定近代思想的传统主义者，亦不是否定传统思想的近代主义者。"①上山的这种两难，可能会在目睹陈旧的木门用上了自动开闭技术时释然，但面对日本国家命运必须要同某种存在于世界政坛的国际霸权相"协调"时，则又可能疑窦重重。因本文的视野贯穿了日本的近现代，故选择在"国粹"与国际这对范式中进行讨论。在政治家的眼光看来，国粹与国际（在日本多指"欧化"）读音特别相近，但其代表的文化背景乃至对政治和政策的影响，可谓起到过牵引国运的作用。

一　欧化与国粹

1875 年 6 月，《明六杂志》刊出西周的《人世三宝说》，曰："治人之要道无非贵重之三宝，第一乃健康，第二乃智识，第三乃富有"。②《明六杂志》素以启蒙为己任，是 1873 年成立的明六社主办的杂志。在康德名句"所谓启蒙，即人类自己摆脱未成年状态"的鼓励下，明六社成员曾向"未成年状态"（中世纪黑暗）发出过一连串批评旧俗和呼唤人性的好文，但两年后急速地向功利主义滑落。津田真道在《论推进开化之方法》一文中称："盖学问大别有二。论高远之空理，虚无寂灭却力说五行性理乃良知良能之说，乃虚学；万象求征于实像、专究确凿之理，如当今西洋之天文、格物、化学、医学、经济、哲学，乃实学。此实学普遍流行于当今社会，教人明白各类道理，可称真正之文明世界。"③津田所言之"虚学"，应当言指江户幕府的官用学问儒教，来自中国；所言实学，自然言指洋学，来自欧洲。其要害是，津田等明六社成员（各人的态度有所区别）主张的是倡导一场学问转换的文化变革，号召更换公共性的文化思考工具，旨在推进一场价值观更替的重大变革。

1872 年 9 月明治政府颁发的《学制》称"记诵词章之后果难免陷入空理虚谈之途"④，号召国家教育应以增长知识为要。在文明开化之风劲吹的

---

① 上山春平『日本の思想』、サイマル出版会、1971 年、2 頁。
② 『明治文学全集』（第 3 巻）、筑摩書房、1967 年、67 頁。
③ 『明治文化全集・雑誌篇』、日本評論社、1959 年、65 頁。
④ 大久保利謙編『近代史史料』、吉川弘文館、1975 年、98 頁。

现实中，解读古文、乐迷和歌、吟诗作赋，凝聚数万年文化心血酿就的古代观念世界被大大看轻，而在现实操作中立竿见影显示的有用、有效性，刹那间成为时尚知识人所追求的最高目标。从观念的世界到现实的世界，江户中期以来出现的如荻生徂徕的政治论和兵学、杉田玄白的西洋医学、本多利明的贸易论和佐久间象山的外交论等，已经综合性地交融于经世政策的构想中，为学问的转换做好了铺垫性的准备。

对于近代日本来说，西洋的人义精神和哲学思想范式，固然充满着魅力，但舶来器物的使用价值因直接作用于日常生活，其直观性和有效性的特点，在一定程度上引导人们对支撑器物先进性的原因做更深入的思考。在异文化接触与交融的场合，一旦本土文化感受到异样的新奇和效用，通常会带动"模仿热"，这一现象也在明治社会风靡一时。牛肉被称为"开化的药剂"，不食牛肉不开化，喜欢用蹩脚英语谈论时事，随着大街配上瓦斯路灯、蒸汽火车的开通、电报电话邮局的兴起，《断发令》颁布和洋服时尚，代替和式"榻榻米"的洋式住居也开始进入民众视野。更为重要的是，有关立宪政治的议论频发，欧式机车、轮船和纺机受到啧啧称赞，西式农场农校也在各地建成。对这种欧化风潮，伦敦评论日本这个岛国可能会走上社会主义道路，而李鸿章则对来清谈判的日本公使森有礼问道，日本如此一味模仿，改风易俗，"难道一点不感到羞耻吗？"①

欧化风潮可谓带有若干强制性国策的味道，这种情况愈演愈烈，终于在明治 20 年（1887）之后达到了高潮。1878 年发生英国商人走私鸦片却被英国领事判决无罪事件；1879 年德国商船无视日本政府因防止霍乱流行而颁布的外来船只必须检疫的通告强行入港。日本国内撤废治外法权的舆论一时高涨，时任外务大臣的井上馨决心将修改不平等法权作为任内头等大事。修改不平等条约必须让别国承认日本也是文明国家，日本必须做出文明姿态。鉴于 1869 年以来用于接待外国贵宾的延辽馆已经不能应付重要外交活动，井上于 1880 年正式提议兴建俱乐部式的"外国人接待所"，冠名"鹿鸣馆"，馆址选定原萨摩藩藩邸所在处（今帝国饭店傍邻）。井上预计在"鹿鸣馆接待各国要人，杯盏交错歌舞升平之间，私下场合却可能提供完成外交

---

① 转引自宋成有《新编日本近代史》，北京：北京大学出版社，2006 年，第 119 页。

任务的良机。此皆达成我政府目的之好手段"。① 1883 年鹿鸣馆落成，11 月
28 日召开盛大庆贺宴会，1200 名贵宾和招待舞女出席。此后，招待各国外
交使节的假面舞会接踵召开，政府大臣携夫人、女儿与使节及其夫人在舞池
翩翩起舞，许多接受过专门训练的艺伎充任舞女伴舞。出席过假面舞会的法
国军舰舰长罗切称穿燕尾服的绅士有些像猿猴，对身着舞衣的女性们却绝赞
不已。被称为鹿鸣馆外交的舞池交际，习惯穿和服的明治女性与素不相识的
外国人相拥而舞，却未收到好的效果，日本与别国的修约谈判依然屡遭挫
折，井上因此引咎辞职。

鹿鸣馆所代表的欧化风潮，"完全是由上流的为政者阶层洋气十足的趣
味激发起来的"。② 这在"人欲与道德"争论中无条件地排斥自然欲望也有
若干正当性的传统文人看来，无疑乃自取其辱的"文化自杀"行为。三宅
雪岭、志贺重昂、陆羯南自发地站在欧风的对立面，倡导国粹保存运动。他
们称："一方面由于高官嬉戏于鹿鸣馆，丑声外溢，受到刺激；另一方面，
政府执行保安条例，见枯芒而惊为幽灵，为其狼狈相推动，感到过于不成体
统，认为必须有所表示。"③ 三宅写《日本人》，陆羯南办报纸《日本》，志
贺重昂在《日本》报纸上撰文写道："吾辈所推主旨大义，实际在于以日本
的国粹为精神，以它为精髓，然后能够临机而进退去就"。④ 国粹主义者在
报章所发言论，都"为硬骨头人士所爱读"。⑤

明六社成员大声向社会宣称的"文明""开化"，仔细考察这种概念的
形成过程，不难发现是从充分欲望中提炼的。田口卯吉在《日本开化史》
中所言："让伦理之情滋长即私利心。"⑥ 欧化人士为摆脱"野蛮"和"未
开化"而追求精神、制度的进步，却无意中陷入了模仿的泥淖，导致欧化
悲喜剧的发生。国粹主义者目睹此类现象，必有不齿感，一律视为丧风败俗
之"假丑恶"。这种在思想文化领域内的对立，其基本性质是文明－模仿－

---

① 李启彰「井上馨による外交裏舞台の創出」、『社会システム研究』第 22 号、2011 年 3 月、
159 頁。

② 近代日本思想史研究会编《近代日本思想史》，贾纯等译，北京：商务印书馆，1991 年，第
6 页。

③ 近代日本思想史研究会编《近代日本思想史》，第 17 页。

④ 近代日本思想史研究会编《近代日本思想史》，第 20 页。

⑤ 近代日本思想史研究会编《近代日本思想史》，第 18 页。

⑥ 橋川文三・松本三之介『近代日本政治思想史』（Ⅰ）、有斐閣、1971 年、157 頁。

国际与传统－固守－国粹之间的对立，在后辈学人们看来，并不能以孰优孰劣来分高低。对立双方各自本身都存有合理和非合理的两面，这种现象在许多国度向近代转型时期都曾存在过。

这种"国际"与"国粹"的对立，固然不能在纸面文字上见到输赢，但依笔者看来，仍然有见证高低优劣的事物存在，试举一例。

自明治新政府成立以后，制定和颁布宪法一直是明治政坛最核心的话题。1873 年 11 月，在木户孝允提出开明埋念尽显的"政规典则"想法后，大久保利通向伊藤博文等教示《关于立宪政体之意见书》，内中提到的顾虑，是鉴于法国革命的"民主暴政"、结党聚类造成国家政治土崩颓败，必须制定"确乎不拔之国宪"，实现依"我国土地风俗人情时势"，树立"君民同治之政体"①。1881 年所谓"明治十四年政变"之后，制宪成为迫在眉睫的头等政事。完全承继大久保构想的伊藤，于 1882 年 3 月率团渡欧实行制宪调查，根据考察所感，认为在立宪政治运行过程中，为避免严苛的法治主义，必须将精神工具作为缓和剂来使用，日本一旦立宪，只有将天皇大权作为"机轴"。他在《起草大纲》中写道："若无机轴，任由人民妄议政治，政统法纪尽失，国家亦随之灭亡。（中略）在我国可为机轴者，唯有皇室。是故，本宪法草案专意于此，尽力尊崇君权可为束缚或勉事之用。"② 可见，大久保"确乎不拔"的理念，在伊藤手中就是将"天皇大权万世一系"写入宪法，将古代国家敬天信神、恪守祖训的忠于国家的伦理，作为束缚和控制议会政治实施后可能出现的"妄议"局面之用。此后日本近代政治史的发展过程表明，依赖天皇大权实行立宪政治，是行之有效的好办法。《教育敕语》和《军人敕谕》均以天皇名义颁布，其对天皇神圣权威的借用，与《大日本帝国宪法》的政治技巧是首尾贯通的。

众所周知，关心国家命运的上下各方人士为制定适应日本国情的宪法，提出过各种草案，有些草案成文后一直珍藏在私宅之中，百年后才被人发现。1889 年宪法制成公布之后则少有异见，如民权派、国权派、皇学派、儒学派、自由派等不同立场人士，此前曾进行过激烈的论战，然一见到宪法几乎达到举国一致赞同的程度。为何会形成这样一种局面？1889 年 3 月 25

① 大久保利通『大久保利通文書』（5）、東京大学出版会、1983 年、182 頁。
② 日本倫理学会編『近代日本における国家と倫理』、慶応通信、1987 年、172 頁。

日，首要起草者伊藤博文对议会的议员们发表演说称："天皇陛下钦定之宪法同欧洲诸国宪法相比多少有些异同，此异同各位在本宪法大体结构或章句中已经见到。因为各国宪法印刷出版，诸位已然熟知。内中事情乃是吾等必须相信我宪法所以将天皇及天皇大权明载首条，是有助于我固有国体之存在。试回顾一下我国古来之历史，便一目了然，我皇祖皇宗开辟以来统治之珍贵事迹历历在目。我国之文化由来于祖宗列圣之威德恩惠是为历史不争之明证。"①

立宪主义曾是国际政治的标准元素。天皇神权是日本国粹的核心。日本之举在于取国际之外形，行国粹之内实。外形之用在于在近代世界立足，亦可避免古代政治一人之下皆为奴隶之旧辙；内实之用在于一旦发生政治分裂可凭此收拾危局。但内实之用往往在最关键时刻显现功能，是人们有目共睹的。天皇大权不仅可用来安抚人心，亦可以将兵马大权笼罩保存。关于这一点，在此后日本连续发动战争的历史中清晰可辨。

二 协调或者孤立

1933 年 3 月 27 日，鉴于李顿报告书对"九一八事变"的判断，日本代表蛮横地宣布退出国际联盟，他指出，国际联盟调查团"认为日本军队的行动并非属于发动自卫权，还轻视中国方面恶化该事件前后之紧张状态，不认为中国方面负有全部责任，无视满洲国成立之真相。（中略）帝国政府相信与联盟继续合作已无余地，根据联盟章程第一条第三项，帝国通告从国际联盟退出"②。这种孤立主义的做法，直到旧金山和会日本彻底认输而被国际社会重新接纳才告终止。

日本走上孤立主义路线，显然是冒险的，却事出有因。明治日本和大正、昭和日本所面对的国际环境是完全不同的。其一，叩开日本国门、逼其适应世界大势的欧美列强，自初是用赞许后又转入观察的目光，注视日本开国维新和脱亚入欧的，它们一度似乎认为日本接受了自己倡导的价值观。但

---

① 伊藤博文「憲法演説」、鳥海靖『日本近代史講義 明治立憲制の形成とその理念』、東京大学出版会、1988 年、347 頁。

② 外務省編『日本外交年表竝主要文書』（下）、原書房、2007 年、268 頁。

第一次世界大战前后日本自诩世界强国的种种言行（1919 年《太阳》杂志将日本列为世界一等国），山县有朋、大隈重信甚至提议利用一战时"欧洲大错乱"再来一次"大发展"，日本在战时战后抢夺利权的各种行径引起列强警惕。明治日本面对的是欧美有意无意标榜的发达文明，而大正以后日本面对的是国际社会因警惕欲对日本加以逐步升级的高压。凡尔赛和会的"十四点计划"和华盛顿会议的各项协议协定，美国出于自己战略利益考量，自动地担当起遏制日本的"责任"。经济实力呈几何级数增长的日本，对周边国家侵略来获取殖民地或附属地等，明白无误地展现了其霸权角逐者的姿态；近 30 年的野蛮侵略刺激了中国、朝鲜等国的民族主义情绪，再加上共产主义意识形态的输入，日本周边国际形势开始出现积极变化。辛亥革命后，孙中山领导的民主主义革命，使中国出现了新的气象；而 1921 年中国共产党成立，以救亡图存为己任而发动的工农革命，预示着民族主义与共产主义相遇重合，一个新的政体必然会矗立于抵挡日本侵略的最前线。

新国际关系的形成，对日本帝国产生了巨大的压力。明治日本对周边国家的骚扰和侵略，在习惯于扩张争夺的列强看来，也许仅仅是帝国主义阵营的初入者模仿自己的尝试，但第一次世界大战期间日本提出几乎要灭亡中国的"二十一条"，等于向列强宣布自己要成为中国利权的"独霸者"。直至 1931 年日本发动"九一八事变"，进而退出国联，蛮横孤立的背后，透露出日本敢于以任何国家为对手的"无畏无惧"。日本的这种强硬姿态，表明其争霸的锋芒已经同美国的亚太战略针锋相对。

二战后日本社会在反省发动战争的"失误"时，都不约而同地认为日本之所以走上战败不归路皆在于军部的"独走"，各方面都提到，政党政治所执行的"协调外交"最终被否定使日本失去了一个极好的选择机会。近代日本所遭受的最致命的"麻烦"，除了 1923 年的"关东大地震"之外，便是美国总统威尔逊在凡尔赛和会上发表的"十四点计划"，此后美国便通过对日本的遏制，不断地提高在世界政治中的话语权，并最终在二战后确立了在世界上的霸权。首先安排好一个意识形态的制高点，随即自动登临，接着开始对旧秩序指手画脚、实施攻击，背后不断地增强和扩大军事优势，顺从者可沾得"恩给"，对不服者则"拳脚相加"。直至百年之后人们才看清楚：通过包括正义在内的美好许诺——声称对正义与否的"奖励"或恫吓——获取巨大战略利益，这才是美国的战略逻辑。在这个战略的初期，的确充满着无限"魅力"，美国站在公开外交和尊重主权独立的制高点，在华盛顿会议上把日本设定为攻击瞄准的对象。

面对这一局面，曾有过在美、英、荷等国任外交官经历的币原喜重郎以其民政官内阁外相的身份，在第 50 回议会发表就职演说称："观察世界人心之趋向，国际争斗的时代逐渐过去，国际协力的时代到来已不容置疑，舆论通常将此新倾向称为国际主义，并认为此同国家主义不相容，与本国之利益相悖。所谓国家主义者意在以一国之专横面对其他列国，唯迎合自己之方便。如现今之大势，与如此国家主义不能相容乃是明了的。（中略）一国勿论国力如何强大，财力如何丰富，若凭此而专横于列国之间，最终难免失败之悲局。"① 币原的这番话，同凡尔赛 – 华盛顿体系的精神相一致，是当时日本政坛的理性派对此前自私的侵略主义的自省和自敛。币原明白美国战略的焦点在于亚太特别是中国局势，故在帝国议会发表演讲说："等待支那国内和平统一的国情改善，支那国民自身之觉醒和努力。坚定地谋图两国国民之完全谅解，促进两国文化经济之发展，充分尊重华府会议签署的诸条约及决议之精神，并以此考虑对支政策之必要措施。"② 民政党内阁及币原外相所推行的协调外交之"协调"，其原意是主张在不引发美英等国反感的前提下维护日本的既得利益，尽管其局限性十分明显，但有利于缓和日本与国际社会的紧张关系，对延缓日本因对中国关系而与英美等国急速滑入敌对状态，还是有些许积极作用的。币原在 1924 年、1929 年两度就任外相，累计时间约 6 年，他试图解决或改善的事态并未见根本性的变化。1929 年 11 月他所信任的驻华大使佐分利贞男回国述职期间不明不白地"怪死"于箱根的富士屋旅馆，似乎就象征性地说明了这种国际协调在日本备受质疑，是行不通的。

除了协调外交的国际主义路线外，战前日本也曾有过和平路线的国际主义。如果说协调外交不过是与英美等帝国主义的霸权压力相适应的话，那么这种和平构想却分明带有西欧人权与民主理念初始时期的纯然性。这种国际主义在战时受到排斥，即便在战后日本的战争反省中，也并没有得到太多重视。

与社会主义者幸德秋水的"非侵略主义"和基督教信仰者内村鉴三的

---

① 外务省编『日本外交年表竝主要文書』（下）、72 頁。
② 服部龍二『幣原喜重郎と二十世紀の日本』、有斐閣、2006 年、92 頁。

"小国主义"不同，在大正民主运动中，活跃着由《东洋经济新报》的主笔们所倡导的"小日本主义"。该主张以基于经济合理主义的国家战略论和新自由主义为根基，在哲学层面主张克服自由放任主义，节制欲望；在经济层面主张自由贸易和生产分工利益，注重国内生产力发展；在政治层面批判帝国主义，主张放弃殖民地，实行世界范围内的"门户开放"政策。1910 年起，植松考昭在美国自由党系政治家的影响下，主张应避免殖民地统治而导致的政府财政负担；1911 年三浦铁太郎从经济、国防、外交、政治各方面综合考虑，提出放弃殖民地的"小日本主义"主张。从 1913 年开始，石桥湛山以"我殖民地财政与国库的负担"为题，进行数据调查统计，借以说明放弃殖民地的必要性。一战中他向社会呼吁，好战言行会使战争无休无止，破坏经济、牺牲人口、丧失国际信誉、恶化国民生活，"终止在亚洲大陆扩张领土，应当趁早放弃满洲"①。"小日本主义"等于"小国主义"，为实现这一点要从放弃殖民地开始做起。日本战败，交出了通过战争获得的国外土地，但从领土纷争中日本的言行来看，放弃侵夺的他国领地的想法，是不容易被为政者所接受的。从明治 20 年代自由民权活动家的反战言论可见，当时社会的有识之士已经对北欧列国平静而安逸的生活有赞美之情，认为小国同样可以在弱肉强食的世界中找到符合自己的生存之道；1903 年德富芦花在《给苏峰家兄的信》中表示"君重国力之膨胀，执念帝国主义，而余唯取人道之大义，执自己的社会主义"②，以唯美主义的文学观，对兄长的政治文学观提出了规劝；1906 年，日本合并朝鲜已近尾声，作家石川啄木感慨称"地图之上，着墨重写朝鲜国，耳边却闻秋风骤"③，对日本的侵夺，一种无奈无助情绪透纸而生；曾认为中日甲午战争在日本是"义战"的内村鉴三，在日俄战争后一转成为和平主义者："名义是日俄冲突，实际是两个帝国主义的冲突；余乃战争绝对之废止论者"④。在华盛顿会议召开前的 1921 年 7 月，石桥湛山在和《东洋经济新报》的同人们商议讨论后，执笔完成《关于限制军备及太平洋远东问题会议的劝告》，建议政府放弃帝国主

---

① 姜克實『石橋湛山』、吉川弘文館、2014 年、50 – 53 頁。
② 古田光等『近代日本社会思想史』（Ⅰ）、有斐閣、1968 年、122 – 123 頁。
③ 转引自汤重南等主编《日本帝国的兴亡》（中），北京：世界知识出版社，2005 年，第 352 页。
④ 古田光等『近代日本社会思想史』（Ⅰ）、172 頁。

义欲望，削减军备。① 1927 年日内瓦海军会议前，石桥又再次呼吁"如果美国人不是狂人的话，我方不对彼发动攻击的话，断不会前来攻击我。而除了美国之外，让我方必须保持巨大军备的对手又在何处呢?"②

非战及和平主义路线，当然是回避欧美压力的最好选择。其近 40 年断断续续的发展过程，时常被淹没在国家主义、国权主义的喧嚣之中，但其反战的呼声一直没有停止。这种成本低、境界高、目标远大的思潮，内含对纯然人文精神的崇敬，但一直没有得到社会普遍的呼应，官僚、政客甚至大部分民众，基本将其视作"妄觉"，轻蔑待之。而政党政治的"协调外交"，弱点是十分明显的：一是现实而功利的考量，认为无法同美国力量较量，退而求其次，用柔软斡旋来保住"既得利益"；二是无法同民族主义与共产主义混杂的反侵略意识形态抗衡，在现实外交场合左右支绌、漏洞百出。法西斯分子上下串联，接连发动政变和暗杀，在"圣意"的口实下，用超法律力量将政党政治推倒，社会舆论也无条件地服从于"爱国神话"，甚至体育教师对做体操的学生们讲"你们的身体不是你们的，是天皇陛下的"③，大阪的小学生将用正楷写下的 500 个"忠孝"字样的锦帜送给参与"九一八事变"的陆军士兵④，"协调外交"被大部分国民斥为软弱辱权，在国粹思想和相关行为面前，属于国际路线的"协调"或"小国主义"不堪一击。国粹路线对国际路线的排斥，是日本选择"孤立主义"的思想背景。

三　奉乞骸骨

《汉书·疏广传》记载，疏广，字仲翁，少好学，明《春秋》。教授有方，终徙为太傅，得汉宣帝信任，每日授太子读书，及至太子终通《论语》《孝经》，乃上书乞骸骨，以其年笃老。"乞骸骨"今人通常作告病请准归乡之意解。1930 年 6 月 16 日，时任海军军令部部长的加藤宽治海军大将向天皇提出了"奉乞骸骨"的上奏，他的辞呈与日本海军内部就伦敦海军军缩会议所签条约的争论有着直接关联。

---

① 『石橋湛山全集』（第 4 卷）、石橋湛山全集編纂委員会、1970 年、55 頁。
② 『石橋湛山全集』（第 5 卷）、152 頁。
③ 鶴見俊輔『日本の百年 7　アジア解放の夢』、筑摩書房、1978 年、185 頁。
④ 鶴見俊輔『日本の百年 7　アジア解放の夢』、188 頁。

是年 1 月 21 日，由美国建议，有美、英、日、法、意参会的伦敦海军军缩会议开幕。至 4 月 22 日，共召集六次大会和多次会下交涉。在 3 月初，日美双方达成的比例方案为：华盛顿会议规定的日美主力舰为 31.5 万吨：52.5 万吨、航空母舰为 8.1 万吨：13.5 万吨，均为 6：10 的比例不变，而包括巡洋舰、驱逐舰、潜水艇的比例为 36.705 万吨：52.62 万吨，接近 7：10。① 这就是说，美国在辅助舰比例上做出让步，但仍然努力不让日本突破 0.7 的比例限制。

日本全权代表若槻礼次郎在回忆录中写道："如果日对美能保持大型巡洋舰七成比例的话，那若日本有万吨级巡洋舰，则美国约可保有 1.4 艘或 14000 吨而已。日本作为东洋强国，独守东洋一隅，已经可以应付局势。而以英国在全世界所拥领土而论，日对英保持七成，也给了英国国民的脸面。"② 在若槻率团前往伦敦之前，头山满根据若槻平常一贯政见判断他肯定会答应美国人的要求，故特意会见若槻，要求他马上辞职。③ 而在条约签署当晚，若槻召集全体代表团成员 70 余人出席晚餐会，以慰问诸位辛苦，并回答质问。内中有对条约不满者，因激动鼻子流血，宴会场内气氛令人惊惧。④

在华盛顿会议上所签约中，让日本受伤最甚的海军军缩条约，规定日本与英美之间主力舰的比例为 6：10，而日本要求为 7：10。签署这个条约，美国是主动发起方，因为美国已经意识到日本与自己有可能在太平洋上发生冲突。美国以其强大的制造力为后盾，以无限制军备为要挟迫使日本接受这个不可能对自己形成致命危险的比例。出席华盛顿会议的日本全权代表加藤友三郎面对代表团成员加藤宽治的反对，劝告说："如果不能真正地充实国力，任凭怎样地充实军备也是没用的。由于第一次世界大战，俄国和德国退出之后，日本要打仗也许就只有美国了。假设用军备就能有力量对抗的话，那么像日俄战争时那样，用不多的钱就能打仗的时代也已经过去了。即便说可以从什么地方借到这笔钱，除了美国之外能借给日本外债的国家根本看不到。而如果以美国为敌，日本则必须自己搞钱，但这是

---

① 小林龍夫「海軍軍縮条約（1921～1936）」、日本国際政治学会太平洋戦争原因研究部編『太平洋戦争への道』、朝日新聞社、1963 年、64－66 頁。
② 若槻禮次郎『古風庵回顧録』、講談社、1990 年、306－307 頁。
③ 若槻禮次郎『古風庵回顧録』、301 頁。
④ 若槻禮次郎『古風庵回顧録』、320 頁。

不可能的。"① 故而可以说，日本在华盛顿会议上屈服于美英压力，是无可奈何识时务的妥协。

而早在 1907 年日本制定第一次国防方针时，陆军的假想敌国无疑是俄国和德国，但海军已经将美国作为潜在敌国，"八八舰队"的计划就是在那时提出来的。任职于海军大学的佐藤铁太郎和秋山真之，共同向首相山本权兵卫（此前为海相）建议，按舰队每前进 1000 海里便会消耗 1/10 的战斗力计算，从美国太平洋海军基地到达日本的距离为 3000 海里，到达时其战斗力只剩七成。如果日本只保存六成水准，两者间差距为 4，比例为 0.67，高于 50%，日本不足以与之抗衡；而当两者的差距为 3 时，比例则为 0.43，低于 50%。这样日本就可以采用"渐减邀击"的战略，即当美海军因奔袭而作战力比例性减少时，日本海军则可以在适当地点予以迎击，克敌制胜。②

围绕这种在纸面计算出来的结论，日本海军中形成了条约派和舰队派的对立。顺应美英压力，签署并遵守条约，以换取海防安全，是为条约派；反之，哪怕美国开动制造能力无限制造舰，也坚持对美七成，绝不委曲求全，是为舰队派。从华盛顿会议以来海军内部的这两派持续缠斗，经过 1927 年日内瓦海军军缩会议和 1930 年伦敦海军军缩会议，一直剑拔弩张地激斗着。1930 年 4 月 2 日，伦敦海军军缩条约在内阁会议讨论中获认可，当日加藤宽治上奏天皇说："根据美国提案的协定成立，是对陛下亲裁之 1923 年《帝国国防方针》中作战计划的变更，宜慎重审议"③。此番上奏，直言天皇的统帅权独立已经被严重侵犯。舰队派为了阻止海军条约在国会、枢密院通过，最后动用了神圣不可侵犯的天皇大权，期待可以凭此在全国上下呼唤国粹精神，用法律以外手段遏制宪政体制的运营。上奏"奉乞骸骨"就是这一系列精神攻击的重要一环。

天皇对海军军缩条约的态度是允准其按程序讨论、签字、批准，对此加藤宽治是十分清楚的。与信奉"功遂身退，知足而退"的疏广奉乞骸骨不同，加藤只是借用形式，实质是在向天皇逼压，言外之意，因签海军条约而不能守住国家海疆，不能尽守臣子职分，心有余而力不足，所以只有请陛下恩准告老归乡老死故里，余下事则与老身无涉。史料记载，天皇一时语梗，

① 汤重南等主编《日本帝国的兴亡》（中），第 453 页。

② 麻田真雄『両大戦間の日米関係』、東京大学出版会、1993 年、150 頁。

③ 防衛庁防衛研修所戦史室『大本営海軍部·連合艦隊』、朝雲新聞社、1975 年、234 頁。

被动地接受了海相财部彪的提议，免去加藤军令部部长职务让其转任军事参议官。与加藤私交笃深的曾参与制定明治宪法的金子坚太郎，在枢密院会议上也情绪激动地指责条约侵犯统帅权独立。

此后的事态进程，完全出人意料。条约获批准，但条约派人士纷纷被编入预备役，而舰队派则入主海军关键职位。伏见宫（一向支持舰队派）于1932年2月任海军军令部部长，加藤宽治的得意弟子海军中将高桥吉之郎任军令部次长。1934年日本内阁宣布单独废止《华盛顿条约》，这是日本继宣布退出国联之后，又进一步扩大采取孤立主义。循着这条逻辑，在一系列暗杀、政变的基础上，1936年"二·二六"事变之后，日本同全世界的公共价值观对抗的国内体制基本建成。

结　语

如前所述，近代日本在国粹路线与国际路线间徘徊的轨迹可以一目了然地勾勒出来（见图1）。

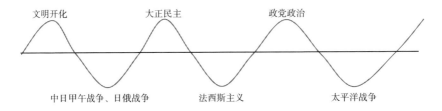

图1　日本在国粹与国际间徘徊的轨迹

注：第一次国粹主义高潮期为中日甲午战争、日俄战争时期，第二次国粹主义高潮期为超国家主义时期，第三次国粹主义高潮期为法西斯化时期。

这条曲线大致将近代日本所走的路径表达了出来，从中可以得出以下三点结论。

第一，凡日本坚持国际路线，就是近代日本国家发展最为通达的时期。文明开化、大正民主和政党政治，这是历史学家们回顾历史时，愿意拿上桌面加以讨论的。这三段时期，日本在政治、经济、社会、文化、艺术、军事等各领域，都有出色的成果。

第二，三次国粹时期，除了第一次有两次大战（甲午中日战争和日俄战争）的成果遮盖了许多危险之外，都是日本国家遇到重大挫折和重大危机的时期。国际化的成果很快在这三个时期内被消耗殆尽。

第三，尽管如此，国粹主义对国际主义保持着压倒性的碾压优势。这种趋势在战后有所收敛，但并没有达到根治的程度。

近代日本国粹主义对国际主义施展无言的压力，"顺者昌逆者亡"。第一次世界大战之后日本面对的国际压力确是美国向日本施加的。美国凭恃的是"十四点计划"宣布的"新外交理念"和美国日益强大的工业制造能力，在精神和物质两个层面，日本都无法与之抗衡。占领了精神和物质双重优势的美国的世界战略，任凭日本通过国粹精神的无限外延性使用也无法与之对垒。二战前后美国规则成为世界规则，接轨或拒绝，历史进程证明：近代日本其实并没有两者择一的机会。这是一个历史性的教训。

The Controversy between Nationalism and Internationalism in Modern Japan

Zhou Songlun

Abstract：The civilizing process in the early Meiji period, the building of democracy and party politics in Taisho period are the three periods when internationalism prevailed in the modern Japan, with Japan's development widely recognized by the world. The Sino-Japanese War and the Russia-Japanese War, the rise of fascism in Japan and Japan's launching the Pacific War were period when nationalism thoughts prevailed in Japan in modern times. Japan has tried to get rid of the domestic crisis by means of expanding the war overseas. The three periods when internationalism prevailed were interwoven with three periods when nationalism and populism, and the rise of nationalism consumed the development of internationalism. The progress or retrogression caused by the rise of internationalism or nationalism to the destiny of the country is a lesson worth learning.

Keywords：Modern Japan；Nationalism；Internationalism；National Policy

《日本文论》（总第 1 辑）
第 162～180 页
© SSAP, 2019

冷战时期中国的外交战略与对日政策

归泳涛

内容提要：中国的对日政策不仅要解决双边层次上的问题，而且要服务于总体的外交战略。冷战时期，中国的外交战略大致经历了"一边倒"、反帝反修、联美抗苏和独立自主的和平外交四个阶段的演变，其中包含了支持世界革命、维护国家安全和发展对外经济关系三大目标。在各个阶段中，占主导地位的目标决定了中国对日政策的基调。前三个阶段，中国的对日政策在冷战格局和革命意识形态等因素的影响下，未能达到预期的战略目的。只有到了第四个阶段，在和平与发展的时代主题下，中国的对日政策才找到了更稳固、更持久的战略基础。

关 键 词：中国外交 中日关系 外交战略 对日政策 冷战

作者简介：归泳涛，北京大学国际关系学院副教授。

从中华人民共和国成立到冷战结束，中国的对日政策经历了从民间外交到实现邦交正常化、签订《中日和平友好条约》，再到大力发展经济合作的演变过程。其中贯穿着一些影响深远的思维方式和工作原则，比如，在历史问题上把广大日本人民和少数军国主义者区分开来、放弃战争赔偿，在政治和安全问题上警惕日本军国主义复活，在经贸关系上积极推动中日交流与合作等。但是，这些思想和原则处理的主要是双边层次上的问题，它们都要在更高层次上服务于中国总体的外交战略。因此，有必要从总体外交战略的角度考察中国对日政策的演变，把握不同时期日本在中国外交布局中所处的位置及其变化，由此加深对冷战时期中日关系的理解。

冷战时期中国的外交战略主要追求三个目标，即支持世界革命、维护国家安全以及发展对外经济关系。这三个目标长期并存，相互交织、相互影响，有时融为一体，有时顾此失彼。根据这三个目标在中国外交政策中的地位和作用的变化，可以把冷战时期中国外交战略的演变大致分为以下四个阶段。[①]

第一阶段从 1949 年到 1958 年，这是中国外交战略初步形成的阶段。在"一边倒"、援越抗法、抗美援朝、提出和平共处五项原则等一系列重大决策中，革命、安全和发展这三个目标都得到了具体而明确的表达。在这一阶段，为了巩固中国革命胜利的成果和维护国家发展所需的和平环境，中国提出了建立国际反美统一战线与国际和平统一战线的外交战略。表现在对日关系中，就是期待日本人民成为这两条战线上的"战友"。

第二个阶段从 1959 年到 1968 年，这是中国外交政策日益激进化的阶段。随着中苏关系的恶化和世界范围内民族解放运动的发展，中国外交在无产阶级国际主义的指导下，从联苏反美的"一边倒"政策逐渐转向了既反美帝又反苏修的"反两霸"政策。在这一战略布局中，中国把日本视为"中间地带"的国家，期待日本与中国一道反美、反苏。

第三个阶段从 1969 年到 1978 年，这是中国外交战略发生重大转变的阶段。面对来自苏联的军事威胁，中国改变了"反两霸"政策，转而采取联美抗苏的"一条线、一大片"政策。国家安全利益是促成这一转变的主要因素。在中日邦交正常化和《中日和平友好条约》的谈判中，中国都坚持写入反对霸权主义的内容，目的是让日本加入国际抗苏统一战线。

第四个阶段从 1979 年到 1991 年，这是中国外交摆脱冷战体制的阶段。在这一阶段，中国内政和外交的重心都转移到经济建设上来。中国领导人经过一段时间的重新思考，最终放弃了联美抗苏的政策以及在对外关系中划线的做法，明确选择了独立自主的和平外交路线。在这一背景下，日本作为经济

[①] 章百家把新中国外交格局的演变概括为四个阶段，即"一边倒"、"反两霸"、"大三角"和"全方位"，参见章百家《从"一边倒"到"全方位"——对 50 年来中国外交格局演进的思考》，《中共党史研究》2000 年第 1 期，第 21~28、37 页。王缉思将冷战时期的中国外交划分为四个时期，其中心词分别为"一边倒"（1949~1958 年）、"反帝必反修"（1959~1968 年）、"一条线、一大片"（1969~1978 年）、"独立自主的和平外交政策"（1979~1988 年），参见王缉思、孙璐《从"战争与革命"到"和平与发展"：中国外交与国际问题研究 60 年》，载王缉思编《大国战略：国际战略探究与思考》，北京：中信出版集团，2016 年，第 3~54 页。本文对冷战时期中国外交战略演变的阶段划分及特征描述，借鉴了这两项研究成果。

大国的战略地位显著上升，被中国视为正在形成的世界多极格局中的一极。

需要指出的是，在冷战的大部分时间里，对苏和对美政策构成了中国外交战略的主要内容，这使得中国的对日政策相应地从属于不同时期的对苏和对美政策。换言之，中国常常从对美或对苏政策的角度去看待中日关系的价值。直到 20 世纪 80 年代中期，也就是上述第四个阶段，中国的对日政策才开始部分地独立于对美和对苏政策，具有了自身的战略价值。以下将分别概述这四个阶段的中国外交战略和对日政策，希望迪过总结历史，给当前及未来中日关系的发展提供启示。

一　1949～1958年：“一边倒”的外交战略与对日政策

1949 年，毛泽东先后提出“另起炉灶”、“打扫干净屋子再请客”和“一边倒”三条外交方针，奠定了新中国外交的基本格局。这一外交战略以冷战为时代背景，以“两大阵营”理论为依据，可以被概括为“一边倒”战略。其主要内容是：与苏联结成全面的政治、经济和军事同盟，同社会主义阵营的其他国家一道，与以美国为首的帝国主义阵营进行斗争。[①] 换言之，就是建立国际反美统一战线。

“一边倒”战略赋予新中国外交强烈的革命性，[②] 同时也包含了对安全利益和经济利益的考虑。毛泽东在论及《中苏友好同盟互助条约》的意义时强调，条约的缔结有利于进行国内建设和抵御可能的帝国主义侵略。[③] 从总体上看，新中国领导人在制定外交政策时，是以认识中国革命与世界的关系为出发点的。[④] 正如牛军所指出的，如果要用一个词来概括中国共产党领导人的世界观的话，这个词就是“革命”。[⑤] 在他们看来，中国的国家安全

---

① 王缉思、孙璐：《从“战争与革命”到“和平与发展”：中国外交与国际问题研究 60 年》，载王缉思编《大国战略：国际战略探究与思考》，第 5 页。

② 牛军：《新中国外交的形成及主要特征》，《历史研究》1999 年第 5 期，第 30 页。

③ 参见毛泽东《缔结中苏条约和协定的重大意义》（1950 年 4 月 11 日），载中华人民共和国外交部、中共中央文献研究室编《毛泽东外交文选》，北京：中央文献出版社、世界知识出版社，1994 年，第 131 页。

④ 牛军：《论中华人民共和国对外关系之经线》，《外交评论》2010 年第 3 期，第 63 页。

⑤ 牛军：《冷战与新中国外交的缘起（1945～1955）》（修订版），北京：社会科学文献出版社，2013 年，第 13 页。

从根本上说取决于以苏联为首的世界革命力量的壮大，中国的经济发展也只有通过加入以苏联为中心的社会主义体系、推翻以美国为中心的资本主义体系才能实现。中华人民共和国成立后不久做出的援越抗法和抗美援朝的决策，从地区层次上说是出于维护国家安全的目的，从全球层次上说则体现了对世界上被压迫民族解放运动的支持与援助。

依据"一边倒"方针，新中国的外交布局将世界分为三类国家——苏联阵营的国家、帝国主义国家与被帝国主义和反革命势力掌控的国家。日本曾经是帝国主义国家，但在二战以后失去了殖民地，先是处于美国的占领之下，后又成为美国的盟国，因而属于第三类国家。对于这类国家，中国更重视的不是与其政府的关系，而是与其国内无产阶级和劳动人民的关系。

早在抗日战争时期，中国共产党就在毛泽东的领导下确立了把广大日本人民和少数军国主义者区分开来的对日工作方针。二战以后，随着"旧金山体制"的形成，日本政府选择了追随美国、敌视中国的政策。面对这一情况，中国共产党又做了第二个区分，即把日本人民和日本政府区分开来。在中国看来，日本人民受到美国和国内反动政府的压迫，是国际反美统一战线上的"同盟军"。因而，发展与日本人民的友好关系，最重要的就是支持日本人民的反美斗争。中华人民共和国成立后不久，中国政府就开始接待来自日本共产党、社会党、工会及其他群众团体的代表来访，对他们反对美帝国主义和日本反动政府的斗争表示支持。1955 年毛泽东在会见日本国会议员访华团时说，"我们两国有个共同的问题，就是有一个国家压在我们的头上"。"中国人民愿意你们的力量更加强大起来，把美国的手顶走"。"我很直爽地谈，我们应该想尽一切办法，让美国的手缩回去，它的手太长了，美国很不应该"。①

需要指出的是，"一边倒"并非新中国外交战略的全部内容，与之并行的还有一条和平共处的路线，这条路线集中反映在 20 世纪 50 年代中期提出的和平共处五项原则以及国际和平统一战线的政策中。在朝鲜战争出现局部化趋势以后，中国的工作重心开始转向国内经济建设，也相应地调整了外交政策。周恩来对国际形势做出了新的判断，指出国际上的主要矛盾是"和

---

① 毛泽东：《中日关系和世界大战问题》（1955 年 10 月 15 日），载中华人民共和国外交部、中共中央文献研究室编《毛泽东外交文选》，第 220、221、226 页。

平与战争"问题，新的战争不仅可以被推迟，也可能被制止。① 他把为中国创造有利于国内建设的和平环境确定为外交工作的首要目标，并在 1953 年底提出了和平共处五项原则。②

与此同时，中国调整了对"两大阵营"理论的认识，重新提出"中间地带"理论。毛泽东早在中华人民共和国建立之前就已提出"中间地带"理论。这一理论认为：美苏两大阵营之间存在一个广大的中间地带，包括欧、亚、非三洲的许多资本主义国家和殖民地半殖民地国家，美苏必然在这一地带展开争夺；中国在反对帝国主义和殖民主义的斗争中与中间地带国家有着共同目标和共同利益，应当互相支持。③ 1954 年，毛泽东丰富了"中间地带"理论的内容。他认为：美国的战略目标是借口反共来控制包括日本在内的"中间地带"国家；不同制度的国家可以和平共处。④ 因此，在新的世界形势下，中国外交的指导方针就是和"中间地带"的国家和平共处，建立国际和平统一战线。⑤ 这种新的认识和方针在 1956 年召开的中国共产党第八次全国代表大会上得到系统的阐述。大会的政治报告指出：世界局势正在趋向缓和，世界的持久和平有了实现的可能；在这样的大趋势中，中国的外交方针就是为完成国家工业化的任务，争取国际上的一切有利条件。⑥

和平共处的外交路线也反映到对日关系中。1954 年 10 月，周恩来在会见日本国会议员访华团和日本学术文化访华团时谈到，只有中国工业化和日本工业化，才能和平共处；中国要有一个和平的国际环境，建设自己的国家；不同制度、两个阵营完全有可能和平共处；和平共处五项原则可以适用

---

① 参见周恩来《今天国际上的主要矛盾是战争与和平问题》（1953 年 6 月 5 日），载中华人民共和国外交部、中共中央文献研究室编《周恩来外交文选》，北京：中央文献出版社，1990年，第 61 ~ 62 页。

② 章百家：《周恩来——红色中国外交的探索者和奠基者》，载国际战略研究基金会编《环球同此凉热——一代领袖们的国际战略思想》，北京：中央文献出版社，1993 年，第 106 ~ 108 页。

③ 谢益显主编《中国当代外交史（1949 ~ 2009）》，北京：中国青年出版社，2009 年，第 19 ~ 20 页。

④ 参见毛泽东《关于中间地带、和平共处以及中英中美关系问题》（1954 年 8 月 24 日），载中华人民共和国外交部、中共中央文献研究室编《毛泽东外交文选》，第 159 ~ 160 页。

⑤ 牛军：《冷战与新中国外交的缘起（1945 ~ 1955）》（修订版），第 466 ~ 467 页。

⑥ 参见刘少奇《在中国共产党第八次全国代表大会上的政治报告》（1956 年 9 月 15 日），载中央档案馆、中共中央文献研究室编《中共中央文件选集（1949 年 10 月—1966 年 5 月）》（第二十四册，1956 年 9 月—12 月），北京：人民出版社，2013 年，第 107 页。

于全亚洲，甚至全世界各国。① 1957 年 2 月，周恩来在接见日本国会议员辻政信时指出：过去日本是帝国主义，现在走向民族主义；中国很愿与日本友好，尊重日本人民自己选择的制度；中国支持日本真正的和平独立，并不希望日本搞成和中国一样；中国是社会主义国家，但彼此不妨友好合作；不同制度的国家可以共处。②

在此背景下，中日民间外交取得了不少进展。两国自 1952 年到 1958 年先后签订了四次民间贸易协定，在 1955 年签署了民间渔业协定。1957 年 3 月，周恩来在接见日本关西经济界访华友好代表团时指出：中国实行计划经济，需要制订长期计划，中日贸易应在长期计划中有它的位置；两国的目标是一致的，即真正的友好合作，和平共处。③ 中国还在 1954 年到 1955 年将 2.9 万名滞留中国的日本人送回日本。在日本方面，1954 年鸠山一郎就任首相后推行自主外交，到 1956 年恢复了与苏联的邦交，其间一度表示要发展对华关系。中国抓住这一时机采取了一系列积极的措施。比如，将 1500 多名犯有各种罪行的前日本军人和免予起诉的战争犯罪者送回日本，对极少数罪行严重者从轻判刑，有的予以提前释放。不过，鸠山内阁最终受制于冷战格局造成的内外压力以及台湾问题的掣肘，未能做出积极的回应。1957 年岸信介内阁上台后，采取了敌视中国的政策，导致中日贸易关系和人员往来在一段时间内基本处于中断状态。

总体来看，中华人民共和国成立后，国家领导人既从支持世界革命的角度，又从发展国家间关系的角度，去看待中国与其他国家的关系。在对日政策上表现为：一方面重视与日本人民的关系，把他们的反美斗争看作必须支持的世界革命的一部分；另一方面在"民间先行，以民促官"方针的指导下，推动国家间关系的正常化。

在这一背景下，新中国对日政策的总方针就可以被概括为：发展中日两国人民之间而不是政府之间的友好关系，孤立美国，通过日本人民给日本政府压力，迫使日本政府改变对中国的关系，逐步实现中日关系正常化。这一

---

① 参见周恩来《中日关系的关键是和平共处》（1954 年 10 月 11 日），载中华人民共和国外交部、中共中央文献研究室编《周恩来外交文选》，第 87～93 页。
② 参见中共中央文献研究室编《周恩来年谱（1949～1976）》（中卷），北京：中央文献出版社，1997 年，第 22～23 页。
③ 中共中央文献研究室编《周恩来年谱（1949～1976）》（中卷），第 27～28 页。

总方针在 1955 年 3 月 1 日通过的《中共中央关于对日政策和对日活动的方针和计划》中得到确认。根据张香山的回忆，这是建国后第一个也是最全面的、经过政治局讨论通过的对日政策正式文件。这个文件谈到了对日政策的五条基本原则：一是主张美军从日本撤退，反对美国在日本建立军事基地，反对重新武装日本和复活军国主义；二是根据平等互利的原则，争取改善中日关系，逐步达到外交关系的正常化；三是争取日本人民，建立中日两国人民之间的友谊，对日本人民的处境表示同情；四是给日本政府以压力，孤立美国，以迫使日本政府改变对中国的关系；五是间接地影响和支持日本人民反美和要求日本独立、和平、民主的运动。① 这五条原则既包含了支持革命的内容，也包含了和平共处的内容，体现了这一阶段中国外交战略的特点。

二　1959～1968年：反帝反修的外交战略与对日政策

从 20 世纪 50 年代后期开始，中国的内政外交逐渐向"左"转，这使得和平共处的外交路线未能持久。中国的反帝和支持世界人民革命斗争的调门变得越来越高，而对创造有利于国内建设的国际和平环境这一点却不如之前那么重视了。② 虽然在 20 世纪 60 年代初曾做过一些调整，但总的来说，中国外交政策在这一阶段变得激进。

上文谈到，毛泽东在 1954 年重提"中间地带"理论，并主张与"中间地带"的国家和平共处，建立国际和平统一战线。这一政策在表面上协调了支持世界革命与发展国家间关系的矛盾。但是，"中间地带"理论根源于中国共产党的革命民族主义，在本质上要求中国支持世界上的民族解放运动，甚至扮演领导者的角色。③ 当中国领导人对世界形势的认识从"缓和"再次转向"斗争"时，这一思想就指向一种更加革命化的外交政策。中国共产党第八次全国代表大会以后不久发生了"波匈事件"和"苏伊士运河

---

① 张香山：《通往中日邦交正常化之路》，《日本学刊》1997 年第 5 期，第 1～7 页。
② 张沱生：《难能的探索，可贵的努力——试论王稼祥对党的国际战略思想的贡献》，载国际战略研究基金会编《环球同此凉热——一代领袖们的国际战略思想》，第 171～172 页。
③ 牛军：《重建"中间地带"——中国亚洲政策的缘起（1949～1955 年）》，《国际政治研究》2012 年第 2 期，第 61～80 页。

事件",中国由此提出要重视"国际阶级斗争",外交政策向着充满革命豪情的方向转变。① 1957 年 11 月,毛泽东在莫斯科共产党和工人党代表会议上的发言中,提出"国际形势到了一个新的转折点","目前形势的特点是东风压倒西风"。② 与此同时,中苏围绕对"大跃进"和人民公社的评价、军事合作、炮击金门等一系列内政和外交问题出现严重分歧。毛泽东把这些问题的产生全部归因于苏联背弃了马克思主义,从而用意识形态上的分歧替代了国防、外交、经济等现实问题上的利益差别。③

1959 年是中苏关系也是中国外交战略发生重要转折的一年。是年夏秋,中国与印度发生边界武装冲突,苏联虽公开表达了中立态度,实际上偏袒印度,引起中方不满。之后不久,赫鲁晓夫访问美国,与艾森豪威尔举行首脑会谈,大肆宣扬苏美缓和。紧接着赫鲁晓夫又来到北京参加中国国庆十周年庆典,其间教训中国不要用武力试探资本主义制度的稳固性。中苏两党领导人在会谈中发生激烈争论,导致赫鲁晓夫提前回国。中苏争论的焦点表面上看是中印冲突,但真正的根源在于苏联对美国的缓和政策。这暴露出双方在国际战略问题上的尖锐对立,中苏关系由此走向公开恶化。④

1960 年,苏联单方面决定召回在华工作的全部苏联专家,随后又中止了 12 个协定和数以百计的合同、合作项目,中苏两党之间的分歧从意识形态领域扩大到两国关系。中国的经济建设因此遭受重大损失。此后,中苏关系虽短暂恢复,但很快再次恶化。1963 年 9 月至 1964 年 7 月,中国共产党连续发表了总称为"关于国际共产主义运动的总路线的论战"的九篇文章,全面否定苏共的理论和政策,矛头直指"赫鲁晓夫修正主义"。1965 年 3 月,苏联不顾中国反对召开各国共产党和工人党会议,中国随即宣布社会主义阵营不复存在。不久后,中国又公开提出"反帝必反修"。由此,中国的外交战略从集中反对美帝国主义转变为同时反对美帝国主义和苏联修正主义。

---

① 章百家、玛雅:《六十年中国外交的目标与选择》,《红旗文稿》2011 年第 14 期,第 6 页。

② 毛泽东:《国际形势到了一个新的转折点》(1957 年 11 月 18 日),载中华人民共和国外交部、中共中央文献研究室编《毛泽东外交文选》,第 291 页。

③ 牛军著、真水康樹訳『冷戦期中国外交の政策決定』、千倉書房、2007 年、170 - 177 頁。

④ 沈志华主编《中苏关系史纲——1917 ~ 1991 年中苏关系若干问题再探讨》,北京:社会科学文献出版社,2011 年,第 252 ~ 275 页。

　　中苏关系的破裂加剧了中国国内的经济困难，也给中国的对外贸易造成巨大影响。在这种情况下，中国对外贸易的重心不得不转向包括日本在内的西方资本主义国家。① 为了恢复和促进同日本的贸易，周恩来提出了著名的"政治三原则"和"贸易三原则"。② 1962 年，中日先后达成了关于发展中日民间贸易（LT 贸易）的备忘录和关于促进中日友好贸易的议定书。中日两国开始在对方互设备忘录贸易机构和互派常驻记者，双边关系进入"半官半民"的阶段。

　　然而，这一阶段的中国外交总体来说朝着更加激进的方向转变，在对日政策上体现为希望日本能与中国一道反美、反苏。1960 年，《日美安全条约》修订，在中国看来，这意味着日本正在被拖上军国主义复活的道路，因为日本不仅会借此重新武装，还会受美国的操纵，更加敌视中国。当时，毛泽东对日本国内爆发的反对《日美安全条约》的斗争给予极高的评价，中国数十个城市举行了声势浩大的支持日本人民反美斗争的集会游行。同年 6 月，毛泽东在同日本文学代表团谈话时指出，日本人民反对《日美安全条约》斗争的"基本性质是反对美帝国主义和它在日本的代理人岸信介"，"美帝国主义是中日两国人民的共同敌人"。③ 1964 年 1 月，在会见日中友好协会副会长、日中贸易促进会理事长铃木一雄、日本亚非团结委员会常务理事西园寺公一和日共中央机关报《赤旗报》驻北京记者高野好久时，毛泽东对举行反美大示威的日本人民致以崇高的敬意，表示中国人民深信，日本人民一定能够把美帝国主义者从自己的国土上驱逐出去；中日两国人民要联合起来，亚洲各国人民要联合起来，全世界一切被压迫人民和被压迫民族要联合起来，一切爱好和平国家要联合起来，一切受美帝国主义侵略、控制、干涉和欺负的国家及人士要联合起来，结成反对美帝国主义的广泛的统一战

① 中共中央文献研究室编《周恩来传》（四），北京：中央文献出版社，1998 年，第 1547 ~ 1548 页。

② 政治三原则是：第一，日本政府不能敌视中国；第二，不能追随美国，搞"两个中国"的阴谋；第三，不要阻碍中日两国关系向正常化方向发展。贸易三原则是：一、政府协定；二、民间合同；三、个别照顾。参见周恩来《关于促进中日关系的政治三原则和贸易三原则》（1960 年 8 月 27 日），载中华人民共和国外交部、中共中央文献研究室编《周恩来外交文选》，第 289 ~ 290 页。

③ 毛泽东：《美帝国主义是中日两国人民的共同敌人》（1960 年 6 月 21 日），载中华人民共和国外交部、中共中央文献研究室编《毛泽东外交文选》，第 436 ~ 443 页。

线。该谈话后公开发表在《人民日报》上。①

中国的这种情怀还体现在中日文化交流活动中。比如，1964 年廖承志发表欢迎日本松山芭蕾舞团访华演出的文章，称该团准备创作的反对美帝国主义军事基地斗争的作品，一定会受到日本人民和中国人民的热烈欢迎，他们的访华演出对于增强共同反对美帝国主义的战斗友谊，将做出有意义的贡献。② 1965 年，廖承志在欢迎访华的日本话剧团时又谈到，五年前该团第一次访华时表演的反对《日美安全条约》的话剧滋润了中日两国人民的友谊，这次中国人民将以共同斗争的战友的心情，接受日本话剧界朋友的战斗友谊。③

值得注意的是，在反帝反修的外交战略下，毛泽东更明确地把日本视为可以争取和联合的"中间地带"国家。1962 年，毛泽东在与日本禁止原子弹氢弹协议会理事长安井郁的谈话中又一次提及"中间地带"，认为在联邦德国、日本等国，垄断资本既想勾结美国又想抗拒美国，这些地方都可称为"中间地带"。④ 他多次谈到"中间地带"包括两个部分，一个是"亚、非、拉"，一个是"欧洲、日本、加拿大"等。在他看来，日本对美国不满意，对苏联也不满意，中苏之间的关系，还不如中国同日本自由民主党的关系好，也不如中国同自民党内池田（勇人）派的关系好，原因就在于美苏两国想统治全世界。毛泽东还判断认为，日本的垄断资本是不满意美国的，现在已经有一部分人公开反对美国；另一部分人依靠美国，但随着时间的延长，这一部分人中的许多人也会把骑在头上的美国赶走。⑤ 他还对来访的日本社会党人士说，日本是经济、文化、技术都比中国发达的国家，所以日本能帮助中国的地方很多；现在世界上美国和苏联"交朋友"，企图控制整个世界，他对此并不赞成。⑥

---

① 参见毛泽东《中国人民支持日本人民伟大的爱国斗争》（1964 年 1 月 27 日），载中华人民共和国外交部、中共中央文献研究室编《毛泽东外交文选》，第 518 ~ 519 页。

② 廖承志：《热烈欢迎松山芭蕾舞团访华演出》，《人民日报》1964 年 10 月 16 日。

③ 廖承志：《欢迎日本话剧团》，《戏剧报》1965 年第 4 期，第 13 页。

④ 参见毛泽东《中间地带国家的性质各不相同》（1962 年 1 月 3 日），载中华人民共和国外交部、中共中央文献研究室编《毛泽东外交文选》，第 487 页。

⑤ 参见毛泽东《中间地带有两个》（1963 年 9 月 28 日、1964 年 1 月 5 日、1964 年 7 月 10 日），载中华人民共和国外交部、中共中央文献研究室编《毛泽东外交文选》，第 506 ~ 509 页。

⑥ 参见中共中央文献研究室编《毛泽东年谱（1949 ~ 1976）》（第五卷），北京：中央文献出版社，2013 年，第 373 ~ 374 页。

三　1969～1978年：联美抗苏的外交战略与对日政策

20 世纪 60 年代，中苏关系从同盟破裂恶化到军事对抗的地步。自 1960 年起中苏边界就摩擦不断，1964 年后愈演愈烈。中苏之间原来以意识形态为主的斗争逐步转化为以国家安全利益为主的斗争。[①] 1969 年 3 月，中苏在珍宝岛发生三次较大规模的武装冲突，两国关系一度濒临战争。在此形势下，毛泽东着手筹划新的外交战略。他委托陈毅、叶剑英、徐向前、聂荣臻四位元帅组成战略小组研究国际形势。四位元帅经研究后认为，中苏矛盾大于中美矛盾，美苏矛盾大于中苏矛盾，建议主动利用美苏矛盾，调整对美外交。中共领导层也最终形成共识，把苏联视为比美国更危险的敌人，下决心调整对美政策。[②]

在美国方面，尼克松政府为了摆脱越南战争，收缩在亚洲的力量，也为了遏制勃列日涅夫咄咄逼人的全球攻势，逐渐形成了"联华制苏"的战略构想，不断向中国发出和解信号。中国领导人抓住这一时机，努力推动中美关系走向和解。1972 年 2 月，尼克松实现了对中国的历史性访问。访问期间，双方发表了《中美联合公报》（又称《上海公报》）。由此，中美以共同的国家安全利益为基础，形成了联合抗衡苏联的战略格局。

针对这一重大的外交战略调整，毛泽东提出了新的指导思想和理论。1973 年 2 月和 1974 年 1 月，毛泽东先后会见美国国家安全事务助理基辛格和日本外务大臣大平正芳，分别提出了"一条线"和"一大片"的思想。他认为，可以"搞一条横线"，把从中国、日本经巴基斯坦、伊朗、土耳其、欧洲到美国一线，及这条线周围一大片的所有国家团结起来，共同反对苏联的霸权主义。[③] 1974 年 2 月，毛泽东又在会见赞比亚总统卡翁达时提出了"三个世界"的理论，认为："美国、苏联是第一世界。中间派，日本、欧洲、澳大利亚、加拿大，是第二世界。咱们是第三世界。""第三世界人

---

① 沈志华主编《中苏关系史纲——1917～1991 年中苏关系若干问题再探讨》，第 278 页。
② 牛军：《论 60 年代末中国对美政策转变的历史背景》，《当代中国史研究》2000 年第 1 期，第 57 页；牛军：《1969 年中苏边界冲突与中国外交战略的调整》，《当代中国史研究》1999 年第 1 期，第 70～77 页。
③ 沈志华主编《中苏关系史纲——1917～1991 年中苏关系若干问题再探讨》，第 444 页。

口很多"，"亚洲除了日本，都是第三世界。整个非洲都是第三世界，拉丁美洲是第三世界"。① 根据这一理论，中国要依靠第三世界，争取第二世界，打击第一世界。当苏联霸权主义成为主要敌人时，美国也成为国际反霸统一战线中的争取对象。有学者认为，"三个世界"的理论虽然延续了阶级斗争的思维方式，体现了中国共产党的革命理想，但也暴露出中国外交在支持世界革命与寻求对美和解之间存在的深刻矛盾。1974 年底，毛泽东在谈到国际形势时说，可以不提当前世界主要倾向是革命了。中国的对外政策由此开始与革命的意识形态渐行渐远。② 还有学者认为，"三个世界"的划分，彻底改变了二战后两极体系的观念，使世界多极化的面貌明确起来。在一个多极化的世界中，斗争与联合的标准变成了维护各国的国家利益和安全，不再是意识形态了。③

在联美抗苏新战略的推动下，中国实现了中日邦交正常化，中日签订了《中日和平友好条约》。1972 年 9 月，毛泽东在会见访华的田中角荣一行时说："你们到北京这么一来，全世界都战战兢兢，主要是一个苏联，一个美国，这两个大国。它们不大放心了，晓得你们在那里捣什么鬼啊？"田中角荣说："我这次也到美国和尼克松总统进行了会谈。美国也承认日本来访中国是符合世界潮流的必然发展趋势的。"毛泽东接着说："现在彼此都有这个需要，这也是尼克松总统跟我讲的。"④

这一时期，中国一方面暂时搁置对日美同盟的反对，另一方面强调对苏联霸权主义的抵御。1972 年中日就邦交正常化进行谈判时，周恩来向日方表明，中方虽然对《日美安全条约》有意见，但《中日联合声明》可以不触及，让其存在。他还向日本说明了思想无国界，但革命不能输出的观点。⑤ 1972 年 7 月，周恩来在与日本公明党委员长竹入义胜的谈话中提出，

① 毛泽东：《关于三个世界划分的问题》（1974 年 2 月 22 日），载中华人民共和国外交部、中共中央文献研究室编《毛泽东外交文选》，第 600～601 页。

② 杨奎松：《中美和解过程中的中方变奏——"三个世界"理论提出背景探析》，载华东师范大学周边国家研究院、冷战国际史研究中心编《冷战国际史研究》，北京：世界知识出版社，2007 年，第 1～24 页。

③ 李向前：《从"中间地带"论到"三个世界"的划分》，载国际战略研究基金会编《环球同此凉热——一代领袖们的国际战略思想》，第 213 页。

④ 中共中央文献研究室《毛泽东传（1949～1976）》（下），北京：中央文献出版社，2003 年，第 1641 页。

⑤ 张香山：《中日复交谈判回顾》，《日本学刊》1998 年第 1 期，第 42～49 页。

《中日联合声明》可以包括以下表述："中日两国的任何一方不在亚洲、太平洋地区谋求霸权，反对任何一方与任何国家或国家集团建立这种霸权的企图。"他说，这一表述已写入《中美联合公报》，是中美达成一致的，所以美国不能反对。他还说，如果田中角荣首相认为这种提法为时尚早，可以商量。① 后来，《中日联合声明》写入了上述反霸条款，中方顾及日本对苏联施压的担忧，同意在前面加上中日邦交正常化不是针对第三国的表述。1972年 10 月，周恩来在会见日本自民党议员、促进恢复日中邦交议员联盟会长藤山爱一郎一行时再次谈到《日美安全条约》的问题，表示《中日联合声明》中虽没有触及这个问题，并不表示中国对这个条约没有意见。但他又同时表示，对于田中首相最近关于日美友好关系仍是日本外交基轴的言论，中国并不反对，现在不会提出要日本马上修改《日美安全条约》的要求。②

日本虽然在 1972 年同意将反霸条款写入《中日联合声明》，但在 1975年开始谈判《中日和平友好条约》时却采取了对美中苏三国的"等距离外交"，不同意在条约中写入针对苏联的反霸条款。当时，中国刚刚提出并开始执行建立抗苏统一战线的政策，因而坚持中日条约必须包含反霸的内容。双方谈判一度陷入停滞。后来，由于日本国内政局发生变化，且苏联推行扩张政策引起西方国家的担忧，特别是美国政府加快了中美关系正常化的进程，日本政府才放弃"等距离外交"，同意在条约中写入反霸条款。

四　1979～1991 年：独立自主的和平外交战略与对日政策

1978 年 12 月，中国共产党召开十一届三中全会，提出将工作重心从阶级斗争转移到经济建设上来，这标志着中国对内政策的根本转变，也为外交政策的重大调整提供了前提条件。但事实上，外交上的转变是经过一段时间逐渐实现的。改革开放初期，中国仍然认为战争不可避免，理由是中国面临来自苏联的军事威胁，包括苏联入侵阿富汗、支持越南入侵柬埔寨等，为此

---

① 《周恩来总理和日本公明党竹入义胜委员长关于中日邦交正常化会谈的要点　第三次会谈》，载田桓主编《战后中日关系文献集（1971～1995）》，北京：中国社会科学出版社，1996 年，第 93～96 页。

② 中共中央文献研究室编《周恩来年谱（1949～1976）》（下卷），北京：中央文献出版社，1997 年，第 560～561 页。

仍然坚持联美抗苏的"一条线"政策。但同时，中国又面临国内经济建设的艰巨任务，必须推进对外开放，特别是与包括日本在内的西方发达国家展开经济合作。[①] 可以说，在这一阶段，为国内经济建设争取有利的国际环境再次成为中国外交战略的一项指导原则。这一原则起初与抗苏统一战线政策并存，但随着中国领导人对世界形势认识的变化，外交政策最终转向了与国内政策相一致的、以经济建设为中心的路线。

这种转变是在 20 世纪 80 年代前期逐步实现的。中美建交后，双方在台湾问题上的分歧立即凸显出来。同时，国际上原先"苏攻美守"的态势开始向"美攻苏守"转变。在新的形势下，中国领导人重新思考对美、对苏政策，开始淡化"三个世界"的理论，在外交上与美国拉开距离，同时着手改善中苏关系。1982 年 9 月召开的中国共产党第十二次全国代表大会是中国外交史上的一个重要转折点，确立了新时期中国奉行独立自主的和平外交政策。

随着中苏关系的逐步改善，苏联威胁得到缓解，中国得以把主要精力集中到国内经济建设上来。1985 年 3 月，邓小平在会见日本商工会议所访华团时谈道："现在世界上真正大的问题，带全球性的战略问题，一个是和平问题，一个是经济问题或者说发展问题。和平问题是东西问题，发展问题是南北问题。概括起来，就是东西南北四个字。南北问题是核心问题。"[②] 同年 6 月，邓小平在中共中央军委扩大会议上谈到，经过几年的仔细观察和思考，决策层完成了"两个重要的转变"，一是"改变了原来认为战争的危险很迫近的看法"，二是改变了针对苏联霸权主义的"一条线"的战略。[③] 1987 年的中国共产党第十三次全国代表大会报告认为，"围绕和平和发展两大主题，调整外交格局和党的对外关系"，首次明确提出"和平与发展是当代世界的主题"。该报告在对外战略中把发展问题放到了与和平问题同等重要的地位，这在中华人民共和国成立以来的历史上是第一次。

---

① Avery Goldstein, "China's Grand Strategy: Continuity and Change", *International and Strategic Studies Report*, Institute of International and Strategic Studies, Peking University, Issue 51, July 25, 2017, pp. 2 – 3.

② 邓小平：《和平和发展是当代世界的两大问题》（1985 年 3 月 4 日），载《邓小平文选》（第三卷），北京：人民出版社，1993 年，第 105 页。

③ 邓小平：《在军委扩大会议上的讲话》（1985 年 6 月 4 日），载《邓小平文选》（第三卷），第 126 ~ 127 页。

　　在这一背景下，中国开始重视日本作为经济大国所发挥的作用。当时有观点认为，日本在战后走上了与战前很不相同的道路，即通过和平发展道路把国家建设成发达的经济大国，而中国的经济建设也需要一个和平稳定的国际环境，中日两国应该一道坚持和平政策；中国期望日本能为亚洲地区的经济发展做出积极贡献，在南北问题上走在西方发达国家的前面。① 当时已经有学者从"地球村"的角度认识和把握中日经济交流与合作的意义。② 还有专家建议，中日两国都应看得远一些、广一些，看到国家与国家之间在经济上存在着更加相互依赖、相互补充的关系。③

　　可见，不管是在东西问题（和平问题）还是在南北问题（发展问题）上，中日关系都被赋予了重要的战略价值。随着中国放弃以美划线或以苏划线的外交战略，围绕和平与发展两大主题调整外交方针，中国的对日政策就不再像过去那样从属于对美、对苏政策，而是有了其自身独特的战略意义。正是在这一背景下，到 20 世纪 80 年代中期，中国提出将"中日友好"作为一项长期国策。不仅如此，当时还有观点认为，中日两国的合作应该成为不同社会制度国家之间、发达国家与发展中国家之间合作的典范。④ 针对日本舆论界因两国意识形态差异而产生的疑虑，在 1984 年召开的中日友好二十一世纪委员会第一次会议上，中方委员建议将中日两国能够成为不同社会制度国家和平共处的典范作为双方共同研究的问题。⑤《人民日报》也发表社论指出，应该努力使中日关系成为不同社会制度国家友好相处的典范。⑥

　　这一阶段的中日关系在领导人互访、经济合作、文化交流以及人员往来等各个方面都取得了巨大的进展，被认为是历史上最好的时期，或者说"黄金时期"。当然，双边关系也并非尽善尽美。从中国方面讲，对日本最大的疑虑集中于两个相关联的政治问题上：一是日本能不能正确地认识侵略战争的历史；二是日本在成为经济大国后，会不会发展成军事大国，甚而复活军国主义。

---

① 宦乡：《中日关系与亚洲的安全和发展》，《日本问题》1986 年第 2 期，第 1~3 页。
② 肖向前：《从世界的发展看中日关系的未来》，《现代国际关系》1986 年第 4 期，第 21 页。
③ 宦乡：《坚持联合声明的原则》，《日本问题》1987 年第 5 期，第 3 页。
④ 宦乡：《中日关系与亚洲的安全和发展》，《日本问题》1986 年第 2 期，第 4 页。
⑤ 张香山：《对〈日本问题〉的期望》，《日本问题》1985 年第 1 期，第 2 页。
⑥ 《友好交流的空前盛会》，《人民日报》1984 年 9 月 24 日。

　　第一个问题涉及日本的过去。20 世纪 80 年代，中日关系在总体友好的背景下也发生了教科书事件、参拜靖国神社等围绕历史认识的摩擦。在中方看来，这些摩擦的起因在于历史问题并没有因为 1972 年《中日联合声明》和 1978 年《中日和平友好条约》的签订而得到解决。在一部分日本人当中，如何正确对待过去那段历史，如何从中吸取教训、正确教育子孙后代，还是一个没有很好解决的问题。①

　　第二个问题涉及日本的现状和未来。中方当时的看法是，日本的现行政策还不会走上成为军事大国或复活军国主义的道路，但日本有少数人确有复活军国主义的想法和行动，而且能量不容忽视。② 1987 年，邓小平在会见宇都宫德马等日本友人时指出："中国人民担心日本有很少很少一部分人，其中可能有的是有政治影响的人，存在复活军国主义的倾向。我们只担心这么一点。"③ 需要指出的是，此时中方的这种担忧与"文化大革命"时期认为日本军国主义"已经"或"正在"复活的判断是不同的。当时有中国学者明确指出，不能以对战前日本的认识去看待战后的日本，日本已经是经济大国，今后很可能发展成政治大国，但战后日本与战前日本相比较，政治、经济和社会结构发生了深刻变化，又受到国内外种种条件的限制，不可能复活军国主义。对中国来说重要的是，必须对日本进行实事求是的分析和更深入的研究。④ 对于日本出现的那些残留着军国主义时代思想的言行，中国应该采取的态度不是"听之任之、缄默不言"，而是"防微杜渐、适时地有节度地敲敲警钟"。⑤

　　除上述两个问题外，中日在 20 世纪 80 年代还围绕台湾问题、经济关系等发生过分歧和摩擦，但都得到了有效的管控，没有影响友好合作的大局。到 80 年代末，随着中日两国国家实力和国际地位的提高，中日关系的走向

---

① 赵安博：《吸取历史教训　加强中日友好》，《日本问题》1987 年第 5 期，第 13 页；孙平化：《难忘的"九·一八"和"八·一五"》，《日本研究》1985 年第 4 期，第 10 页。

② 孙平化：《中日邦交正常化 15 周年的回顾》，《日本问题》1987 年第 5 期，第 5 ~ 6 页。

③ 邓小平：《警惕日本极少数人复活军国主义》（1987 年 5 月 5 日），载《邓小平文选》（第三卷），第 230 页。

④ 张香山：《对〈日本问题〉的期望》，《日本问题》1985 年第 1 期，第 2 页；《中日关系诸问题》，《日本学刊》1991 年第 1 期，第 13 页。

⑤ 张香山：《严格遵守〈声明〉和〈条约〉　实现中日世代友好》，《日本问题》1987 年第 5 期，第 4 页。

开始成为一个具有全球影响的战略问题。当时，日本不仅已经成为资本主义世界的第二大经济体，而且还显露出超越美国的势头，中国的综合国力也有了长足发展，再加上亚洲"四小龙"和一些东盟国家的经济正在快速增长，亚太地区在国际力量对比中的地位明显上升。在中国看来，世界经济多元化已成定局，到 20 世纪末将可能形成美国、日本、西欧、苏联东欧和中国五极，日美在经济上的竞争将替代美苏在军事上的竞争；那时，亚太地区将形成中、日、美、苏四大国争相扩大影响的局面，西欧和东欧也会来此争取一席之地，由此形成最为集中的竞争与合作并存的壮观局面。①

可以说，此时的中日关系已经有了比以往更牢固的战略基础和更宽广的战略视野。正因为如此，中日关系才能够在 1989 年中国国内发生政治风波、中国外交遭遇困难后很快得到恢复。1991 年，日本首相海部俊树访华；1992 年，中共中央总书记江泽民访日，日本天皇明仁访华，中日关系由此进入一个新时期。

五　总结与启示

本文只是勾勒了冷战时期中国外交战略和对日政策的大致轮廓，很多具体问题的演变过程要复杂得多。虽然中国在上述每一个阶段都有比较明确的外交战略，但这些战略在多大程度上切实反映到具体包括对日政策的外交政策中，是因时因事而异的。因为对具体政策产生影响的除了战略之外，还有历史遗产、国内政治、领导人性格以及外部事件等多方面的因素。而且，在不同的问题上，中国实施外交战略的能力和效果也是不同的。

就对日政策而言，各个阶段的外交战略，特别是其中占主导地位的目标，在总体上奠定了对日政策的基调。但是，中日关系本身的历史和现实也影响着双边关系的议程。例如，在第一和第二阶段，中国政府在"支持日本人民革命斗争"的同时，也一直在探索与日本政府恢复邦交的问题；在第三和第四阶段，中国在推进与日本的战略和经济关系的同时，也一直保持着对历史认识等政治问题的关注。

---

① 肖向前：《写在第四次中日民间人士会议之后》，《现代日本经济》1988 年第 4 期，第 2～3 页；肖向前：《亚太地区的发展与中日关系》，《外国问题研究》1989 年第 2 期，第 1～3 页。

值得注意的是，在前三个阶段，中国的对日工作取得了很多成果，进入第四个阶段，中方的政策得到了日方更为积极的回应，从而为两国关系的稳定发展找到了重要的战略基础。究其原因，一是在冷战初期，中日分属相互对立的两大阵营，各自的外交战略在总体上不相容，这就在根本上制约了双边关系的发展。二是在革命意识形态的影响下，当时中国对世界形势的认识偏于政治化，原则性有时多于灵活性，这就导致对世界的多样性和外交的多面性缺乏足够的理解与重视，在实际工作中也没有获得日本等其他国家的积极认同。三是在前三个阶段中，中日双方的民间接触和官方接触都十分有限，两国的相互了解有所不足。四是日本在二战以后虽然一直谋求外交上的自主空间，但在总体上受制于日美同盟，因而也缺乏主动塑造国际环境的意愿和能力。

而在冷战时期中国外交战略调整的第四个阶段，一方面，中国发展经济的迫切需求同日本拓展对外经济关系的需要高度契合，双方利益的互补性很强；另一方面，中国独立自主的外交政策在美苏两大阵营的对立中找到了平衡点，这一政策并不要求日本跟随中国反美或反苏，中日双方的战略立足点和安全利益接近。正因为如此，中日关系才终于迎来了一个被称为"蜜月期"或"黄金期"的友好合作新时代。

由此可见，中日双方都需要实事求是地认识自身与世界的关系，并自主地制定符合实际情况的外交战略。同时，也要了解对方的战略，寻求利益和目标上的契合点。只有这样，才能为两国关系的长期稳定发展打下牢固的基础。

China's Foreign Strategy and Japan Policy in the Cold War Era

Gui Yongtao

Abstract: China's Japan policy not only addresses bilateral issues, but also serves its overall foreign strategy. China's foreign strategy in the Cold War era went through four phases, namely "lean to one side", anti-imperialist and anti-revisionist, align with the United States and resisting the Soviet Union, and independent foreign policy of peace. Supporting world revolution, safeguarding national security, and developing foreign economic relations were the three primary goals pursued in China's foreign policy in that era. The goals prioritized in each phase set the tone for China's Japan policy. In the first three phases, China's Japan policy was heavily influenced by the Cold War system and the revolutionary ideology and did not achieve anticipated goals. It is only in the fourth phase that China's Japan policy found firmer and more durable strategic bases in a time of peace and development.

Keywords：China's Foreign Policy；Sino-Japanese Relations；Foreign Strategy；China's Japan Policy；Cold War

《日本文论》（总第 1 辑）
第 181～197 页
© SSAP，2019

有泽广巳经济思想及其对战后
日本经济体制的影响

——兼谈政府主导型经济发展模式对赶超型现代化国家的利与弊

王新生

内容提要： 作为著名的马克思主义经济学家，有泽广巳在战前已经形成了坚实的统制体制经济思想，并在日本政府智囊机构的研究成果乃至经济政策中有所体现。在战后初期日本的经济复兴时期，有泽广巳提出著名的"倾斜生产方式"，即将有限的资源优先投入煤炭、钢铁等基础产业，该政策建议为政府采纳并产生积极效果。尽管该政策建议很快为美国政府主导的"道奇计划"所取代，但这一统制经济模式在日本独立后以"行政指导"的形式延续下来，成为经济高速增长的政策基础。日本实现经济赶超的目标、成为世界第二大经济体后，这一模式的消极作用逐渐显现出来，并成为泡沫经济形成及崩溃的主要因素。

关键词： 有泽广巳 经济思想 统制经济 倾斜生产方式 行政指导

作者简介： 王新生，北京大学历史学系教授，博士生导师。

有泽广巳（1896～1988 年）是日本著名的马克思主义经济学家、统计学家，在战前就提出了"统制经济论"，战后初期又提出"倾斜生产方式"的经济政策并得到实施，为日本经济复兴做出了贡献。尽管该政策在执行过程中为美国主导的"道奇计划"所取代，但构成了战后日本经济体制的核心内容。本文试图通过对有泽广巳经济思想的形成及由其主导的"倾斜生产方式"实施过程进行具体分析，阐明其对战后日本经济体制的影响，同时对这种经济体制给予相应的评价。

一 有泽广巳经济思想的形成

1922 年，有泽广巳自东京帝国大学经济学部毕业，担任该学部的教学助手。第二年，精通奥地利经济学派理论、研究马克思主义经济学的德国社会民主党成员、海登堡大学教授雷迪拉到经济学部任教，有泽担任其助手，并受其影响，热衷于研究奥地利经济学和马克思主义经济学。与此同时，担任统计学讲座的同事系井靖之助副教授去世后，有泽兼任其工作，系井严格的实证主义研究方法对有泽影响很大。

1926 年，有泽到德国柏林大学留学，在为期两年的时间里，有泽系统地研究了战争到和平时期经济的过渡、赔偿、通货膨胀、稳定式危机、产业合理化、金本位复活等第一次世界大战后德国和世界经济面临的各种问题。同时，他广泛阅读世界政治经济研究所的《世界经济年报》和柏林景气研究所的《景气四季观》等著名经济学家主编的杂志，从中学到了利用团队统计分析现状的研究方法。他还旁听德国社会民主党大会，参加留学生读书会，由此逐渐接近社会主义学说。①

1928 年，有泽回到日本，继续在东京帝国大学经济学部讲授统计学，但内容发生了较大变化，即通过收集、分析大量的数据，寻找贯穿于偶然性中的必然性。1929 年世界性经济危机爆发后，有泽不仅组织学生进行课堂讨论，分析从萧条走向世界性危机的现状，而且与年轻研究人员组成相关研究会，对经济危机进行深入分析，并以"世界经济批判会"的名义在《中央公论》《改造》等一流杂志上发表观点鲜明的学术论文，既包含丰富的事实与数据，也从马克思主义理论出发阐明其意义。在这一时期，有泽撰写、参与共同研究并出版了《产业合理化》、《卡特尔·托拉斯·康采恩》（上卷）和《世界恐慌与国际政治危机》等著作。其后到 1937 年，有泽又陆续撰写、出版了《统计学讲义》（上卷）、《产业动员计划》、《战争与经济》以及《日本工业统制论》等著作，其中《日本工业统制论》分析了当时日

---

① 香西泰「経世家の思想と政策（7）　有沢広巳—戦後日本の復興のプランナー—」、『経済セミナー』総 620 号、2006 年 10 月、日本評論社。

本大企业垄断集团实施的自主统制现状。①

需要指出的是，与经典马克思主义主张的国际主义相比，有泽广巳的观点带着强烈的民族主义倾向，强调在民族国家之间，尤其是西方国家与非西方国家之间的竞争中，增强日本的竞争力。相应的，这种观点强调基于技术的生产力的重要性，强调大企业在创新中的作用，而不是强调生产关系，也不将大企业作为垄断资本的代表来对待。而且，有泽广巳式的马克思主义学者认为，要避免阶级冲突，就要提倡管理层与劳工的合作，当国家处于危机中时更要如此。②

实际上，从 1931 年的"九一八事变"到 1937 年的"卢沟桥事变"，日本经济逐渐向战时经济体制即统制经济体制过渡，这种体制也被称为"国防经济体制"乃至"准战时经济体制"，是在官民协调的基础上、以军需产业及重要产业为中心的综合计划性扩大再生产和经济动员体制，即"总体战体制"。日本学术界也对此进行了比较性研究和探讨，甚至有人主张采用德国式的经济体制，例如发动"九一八事变"的主谋石原莞尔、"满铁"调查员宫崎正义主导的"日满财政经济研究会"（简称"宫崎机关"）。该研究会最初倡导以苏联模式为榜样构建日本的战时经济体制，后逐渐转向纳粹德国模式，因为在"公益优先"的原则下，德国模式在实施国家统制的同时，最大限度地承认民营企业的活动及其决策，企业的集团性组织化是国家统制与企业自主行动相结合的关键因素。

在这一过程中，作为德国经济研究第一人③的有泽广巳也发表了许多相同的见解。例如，有泽这样评论希特勒 1936 年的"四年计划"："借用最近的流行语，应该认为纳粹政权下的德国经济为准战时体制，实际上，现在的德国经济恰好是大战过程中的国家经济管理。纳粹确实在进行战争。因为'国家社会主义'，对内对外均是如此。"④他还进一步论述称："在我国谈到准战时体制，有人认为只是为战争武器的准备，特别是财政准备，这是简

---

① 中村隆英:《追悼有泽广巳先生》,《日本问题》1988 年第 8 期。

② 高柏:《经济意识形态与日本产业政策:1931～1965 年的发展主义》,安佳译,上海:上海人民出版社,2008 年,第 64 页。

③ 柳澤治「日中戦争開始期日本におけるナチス経済政策思想の受容—国防・準戦経済体制の構想を中心に—」,『政経論叢』2004 年 2・3 月号、37 - 78 頁。

④ 有沢広巳『戦争と経済』、日本評論社、1937 年、327 頁。

单化的理解。马场锛一大藏大臣发表为此大幅度增税的税制改革方案时指出，这一划时代的增税是某种意义上的准战时体制，结果各个领域都在使用这一说法，但该说法的真正含义不能仅仅局限于在财政方面准备战争，而是国民经济为准备战争的体制化。因为这时的战争是整体战争，为此仅做财政上的准备是回到大战之前的逆行。"有泽认为将来的战争显然是整体战、资源战，由于客观形势日益紧迫，所以各国在经济方面的战争准备被提上议事日程，"准战时经济体制"与"国防经济"成为问题正体现了这一点。因此，"准战时经济体制"与"国防经济"具有相同意义，是在客观形势日趋紧迫时在经济领域准备预期的整体战争、总体战的独特体制，这不仅仅出现在日本，而是列强各国共同的现象。①

同时，有泽广巳明确指出，不能将"准战时经济体制""国防经济"简单理解为时代的流行语，它们是具有社会科学意义的客观概念。他分析了德国学者的国家社会主义论，将"准战时经济体制""国防经济"视为"战时经济体制化"，并进一步加以说明。虽然"整体战争"可以与"武器战"相提并论，但更带有经济战的性质。为进行经济战，与军队动员同等重要的是，必须进行国民经济的动员，这样一来就意味着战时经济的体制化。各国基于从第一次世界大战得到的经验而对此进行改进，即首先是军需工业动员法，然后制定国家总动员法。也正因如此，平时经济不是在开战时才过渡到战时经济体制，最近的动向是平时经济向战时经济的中间过渡阶段，为战时经济做基础工作，是准战时体制或者说国防经济化。在这种国防经济化阶段，国防式立场是第一位的，经济政策集中于此，进而国家直接指导经济，因此在性质上接近战时经济，虽然不是直接的战时状态，但"已是战争经济的前一个阶段，即准战时体制"。②

在军国主义化色彩日益浓厚的氛围下，有泽等人的马克思主义理论式研究方法和活动逐渐为政府所不容，因而发生了两次"人民战线事件"。1937年 12 月，为响应共产国际建立反法西斯统一战线的呼吁，日本左翼试图建立人民战线，结果日本无产党委员长及国会议员加藤勘十、社会大众党国会议员黑田寿男、"劳农派"学者向坂逸郎及猪俣津南雄等 446 人遭到逮捕，

---

① 有沢広巳『戦争と経済』、7 頁。
② 有沢広巳『戦争と経済』、7 頁。

史称"第一次人民战线事件"。1938 年 2 月，政府又以与"劳农派"密切联系并提供理论为借口逮捕东京帝国大学教授大内兵卫及副教授有泽广巳、法政大学教授美浓部亮吉等 38 名学者，史称"第二次人民战线事件"或"教授集团事件"。有泽遭到 14 个月的监禁，1939 年 5 月被保释回家，他拒绝了学校提出的辞职要求，而是以停职的名义继续进行研究。其后政府试图以"改变国体""否定私有财产"等违犯《治安维持法》的罪名起诉这两批被逮捕者，1941 年 7 月的一审判决他们有罪，两年徒刑缓期三年执行，1944 年 9 月的二审宣布"第二次人民战线事件"中被逮捕的全体人员无罪。

在此期间，有泽广巳参加了近卫文麿的私人咨询机构——昭和研究会①经济部门的研究活动，并作为主要执笔者在 1940 年 8 月提出研究报告《日本经济重组方案——形成建设时期的经济体制》，主张企业经营的目的由利润本位向生产本位转化，为缓和通货膨胀需要政府决定价格、统制利润率、资本与经营分离、全面公开技术等，有必要实施需求自主统制，提倡建立"促进全体利益"的统制经济体制。尽管其主张遭到大企业主们的反对，但日本政府仍然在 1940 年 11 月通过了《公司经理统制令》，强化了对企业的控制。②

1939 年 9 月陆军省经理局秋丸次郎主持组建"陆军省战争经济研究班"（简称"秋丸机关"），其宗旨是"详细综合分析假想敌国家的经济战争能力，掌握其最弱之点，准确把握我方经济战争能力的持久程度，提出攻防之策"。③秋丸力邀有泽参加并负责英美组，实质上是整个"秋丸机关"的研究领导者。④其他成员还有著名的经济学家、国际关系学家、行政机构的年轻精英官僚、"满铁"调查部骨干等各行业的优秀人才，分别组成德国意大利组、苏联组、英美组、日本组、南方组、国际政治组等。有泽利用投入－产出分析方法进行研究，在 1941 年 7 月提出中期报告，并举行了面向陆军省、参谋本部首脑的说明会。该报告认为，一旦开战，日本的国民消费将降

---

① 1936 年 11 月正式成立，1938 年内部组成政治、经济、农业、金融、财政、外交、教育等各种研究会，1940 年 11 月终止活动。
② 白木沢旭児「日本における統制経済の形成と展開」、『歴史と経済』2010 年 4 月号。
③ 牧野邦昭『経済学者たちの日米開戦―秋丸機関「幻の報告書」の謎を解く―』、新潮社、2018 年、56 頁。
④ 林千勝『日米開戦 陸軍の勝算―「秋丸機関」の最終報告―』、祥伝社新書、2015 年、44 頁。

低 50%，美国将降低 15%～20%，盟国能够筹措的战费将达 350 亿美元，是日本的 7.5 倍。从经济力量上看，日本是英美的 1/20，开战后两年内依靠储存的物资还可以坚持，但其后日本的战争能力将急速下降，难以进行持久战。[1] 该报告与日本谈判代表从美国带回的调查报告高度相似，可见有泽研究的准确性。但是，在 1941 年 9 月杉山元参谋总长主持的陆军首脑会议上，"秋丸机关" 最后提出的《英美合作经济抗战能力调查》《德意经济抗战能力调查》等报告，结论却是日本可以与美国进行战争。

综上所述，从出版《日本工业统制论》到分析德国战时经济体制，再到昭和研究会时期的研究报告，有泽奠定了坚实的统制经济理论基础。尽管军部没有采纳有泽的意见，但其在 "秋丸机关" 从事研究期间利用马克思主义经济学的再生产模式提出的产业相关结构图，成为提出对战后日本经济复兴发挥巨大作用的 "倾斜生产方式" 的学术基础。[2]

二　"倾斜生产方式" 的提出与实施

战争结束后，有泽广巳恢复了东京帝国大学经济学部的教职，他充分利用自己对第一次世界大战后德国经济恢复历史的深厚研究，对日本经济的复兴提出了自己的主张，体现在战后最初的论文——《不可避免的事情》（《世界》1946 年 3 月号，后收录在有泽的《通货膨胀与社会化》一书中，日本评论社，1948 年）。在这篇论文中，有泽认为当时的日本经济处于全面危机状态，例如粮食危机、通货膨胀、生产停滞、失业等，迫在眉睫的课题是如何将因战争而缩小再生产的日本经济转化为扩大再生产。他主张将过剩的劳动力投入战时扩大且没有遭到战争破坏的基础原料部门，以此作为扩大再生产的启动力。具体地说，作为扩大再生产的顺序，首先通过增加粮食分配达到年增产 2000 万吨煤炭，将增产的煤炭分配到钢铁产业增加其产量，将增产的钢铁再分配给煤炭业，将增产的煤炭分配给其他产业，从而刺激全体产业的扩大再生产，以达到恢复日本经济的目标。

---

① 石井和夫「捨て去られた日本陸軍最後の理性—有沢広巳の『秋丸機関報告書　英米合作経済抗戦力調査 1941』—」、『労働運動研究復刊』2011 年 12 月号。

② 有澤廣巳『有澤廣巳戦後経済を語る—昭和史への証言—』、東京大学出版会、1989 年、13 頁。

尽管如此，有泽并没有立即将上述方案作为复兴日本经济的最佳方案，因为通货膨胀才是当时日本经济面临的最大问题。尽管有泽认为为了防止投机倒把和囤积居奇行为，必须根除通货膨胀，但紧缩财政金融会暂时性地降低生产率，因而主张先使用计划经济的手段将生产提高到战前水平的 60%，之后再推出强劲的抑制通货膨胀政策。① 同时，有泽认为能够解决通货膨胀问题的只有"外国经济"。也就是说，有泽确信如果能够进口外国原料，就可以实现扩大再生产。吉田茂内阁成立后向盟军总司令部提出紧急物资进口的请求，盟军总司令官麦克阿瑟表示可以考虑，但鉴于日本要求进口的重油有可能影响到日本煤炭生产的恢复而遭到拒绝。有泽建议吉田首相再次向盟军总司令部提出要求，其理由是进口重油可以增加钢铁生产，将增产的钢铁分配给煤炭产业，可以迅速提高煤炭的产量。

实际上，早在战争结束的第二天，日本外务省就召集行政官僚、经济学家、企业界人士等组成"经济再建研究会"，探讨战后经济的长期发展方向，有泽广巳在 1945 年 10 月参加了该研究会。时为外务省官僚的大来佐武郎起草了题为"今后国内经济政策的相关考察"的文件作为讨论的基础。该文件包括三个基本观点：一是世界经济有机结合将扩大且分工明确，全球分为苏联圈和英美圈，日本属于英美圈；二是经济发展计划化、组织化，在其基础上科学地协调消费与生产；三是经济社会化，即生产与消费的社会化、协调化。正如有泽所说，这种政策不是社会主义的"计划经济"，也不是"自由放任"优先的市场经济，而是重视政府主导的经济发展模式。这种介入型经济发展模式主导了战后初期日本经济政策的讨论，也是当时经济学家的基本共识。②

在盟军总司令部的指令下，吉田内阁在 1946 年 8 月设置了"经济安定本部"，负责经济稳定紧急对策的制定与实施，同时召集包括有泽广巳在内的经济学家在外务大臣办公室举行每周一次的午餐会，讨论如何复兴日本经济。正是在这次的午餐会上，有泽首次提出作为迂回生产政策的"倾斜生

---

① 达野健一：《从江户到平成——解密日本经济发展之路》，藏馨、藏新远译，北京：中信出版社，2006 年，第 135 页。

② 中野敏男「戦後日本の経済政策思想と植民地主義—有沢広巳の軌跡を手がかり—」、九州国際大学社会文化研究所『社会文化研究所紀要』2016 年 2 月号。

产方式"。① 吉田首相根据其建议成立了首相私人咨询机构"煤炭小委员会"，有泽任委员长，制定了年产 3000 万吨煤炭的倾斜生产计划。同年 12 月进口重油的请求也得到了盟军总司令部的许可，其计划开始实施。② 1947 年，吉田内阁正式成立由政府出资的"复兴金融金库"，同年 2 月组建"经济同友会"等经营者团体以及各个工会组织均参加的"经济复兴会议"，3 月制定《产业资金贷放优先表》，以保证对煤炭、钢铁产业的贷款，例如 1947 年对煤炭业的贷款占该金融机构贷款总额的 35%。③ 同时对这些产业实施价格补贴、优先供应生产资料等措施。例如，1947 年煤炭业获得的价格补贴占政府价格补贴总额的 44%，居各产业之首，而且煤炭业所需生产资料及消费资料基本可以得到政府的保证，其他产业则只能得到需求量的 1/3 以下，政府甚至"为优待煤矿工人，继续提高工资，特殊配给粮食和物资，促进煤矿工人的住宅建设"等。④ 这种重视生产资料优先生产的经济政策尽管方向正确，但效果显现缓慢，不仅在短时期内难以解决国民的生活困难问题，而且为向产业提供资金而大量发行债券进一步加剧了通货膨胀，例如 1947 年的批发物价比上一年增加了 3 倍。⑤ 因此，吉田政权遭到工人和市民的强烈反对，很快失去了执政地位。

接下来的社会党片山哲内阁继续实施吉田内阁时期的"倾斜生产方式"，"比起吉田内阁来，社会党政权（片山内阁）更具有亲近感"。⑥ 为强化这一经济政策，同时也显示社会党的社会主义色彩，片山内阁开始实施国家对煤炭产业的管理。片山内阁组成后不久，经济安定本部和商工省就着手制定《国家临时管理煤炭产业法案要纲》，其内容包括国家对煤炭产业生产现场的直接管理以及工人参与国家管理机构等。但在法案起草过程中，因执政伙伴民主党的反对，社会党被迫在该项法律的时间限制、煤矿的指定限制

① 池尾愛子編『日本の経済学と経済学者—戦後の研究環境と政策形成—』、日本経済評論社、1999 年、189 頁。

② 香西泰「傾斜生産方式の再検討」、一橋大学経済研究所編『経済研究』2007 年 1 月号。

③ 孙执中：《荣衰论——战后日本经济史（1945～2004）》，北京：人民出版社，2006 年，第 23 页。

④ 通商产业省编《日本通商产业政策史》（第 3 卷），北京：中国青年出版社，1994 年，第 74 页。

⑤ 正村公宏『図説戦後史』、筑摩書房、1989 年、69 頁。

⑥ 浜野潔ほか『日本経済史 1600～2000—歴史に読む現代—』、慶應義塾大学出版会、2009 年、239 頁。

等方面做出让步，同时规定生产计划由企业总部制定、现场管理者也由企业总部决定、工人不能参与管理等。

这一时期有泽专门发表了《拯救日本经济的破局——现实过程分析（1947 年）》，在分析了生产资料增长超过消费资料增长的各种因素后，再次强调了"倾斜生产方式"的必要性。"在我们唯一能够处置的基础物资煤炭生产领域，需要集中倾斜所有的经济政策，暂时以煤炭生产为中心构建经济结构，这是面向煤炭生产的倾斜经济。当然，这是不稳定的经济，不可能永远持续，而且也没有必要。如果水平性地全面提高生产水准难以解决目前的困难，就只能计划性地倾斜经济，尽快提高基础部门的生产，以此为契机创造性地实现生产水准的上升。为此需要的计划与组织，不仅仅是设计经济倾斜的角度以及从倾斜到更高水平的复兴，而是需要在最短时间内达到从倾斜到全面的复兴。"[①]

从结果上看，"倾斜生产方式"的实施使以煤炭、钢铁为中心的日本经济在 1948 年出现复苏现象，当年煤炭生产达到 3500 万吨，完成生产计划的 96.6%。就工矿业生产指数而言，如果以 1930～1934 年平均为 100 的话，1948 年达到了 61.4，其中矿业为 100.5、金属工业为 71.1、机械工业为 76.7、化学工业为 78.1。但与国民生活密切相关的轻工业即消费资料生产发展缓慢，例如纺织工业仅为 24.2。[②] 而且，为刺激生产提供的巨额贷款与价格补贴等做法导致本来已经非常严重的通货膨胀进一步加剧。从 1945 年 8 月到 1947 年底，日本银行发行债券从 303 亿日元增加到 2191 亿日元；全国批发价格 1946 年上升 464%，1947 年上升 296%，1948 年上升 266%。到 1948 年，主要食品价格比战争结束时增长了 6 倍。[③]

一方面，尽管日本政府将月工资基准从 1948 年 2 月的 2920 日元提高到同年 6 月的 3700 日元，到同年 12 月进一步提高到 5300 日元，但仍然难以应付日趋严重的通货膨胀，导致市民的强烈不满以及工人斗争的再度高涨。另一方面，物价的急剧波动也影响到对外贸易。作为典型的加工贸易国，日本必须进口必要的原材料，进行加工后再出口产品，以维持正常的国际贸

---

① 西部忠編『リーディングス戦後日本の思想水脈　第 8 巻　経済からみた国家と社会』、岩波書店、2017 年、16－25 頁。

② 吴廷璆主编《日本史》，天津：南开大学出版社，1994 年，第 832 页。

③ 金子貞吉『戦後日本経済の総点検』、学文社、1996 年、19 頁。

易。飞速提高的物价难以维持稳定的汇率，从而影响到日本对外贸易的正常进行。

进入 1948 年，不仅冷战格局日趋明显，而且远东局势也发生重大变化，朝鲜半岛南北各自建立政权，中国大陆共产党逐渐占据优势，远东两大阵营对立局面形成，加之美国有意减轻占领负担，需扶植日本经济自立。1948 年 10 月美国国家安全保障会议通过新的对日政策，特别指出："在首先保证美国安全保障利益的基础上，此后美国对日政策的主要目的是日本经济复兴"，"为实现经济复兴，通过辛勤劳动提供生产，维持较高的出口水平，因劳资争议造成的停工减少到最低程度，采取严厉的国内政策治理通货膨胀，并尽快实现均衡预算"，还提出了包括制定收支平衡预算、稳定物价、推动出口等内容在内的"稳定经济九原则"。①

1949 年 2 月，美国总统杜鲁门委派底特律银行总裁、自由主义经济信奉者、曾任驻德美军军政部财政部长的约瑟夫·道奇作为盟军总司令官财政与金融政策顾问以及美国总统特使赴日指导。道奇指出，美国的援助"是支撑日本经济的一条支柱，可算是高跷的一条腿。另一条腿则是日本国内补贴，补贴作为另一根支柱支撑着日本的经济运转。必须将高跷的腿砍断"。他同时警告日本人，"无条件投降的战败国是没有余地讨价还价的，国民受苦也是理所当然，无法避免的"，"日本经济的唯一出路就是清贫度日，减少开支"。② 1949 年 3 月，在道奇的亲自指导和监督下，盟军总司令部编制预算方案并提交给日本政府。该方案以结束通货膨胀为基础，量入为出甚至出现结余，即所谓的"超平衡预算"，其中大幅度削减公共事业费和失业对策费，终结了"倾斜生产方式"政策的实施。

1950 年，有泽广巳以《日本工业统制论》一书获得经济学博士学位，1956 年从东京大学退休，其后担任法政大学经营学部教授、学校总长，同时兼任原子能委员会委员、煤炭矿业审议会委员、电气事业审议会委员、产业结构审议会委员、海外能源事情调查团团长等，1965 年任原子能委员会代理会长，1966 年设立日本能源经济研究所并担任理事长，积极参与政府

---

① 山田敬男『新版戦後日本史—時代をラデイカルにとらえる—』、学習の友社、2009 年、101 頁。

② 御厨貴、中村隆英編《宫泽喜一回忆录》，姜春洁译，北京：东方出版社，2009 年，第 86 ~ 87 页。

经济政策特别是能源政策的策划与制定。其间有泽的学术活动和成绩主要有：在 1949 ~ 1953 年国际贸易论与国内市场的学术论争中，对于中山伊知郎通过国家贸易发展日本经济、维持生活水准的观点，有泽广巳等人认为通过技术革新提高生产力、工资上升进而带来消费增加是经济发展的重要途径。1958 ~ 1960 年，有泽编辑、出版了七卷本的《现代资本主义讲座》（东洋经济新报社，1958 ~ 1959 年）、八卷本的《现代日本产业结构》（岩波书店，1959 ~ 1960 年）、七卷本的《经济主体性讲座》（中央公论社，1960 年）等。特别是对日本能否成为社会主义体制进行了深入探索，有泽广巳任干事长的费边研究所在 1958 年 1 月发行的月刊杂志《费边研究》刊登了该研究所理事稻叶秀三的论文《如果社会党获得国家政权》，研究所举办的研究讨论会也在同年 2 月改名为"社会主义经济政策研究会"（翌年 1 月改为"社会主义政策研究会"，有泽任会长），计划出版《社会主义日本的设计》。有泽在其承担的第一章"现代日本资本主义的特质——日本社会主义政策的自然状态"中指出了美国等资本主义国家技术革新的局限性，同时阐明日本资本主义经济的一个固有特征是大企业与中小企业存在较大差距的"双重结构问题"，只有通过议会主义的方式获得政权并实现社会主义来解决。[①] 上述一系列学术活动也显示了有泽对统制性经济体制的执着与偏爱。

三　有泽广巳与战后日本经济体制

日本评论界对"倾斜生产方式"的评价褒贬不一。例如，1987 年 11 月 18 日的《日本经济新闻》认为，即使考虑到通货膨胀恶化以及昭和电工贿赂事件的负面影响，也应在至少将工矿业生产水准提高到最低需要程度这一点上给予"倾斜生产方式"积极评价，是"后世应给予肯定评价的三项政策之一"，其他两项为池田勇人内阁时期的"国民收入倍增计划"和中曾根康弘内阁时期的"三大国营企业民营化"。永江雅和在《日本经济史 1600 ~ 2000》中指出："由日本政府主导的复兴计划得到美国的对日重油进口许可，在战后日本重工业复兴的起爆剂这一点上应该给予评价。"[②] 高桥洋一

---

① 社会主義政策研究会編『社会主義日本の設計』、至誠堂、1960 年、13 頁。
② 浜野潔ほか『日本経済史 1600 ~ 2000—歴史に読む現代—』、237 - 241 頁。

却指出："倾斜生产方式作为政治策略，在请求美国提供援助上较为成功，但在经济学意义上几乎没有任何效果。"[①] 三轮芳朗等人也从没有实施"倾斜生产方式"政策的实体、现实中难以发挥"倾斜生产方式"这种统制经济的有效作用、从数十年的历史来看也不能期待统制经济取得较好效果三个方面否定了"倾斜生产方式"。[②]

　　毫无疑问，作为介入型经济运营的"倾斜生产方式"是一种统制经济，其实施不仅意味着战时经济体制的延续，也意味着战后经济政策乃至经济发展的开端，因而该政策作为战时与战后有机连接的一个重要环节，有泽广巳在关键时期发挥了关键作用。[③] 随之带来的问题是，如果没有重视市场作用的"道奇计划"，这种经济统制政策能否继续贯彻并取得成功？进一步说，如果没有朝鲜战争的爆发，"道奇计划"能否继续贯彻并取得成功？客观地讲，占领初期以美国为中心的盟军总司令部对日本进行了较为彻底的非军事化、民主化改革，从制度上看，战前与战后出现了一个断层，但占领中后期美国对日政策发生较大变化，开始扶植日本经济自立甚至允许日本重新武装军备。与此同时，日本政府也大幅度修改了盟军总司令部下达的各种指令，实施了许多可称为"逆流"的保守性政策，因而从体制上看，战前与战后的连续性较强。换句话说，占领结束后日本在很大程度上恢复了统制经济体制，形成了政府主导经济社会发展的模式。正如中村隆英所强调的，"战前和战后不能跳过战争期间而联系起来。许多社会制度、经济制度、技术、生活方式和习俗都产生于战争期间，并在战后得以延续。尽管当初并不是以长远眼光建立了这一切，但它们最终确立了战后的企业、产业组织及生活方式的形态"。[④]

　　客观地讲，由精英官僚构成的战后日本政府在经济、社会发展过程中起了较大的推动作用，但绝大多数的日本学者和评论家似乎并不赞成这种见解。主张"官主导说"的美国学者查默斯·约翰逊的《通产省与日本的奇

---

① 高橋洋一『戦後経済史は嘘ばかり』、PHP 新書、2016 年、34 頁。
② 三輪芳朗・J. Mark Ramseyer「経済規制の有効性―傾斜生産政策の神話（2・完）―」、『経済学論集』2004 年 10 月号。
③ 中野敏男「戦後日本の経済政策思想と植民地主義―有沢広巳の軌跡を手がかり―」、九州国際大学社会文化研究所『社会文化研究所紀要』2016 年 2 月号。
④ 高柏：《经济意识形态与日本产业政策：1931～1965 年的发展主义》，第 123 页。

迹》（此书恰恰是引起"敲打日本"的修正主义理论的鼻祖）在日本翻译出版后，官员们很高兴，但学者没有什么反应，对其加以分析的书评只是少数。① 而主张"民主导说"的美国学者卡德尔的《战略资本主义：日本产业金融中的民间企业和公共目的》在日本翻译出版后引起极大反响。从中也可以看出，日本政府在经济、社会发展上究竟发挥了什么样的作用似乎是学者们争论不休的问题。

许多历史事实也反映出"官主导说"很难立足。例如，战后初期，围绕日本是否发展汽车业存在争论，尽管通产省在发展汽车零部件产业中发挥过较大的作用，但1955年通产省试图将几家整车厂合并以达到适度竞争规模的计划遭到激烈反对，其设想失败。日本的汽车厂家独自与外国资本合作，迅速发展起来，甚至包括最初只生产摩托车的本田，汽车业成为日本最具国际竞争力的产业之一。再如，半导体技术诞生在美国，最初只是运用在听诊器、助听器等产品上，1952年索尼公司向政府申请引进该技术，通产省认为索尼公司的能力不足，故拖延两年后才批准其申请，结果索尼公司首先将该技术运用在收音机上，并在美国市场成为畅销产品，后来日本的半导体产业甚至一度垄断了世界市场。还有，1955年日本加入关贸总协定（GATT），1960年以后需要实施贸易自由化，日本政府压力很大，通产省计划起草一份制造业、银行业、政府三者紧密合作的立法，以便提高特定产业的竞争力，应付即将到来的贸易自由化，这就是著名的《特定产业振兴临时措施法》（简称《特振法》）。但该法案前后三次提交国会两院审议，均没有获得成功。究其原因，除已经具有国际竞争自信的制造业大企业持反对意见外，甚至大藏省也不赞同这种设想。这一事件表明日本的行政机构并非铁板一块。②

众所周知，即使在采用市场经济制度的国家，政府也要不断地干预经济活动，比如在道路、港口、机场、教育、医疗等基础设施的建设方面弥补社会资本不足，解决市场在资源合理配置方面的局限性，以防止所谓的"市场失灵"。但与其他资本主义国家不同的是，日本政府所做的事情远远不止

---

① 山口定：《战后日本的产业政策和CH·约翰逊》，载复旦大学日本研究中心编《日本政府在经济现代化过程中的作用》，上海：复旦大学出版社，1995年，第83页。
② 金滢基等编《日本的公务员制度与经济发展》，北京：中国对外翻译出版公司，1997年，第180页。

这些。例如，每届内阁都要制订具体的经济增长计划（最为著名的是池田勇人内阁的"国民收入倍增计划"），具体行政部门如通产省会制定更为具体的产业政策，甚至政府通过税收、贷款等方式刺激特定产业的发展，以便对经济、社会的发展发挥积极性作用。引起学者和评论家争论不休的原因在于，这种政策并非由法律明文规定，而是"一个负责任的政府机构或官员在不具有明确的合法权力情况下，能够，而且确实可以指导或诱导私营企业或个人采取或不采取某些行动"[①]，即政府对经济活动的干预大多是通过被伦敦《经济学人》杂志界定为"没有写成条文的命令"[②] 的行政指导。

之所以称为"行政指导"，是因为来自政府的授意多用非强制性语言表示，例如"劝告"、"期望"、"指示"、"希望"和"建议"等，尽管这种指导可以服从，也可以不服从，但仍具有较强的约束力和可行性，因为行政指导也具有制度上的保障。首先是政府拥有公共资金的分配权限。尽管与西方发达国家相比，日本政府的财政规模比较小，但政府雇员比例较小，社会保障费用规模较小，军费开支也较少，因而政府拥有的公共资金较多。例如，只是为实现特定政策目标而交付第三者并无须偿还的补助金在 20 世纪 70 年代以前就占国家一般会计年度预算的 1/3。其次，行政机构拥有诸多审批权限，日本称为"审批"或"规制"，大体上可分为"经济性规制"和"社会性规制"，前者是通过规定特定行业的厂家数量、设备标准、产量与价格，达到公平竞争的目的，后者的目的是保护消费者及劳动者安全、促进环境保护、维护社会稳定。两者多达 1 万多项，甚至到 20 世纪 90 年代初，日本 40% 的国民生产总值仍处于这些"规制"的控制之下，而同一时期美国的该指标只有 6.6%。[③]

行政机构还可以利用间接的手段诱导企业做什么或不做什么，其中最主要的方式是将政府金融机构（邮政储蓄、简易保险、国民年金等）的资金贷给民间企业，因为是政府金融机构，因而利息较低，获得该项贷款后再申请民间金融机构贷款也比较容易，政府金融机构的贷款在某种程度上起到担

① 都留重人：《日本的资本主义——以战败为契机的战后经济发展》，复旦大学日本研究中心译，上海：复旦大学出版社，1995 年，第 117 页。

② 查默斯·约翰逊：《通产省与日本奇迹》，戴汉笠等译，北京：中共中央党校出版社，1992年，第 272 页。

③ 白川一郎『規制緩和の経済学』、宝石社、1996 年、5 頁。

保作用。由于政府金融机构的贷款（日本称为"财政投融资"）规模相当大，是政府指定战略产业的主要资金提供者，有力地保障了政府产业政策的实施。除此之外，行政机构还可以利用各种手段惩罚或报复那些不听从行政指导者。例如，1965 年住友金属公司拒绝听从通产省有关减少产量以维持钢铁价格的劝告，尽管住友金属公司的出口状况良好，但还是受到通产省将援用《输入贸易管理令》限制其进口焦炭数量的警告，结果住友金属公司不得不表示服从通产省的行政指导。[①]

值得强调的是，除上述制度性保障外，文化因素在日本经济体制中也起至关重要的作用。日本文化具有较为突出的"权威主义""集团主义"色彩，"官尊民卑"的传统观念很强，这种观念与日本行政机构的精英官僚有关。日本国家公务员考试十分严格，一级国家公务员考试合格并被录用者为"有资格官僚"，即可升任课长以上职务的官僚；其他种类考试合格并被录用者为"非有资格官僚"，一般最高只能升任为课长。"有资格官僚"作为干部的候补者进入省厅后经常在各局流动，甚至到省厅所属外围机构、其他省厅、地方行政机构、日本国外机构任职，以培养其任高级职务的综合管理能力。他们精通法律知识，善于学习，具有较强的使命感、责任感和立法意识，高速增长时期制定的政策大多比较符合当时社会、经济发展的方向，自然受到企业的欢迎。

行政指导具有很强的隐蔽性，不仅表现为缺乏明显的法律依据，1993年以前甚至有 90% 的行政指导来自口头。正是这种"行政指导"将整个日本组成一个严密而有效的整体，在"经济发展至上"的目标之下，每隔一段时期由政府发表一个短期经济发展计划，然后行政部门决定优先发展的产业，给予诸多优惠政策，同时限制企业数目，监督产品质量及数量，甚至规定产品价格，保持行业内有效竞争，推动这些产业得到迅速发展；促使"夕阳产业"相互之间合并、减产或转产，推动中小企业组成行业团体，内部相互协调；鼓励制造业与供应商、销售商建立合作关系，强调终身雇佣，鼓励劳资之间合作；等等。

值得注意的是，这种"被组织的市场""被组织的社会"模式对日本的赶超型现代化进程发挥了巨大作用，但在日本成为第二大经济体后，应该尊

---

① 查默斯·约翰逊：《通产省与日本奇迹》，第 277 页。

重市场的功能，及时地加以改革，否则会对经济持续发展造成较大的负面影响，正如泡沫经济的出现及其崩溃所体现的那样。具体说来，20 世纪 60 年代末日本成为世界第二大经济体后，政府主导型经济社会发展模式的积极效用逐渐丧失，其消极因素不断显露出来。一方面，行政机构容易固守现行规划和行为规范，难以因社会变化而提出新方针，经济体制改革的动力必须来自行政机构之外。另一方面，捉襟见肘的政府财政使省厅间的争斗成为家常便饭，各省厅为维护并扩大自己的权限和利益，需要从官僚体制之外寻求支持力量，于是开始主导决策过程的执政党为维护自己的选举基础与行政官僚相结合，反而加强了政府主导经济社会发展模式。尽管在开放市场、税制改革等方面能够实现某些政策目标，但在行政改革、地方分权、缓和规制等涉及行政机构权限的问题上，由于双方的共同反对而难以进行必要的改革。结果是，本应受到削弱的行政机构经济权限反而在 20 世纪 80 年代后半期得到强化，适应执政党国会议员要求的"利益诱导体制"也获得充分的体现，不仅政府的财政赤字迅速增长，而且破坏了支撑经济进一步发展的战略产业。

从普遍性上看，作为后发现代化国家，必须通过中央集权制的政府大力推动包括工业化在内的各项事业，实施一种赶超型的现代化；从特殊性上看，日本文化带有浓厚的集团主义色彩，是一种被组织的社会结构，因而以有泽广已为代表的经济学者推崇统制经济体制并在现实中加以实施，也取得了良好的预期效果。当然，任何经济政策或体制均有其相对性，必须随着历史的发展而加以变革，以顺应新的世界潮流。

The Economic Thoughts of Arisawa Hiromi and Its Impact on Japan's Economic System in the Postwar Era

—The Advantages and Disadvantages of Government-led Economic Development Model for Catching-up Countries

Wang Xinsheng

Abstract：As a famous Marxist economist, Arisawa Hiromi had built a solid foundation of economic thought relating to the controlled economy before the WWII, and was reflected in the research results of Japan's think-tanks and even economic policies. In the period of economic recovery in the early postwar period, Arisawa proposed the famous "inclined mode of production", recommending that the limited resources should be given priority to coal, iron and steel and other basic industries. The policy recommendation was adopted by the government and had a positive effect on Japan's economy. It was soon replaced by "the Dodge Plan" led by the US government, however. The model of government-controlled economy had been maintained in the form of "administrative guidance" providing a policy basis for Japan's rapid economic growth. Since Japan having become the world second largest economy, the negative effect of that mode gradually emerged and played a major role in the collapse of Japan's bubble economy.

Keywords: Arisawa Hiromi; Economic Thought; Government – controlled Economy; Inclined Mode of Production; Administrative Guidance

《日本文论》（总第 1 辑）
第 198~212 页
© SSAP, 2019

日本环境文学研究的历史发展脉络

［日］ 野田研一/著　陈祥/译

内容摘要： 日本的环境文学研究是在美国文学的影响下，于 20 世纪 90 年代初发展起来的，本文将通过整理其历史发展、概念、理论等相关问题，考察日本环境文学研究的现状及未来发展。环境文学研究的思想前提是"批判人类中心主义"，这与目前文学领域对自然表象的研究是截然不同的。而且，环境文学研究的出发点是对现实的自然书写进行研究，这与重新思考文学范式紧密相关，是重新审视文学史的一个重要环节。自然书写的核心内容是一次性经验及人与自然之间产生交感关系的认识。对这种交感概念加以具体化，需要我们对"变身"故事、舞蹈、风景论进行批判实践的再思考，需要从环境文学视角对既有的各种文学要素进行再研究。但是，日本文学中的环境文学研究，目前还未能做到对"日本文学史"的整体进行反思，希望今后可以划分古代、中世、近世、近代等各历史阶段开展环境文学（史）研究。

关 键 词： 环境文学　批判人类中心主义　自然书写　生态主义　他者性

作者简介： 野田研一，日本立教大学名誉教授、日本立教大学 ESD 研究所运营委员、广东外语外贸大学客座教授。

译者简介： 陈祥，中国社会科学院日本研究所助理研究员。

以环境文学研究为前提的思想，指的是围绕自然环境的各种思考中形成的"批判人类中心主义"。这种思想直到 20 世纪 90 年代初才在日本流行起来。在此之前，人们对待自然环境，都是优先考虑人类的便利、适宜和利益的"人类中心主义",这种思想所带来的结果是自然和环境遭到破坏。"批判人类中心主义"正是建立于对此反省的基础之上,形成了彻底颠覆"人类中心主义"思想的反思性行为。①

"批判人类中心主义"和"脱离人类中心主义"的思想,是环境文学研究的中心视角之一,也是环境文学研究的基础性概念。文学领域中的自然观研究并不是什么特例之物,但是 18～19 世纪欧洲浪漫主义中产生的自然思想与 20 世纪诞生并支撑环境文学研究的环境思想是截然不同的。其差别就在于是否存在"批判人类中心主义"和"脱离人类中心主义"。②

为何要关注环境文学研究呢?因为它是在思想层面上和尖锐的"批判人类中心主义"同时展开的,从某种意义上也可以说是同时对"自然"概念和"人类"概念进行全面反思的工作。

一　环境文学的发端

环境文学研究发端于 20 世纪 90 年代初期的美国,最初并没有使用"环境文学"(environmental literature)一语。那时,"环境文学"概念还处于萌芽阶段,焦点集中于"自然书写"(nature writing),比"自然书写"稍晚登场的是"生态批判"(ecocriticism)。它们关注的是以自然环境为中心展开文学研究、批判的方法论或理论。在此之后登场的是"环境文学"这一用语。换言之,在十年左右的时间里,"自然书写"、"生态批判"以及"环境文学"等用语相继作为该研究领域的核心关键词登场并延续至今。

在此稍稍提及一下这些用语在翻译成日语过程中存在的问题。实际上,将"nature writing"翻译成"自然文学"也没有太大问题,但在文艺杂志《フォリオa》(野田研一编,1993 年)组织专刊之际,没有采用"自然文学"而是选择了片假名方式的"ネイチャーライティング"。这是因为考虑

---

① 关于日本的环境思想,20 世纪 90 年代最具代表性的事件,是冈岛成行所著《美国的环境保护运动》(『アメリカの環境保護運動』、岩波新书、1990 年)的出版。该著作象征着自然保护和环境保护问题成为"全球环境问题"时期的到来。

② 围绕自然向"他者论的转向"即自然的"他者化",正是走向"环境中心主义"的契机。参见野田研一「『もののけ姫』と野生の〈言語〉—自然観の他者論的転回—」、『失われるのは、ぼくらのほうだ—自然・沈黙・他者—』、水声社、2016 年。

到英语中的"writing"并不是狭义上的"文学"，而是泛指"文书"或"一般著作"等，具有不限于"文学"的广泛性。而且，不选择"自然文学"而直接采用片假名表示外来语的形式，也能够给人带来新鲜感。

另外，"ecocriticism"一词，也曾考虑过翻译成"环境文学研究"和"生态学的文学批判"，但最终还是采用片假名"エコクリティシズム"来标注。"ecocriticism"是"ecological criticism"的省略语，翻译的难点在于"eco-"以及"ecological"。考虑到"ecological"本意指的是"生态学的"，很难融入文学研究，且自然科学的生态学也无法直接适用于文学研究，笔者当时曾提议将该词翻译为"环境文学研究"。也有学者将其翻译为"生态学的文学批判"，更多考虑采用直译方式。实际上，英文使用"ecological"，也有不能否定其微妙感觉的考虑。最终决定使用片假名表示的外来语形式（エコクリティシズム），可以说和翻译"nature writing"的初衷一样，主要还是为了强调新词语的新鲜感，而且能够保留其暧昧性。

与该问题相关联，在中国，有学者将其翻译为"生态文学"或"生态文学批评"，倾向于强调"生态"（eco）这一用语。在日本，相比"生态"，更倾向于使用"环境"一词，如"环境文学"和"环境文学研究"。中日两国在翻译用词上的差别代表着何种程度的意思不同或者说微妙差别，将是今后双方应该相互交流的课题，或许能从中挖掘出有价值的不同认识与观点。

按照时间序列，将"环境文学研究"世界里发生的重大事件（如出版物、学会成立等）整理成表 1。其中，"nature writing"一词占据了较大的比例，值得关注。

表 1　"环境文学研究"相关大事年表（1989～1996 年）

时间	重大事件
1989 年	〔美〕《美国自然文学创作通信》杂志发行（本特利大学），是关于环境文学最早的期刊，后成为"文学与环境研究学会"的学会刊物
1990 年	〔美〕格兰·勒维（俄勒冈大学）的论文《自然的再评价——面向生态学的文学批评》，是最早提倡生态主义的文献 〔美〕罗伯特·芬奇（Robert Finch）、约翰·艾尔德（John Elder）编《环境文学（诺顿版）》，是关于美国环境文学最全、最具综合性的文集 〔美〕彼得·弗里泽尔（Peter Fritzell）的《环境文学和美国》，是最早将环境文学范式作为美国文化史加以论述的批判性论著

续表

时间	重大事件
1991 年	〔美〕乔纳森·贝特(Jonathan Bate)的《浪漫派的生态学》,是将英国浪漫主义的自然志向作为生态学思想开展研究的著作。日文版已经出版
1992 年	〔美〕"文学与环境研究学会"成立,第一任会长斯科特·斯洛维克(Scott Slovic)撰写的《美国环境文学的意识化》是在其博士论文基础上形成的研究成果
1993 年	〔美〕卡尔·克罗伯(Karl Kroeber)的《生态学的文学批评》,是以英国浪漫派为中心的研究著作 〔日〕野田研一编《特集〈自然〉的范式/美国环境文学》,《フォリオα》第 2 号,是日本最早介绍美国环境文学的期刊
1994 年	〔日〕"ASLE-Japan/文学与环境研究学会日本分会"成立,第一任会长为野田研一
1995 年	〔美〕劳伦斯·布伊尔(Lawrence Buell)的《环境批评的未来:环境危机与文学想象》是以美国文学为中心,环境批评水平最高的宏大著作
1996 年	〔美〕戴维·埃伯拉姆(David Abram)的《感官的魔力》,虽不是文学方面的著作,但是讲述了语言和自然根本关系的语言哲学研究著作,对环境批评研究产生了很大影响 〔美〕约翰·埃尔德(John Elder)编《美国·自然作家群体》(全 2 卷),概括了美国自然书写历史,为该领域集大成的里程碑式著作 〔美〕彻丽尔·格罗费尔蒂(Cheryll Glotfelty)等编《环境批评读本》,收集了关于环境批评的基本文献,是重要的研究论文集 〔美〕唐·修斯(Don Scheese)的《自然书写》,是关于自然书写的综合研究 〔美〕保罗·雪帕(Paul Shepherd)的《作为他者的动物》,讲述人类和动物之间的根本关系,属于环境思想系的著作,对环境批评研究具有较大影响力 〔日〕斯科特·斯洛维克(Scott Slovic)、野田研一编著《美国文学解读"自然"——走向自然书写的世界》,是日本最早出版的关于环境批评的论文集,由美日两国学者共同执笔撰写。 〔日〕野田研一编《ユリイカ(Eureka)——特集 自然书写》3 月号,是日本主流文艺杂志上第一次刊登环境文学研究特集

"环境文学研究"的初期阶段指 1990 年前后。在美国,1992 年率先成立了"文学与环境研究学会"（Association for the Study of Literature and Environment，ASLE-US），两年后日本也成立了同样的学会（文学与环境研究学会日本分会，ASLE-Japan）。如表 1 所示，"环境文学"及作为批判理论的"生态批判"出现之前，基于环境视角进行文学研究的起点与基础是"自然书写"研究，这是历史事实。此后，那些无法被收入"自然书写"流派的文学作品也被囊括进来，统称为"环境文学"，在研究理论与方法论上则开始使用"生态批判"。

二 始于自然书写

环境文学研究是以自然书写研究为中心开始的。英语的"nature

writing"从 20 世纪初开始使用，仅指"与自然相关的纪实散文"（nonfiction essay on nature）。在此之前，则是使用具有博物馆学、博物志意义的"自然历史"（natural history）或"自然历史散文"（nature history essay）等用语的流派。

"自然书写"在日本，是以"户外杂文""自然小说"等概念形式创作的作品总称，主要属于"随笔"体裁。如果追溯到近世文学、古代或中世文学等思考日本文学史的话，还会包括一些"本草学"的博物学体裁以及旅行文学的"纪行文"体裁等。对近代文学而言，小说之类的虚构式体裁成为压倒性的主流，随笔尤其是其中以自然为主题的体裁成为文学研究中的支流。美国文学也存在同样的情况，自然书写系列的作品在文学史或文学研究领域所处的位置与日本十分相似。

亨利·D. 梭罗的《瓦尔登湖》（1854 年）等作品被视为美国自然书写的发端。从历史事实看，在梭罗生活的时代，并不存在"自然书写"这样的用语，他的作品常被列入"自然历史随笔"流派。此后渐渐变为"自然书写"的说法，这一演变过程存在诸多未解之处。其中一个重要的契机是，"自然作家"（nature writer）这一特殊的作者群在 20 世纪被逐渐明确界定。20 世纪初，自然作家的作品开始被称为"自然书写"。①

此后经过 90 年的研究积累，到 1990 年前后，"自然书写"的概念和体裁开始受到世人的关注，这成为环境文学研究兴起的直接契机。不可否认的是，在此之前"自然书写"的文学体裁事实上一直属于小众流派，促使学界积极对自然书写进行研究的原因，与 20 世纪 80 年代后半期在美国文学研究领域出现了被称为"重新审视文学正典"②的新动向相关联。即 20 世纪 80 年代后半期美国文学史领域出现了重新整合的动向，更加关注性别差异

---

① 关于"自然书写"这一英文的来历，参见野田研一「都市とウィルダネス—ボーダーランドとしての郊外—」、『失われるのは、ぼくらのほうだ—自然・沈黙・他者—』、85 – 88 頁。另外，作为其信息资料来源，虽然并未出版，但唐·谢斯（Don Scheese）的《自然书写的词源学》（*An Etymology of Nature Writing*）具有重要意义。

② "正典"的希腊文是"Kanon"，英文为"Canon"，表示可以划入圣经的标准学问，被视为公认的正典。现代文艺批判将其引申为古典的、伟大的、传道授业、值得学习且具有权威的文学作品。20 世纪 70 年代后，欧美文学研究领域在白人男性中心主义的统治下形成了文学史和正典机制，批判性地重新审读少数民族、女性、同性恋、弱势群体等的文学研究日益兴盛。——译者注

和少数族裔。

现在环境文学研究的动向之一是关注"地球环境问题"。这一动向主要是环境思想系自身发展出来的，但像关注性别差异和少数族裔一样，其也应是文学（研究）"社会化"甚至"政治化"的一种动向。对环境的关注也与此如出一辙。美国文学在 19 世纪中叶出现了亨利·D. 梭罗这样的自然书写领域的前辈。重新发掘"梭罗的传统"（Thoreauvian tradition），意味着文学与环境思想的深度结合，自然书写研究因能够满足重新思考文学史和重新关注环境思想这两方面的时代要求而登上历史舞台，正式兴起。

20 世纪 90 年代末期，开始出现"环境文学"和"生态主义"等用语，环境文学研究的基本要素得以确立，至今又经过了 25 年的发展。现在，自然书写研究作为生态主义的"第一波"，已经被学界视为稍稍落伍的研究了。① 笔者从自然书写研究兴起的初期就投身于此，并不认为自然书写研究已经失去了意义。理由是，自然书写流派的名称与环境文学流派是不同的。自然书写仅指代"关于自然的纪实散文"（nonfiction essay on nature），而环境文学不仅涵盖了小说、戏剧、诗歌等虚构系列作品，还囊括了自然书写体裁之类的纪实性作品，是一个统称概念。

得益于环境文学这一体裁名称的确立和传播，生态批判主义有可能以横向贯穿文学领域的形式接近"趋于环境的视角"。其结果是，重新审视通过自然书写形成的文学史正典这一重要的问题意识日渐淡化，但有必要深入探讨近代文学中突出虚构文学、轻视纪实文学的正典的问题。而从纪实文学的非虚构性看，自然书写这一体裁依然不失其重要性。就日本的情况而言，截至目前，所谓"日本的自然书写"是什么、有什么样的作品、有哪些作家等这些基本情况都尚未得到历史性总结。

三　自然书写（体验和交感）

自然书写是以自然为主题的纪实文学作品，基于实际体验的文学脉络是其关键点。即以自然为主题，以基于实际经验的随笔为大框架，题材十分广

---

① 結城正美「エコクリティシズムをマップする」、『水声通信』第 33 号（特集　エコクリティシズム）、2010 年、94–95 頁。

泛。从行为层面看，包括登山旅行、钓鱼、郊游、鸟类观察、农家生活、动植物观察等；就地点而言，包括与地球上所有场所和地方的风景及自然的相遇。自然书写是把这些被称为自然体验的全部事情均作为记述对象的一种写作体裁。

不仅是自然书写的体裁，纪实散文之类的文学体裁本身也只是文学史中很小的存在。文学特别是近代文学的主流体裁是小说，这种倾向非常明显，其次才是戏剧、诗歌。小说、戏剧和诗歌，基本上都是虚构的故事。因为是某一特定作家写的作品，从理论上说很难完全排除作家自身的经验性特点和视角。始于 18 世纪英国小说兴起的近代文学以虚构性体裁为主流，一直延续至今。

近代小说即便一味地追求现实主义，也是在保持虚构性和现实性之间微妙的平衡与关联性中实现的。普通小说，其体裁特性表现为，故事情节的设定和人物、场所等是虚构的，但细节处则坚持追求现实主义，即构建一个既不是非现实的也不是空想的，而是和现实非常类似的（模仿的，mimetic）虚构世界。这种情况下的现实主义，有不少只是被赋予了掩盖或者说粉饰虚构的谎言的附属意味，即为虚构服务的现实主义。

自然书写这一体裁正是基于与此种小说完全相反的立场上发展起来的，以实际体验为中心铺开故事叙述。纪实性（事实性）成为其第一要义，保证了故事具有经验性、真实性（authenticity）、纯粹性和资料一手性。所谓经验的真实性、纯粹性和一手性，意味着展开的故事叙述（和小说不同）并不是虚构之物，而是现实中真实发生过的事情。这一点是从前被称为特权性的要点。和小说的情况截然相反，这并不是要追求表现形式上的现实主义。问题不在于从虚构和事实中二选一。事实是在现实当中发生的事情，是对作家产生了巨大冲击和促进意识认知的事情，进而被作者创作成作品，但是发生的这些事情的意义在于超越现实主义，展示了通过事实所体现出的根源性的自然的"他者性"（alterity）。①

在与自然（现象）相处中会发生一些具有冲击性的事情，尝试将其作

---

① 关于自然书写所具备的纪实性的重要性，参见野田研一「概説ネイチャーライティング—『他者性のレッスン』と歴史的コンテクスト—」、『環境思想・教育研究』第 9 号（特集環境思想の探求）、環境思想・教育研究会、2016 年。

为对象用语言来描述，就是自然书写的本质特性。正是因为自然（现象）是超越了作者的日常以及人类生活经验发生的故事，作者才能从中发现自然所具有的根源性的异质性或者说"他者性"。与自然相遇所带来的冲击，其本质就是"他者性"。以亲身体验和经验为素材撰写的具有纪实性的自然书写，其本质在于意识到自然的异质性或者说"他者性"，并以此为起点建构故事情节。与小说之类的虚构文学不同，它往往是面向那些无法预测的事情和出其不意的经验，也有不少则戏剧性地展示了人性、社会以及文化因素受自然影响而出现"相对化"（即根据情况不同的动摇、虚无化）。也正因如此，这种异质性、"他者性"在颇具魅力的同时，也可能成为恐怖的对象。

自然书写的重要性就在于基于经验记述的现实感。经验赖以为基础的是自然的"他者性"这一认识论和存在论的直觉性（immediacy）。对人类而言，直觉性指的是自然具有哪些多种多样的意义。举个最显而易见的例子，"交感"（correspondence）就是这种内在、心灵性、精神性的表现。所谓"交感"，是指认为自然和人类之间存在相互呼应关系并试图发现这种关系的观念。因为属于"心性"，具体而言，交感可以是情绪性问题、某种原始且古老的信仰（占星术等），也可以是人类对自然抱有的幻想、妄想的关系。"心性"产生之物一定是来自现实，因此对人类而言这属于终极现实。与自然形成的这种"心性"的关系，在各种各样的作家、诗人的很多作品中都可以发现实例。比如，在欧洲文学领域，18世纪后风靡的浪漫主义文学作品中常常可以看到；而在日本，明治维新之后受到欧洲浪漫主义影响的许多近代文学作品中也有所体现。"交感"，是思考人类和自然的根本关系和必然联系时不可或缺的主题。

四　"交感"的变身、舞蹈、风景

"交感"性主题派生出的和自然间"心性"关系的一种表现，是叫作"变身"的主题。人变成动物或者动物变成人，诸如此类变成不同种类生物的"变身"类故事在世界上自古就广泛存在。人鱼、半人半马、半人半牛等半人半兽的怪物谈，也属于象征性地讲述"人类－自然关系史"的故事或神话。所谓"变身"，是具有很强故事性和幻想性的"交感"现象。尝试将"变身"这一主题作为"交感"的一种形态加以重新解读是很重要的，这是被生态批判和环境文学论出人意料地忽视了的主题。在日本文学领域，自古以来此类故事不胜枚举。在近代文学中，自中岛敦的《山月记》、宫泽贤治的《鹿舞起源》等开始，一直有讲述"变身"故事的作品问世。提及战后文学，石牟礼道子的《椿海记》中也有人类"变身"为狐的故事。笔者倾向于认为"变身"故事属于一种荒诞无稽的虚构文学，但"变身"故事是文化人类学、民俗学以及神话学在最深处所关注的"人类 - 自然关系史"的表现，是环境文学论中最为重要的主题。①

"舞蹈"系列的故事应该说是从"变身"故事发展而来的。三浦雅士的《批评之郁》中收录了《为舞蹈之身的素描》一文，对作为和自然的"交感"关系一环的"变身"以及舞蹈进行了精彩的解读。文学本不与舞蹈直接相关，但是以宫泽贤治的《鹿舞起源》为典型的作品中，模仿自然而舞的舞者将看客引入舞蹈旋律中的过程，就是舞者"变身"成为其表演对象自然（特别是动物）的过程。不是强调舞蹈本身，故事的语言通过"交感"、"变身"和"舞蹈"等一系列连续的过程，形成与舞蹈相对应的语言旋律。在日本文学领域中，这种舞蹈形式也存在于能、歌舞伎等古典艺能之中，作为人类变身狐狸、鸟等的故事被继承下来。②

另一个主题是"风景"。所谓"风景"主题属于风景画、山水画等美术领域，意在从视觉层面描绘自然，但文学领域中"风景"表现是普遍存在的要素。小说的风景描写在设定故事发生场景中起了重要作用。在日本的近代文学中，自国木田独步的《武藏野》发表以来，"风景的发现"（柄谷行人语）成为起决定性作用的事项。根据柄谷的研究，近代的"风景的发现"

---

① 相关内容参见石牟礼道子「第七章　大廻りの塘」、『椿の海の記』、朝日新聞社、1976 年；野田研一「狐になる—石牟礼道子『椿の海の記』—」、『自然を感じるこころ—ネイチャーライティング入門—』、筑摩書房、2007 年；山田悠介「第四章　石牟礼道子の反復」、『反復のレトリック—梨木香歩と石牟礼道子と—』、水声社、2018 年。其中，山田悠介的研究对"变身"主题和语言学上的反复表现之间的关系进行了详细论证，提供了有益的研究启发。
② 三浦雅士「舞踊の身体のための素描」、『批評という鬱』、岩波書店、2001 年。三浦最为著名的"交感"论就是环境批评，不仅对从"变身"到"交感"加以批评，还将"主体的二重性"的问题也纳入研究领域。

促成了发现近代以前也存在"风景"的颠覆性契机。[①]

在"风景"的表象问题上，因为设定了小说等作品中登场人物的内心世界和"风景"之间的相关性，"风景"也可以说是人物内心世界的外化，进而在内心世界和"风景"之间形成了交感论式的关系。"风景"也是"交感"关系的表象。"风景"的另一个侧面是"场所论"式的问题意识。"风景"是具体的特定场所的表象。在纪实性的自然书写中，安妮·狄勒德（Aniie Dillard）所言"特殊性的丑闻"占据了重要的位置。[②] 前文讲到经验的一手性，这与地理学中的"场所论"的研究方法重复。可以认为，"风景"的问题和"场所"的问题，其最根本的思维和感性的表现形式，都是基于"经验的一手性"和直觉性的"交感"论。

着眼于"风景"论的表象之所以重要，是因为其作为历史性背景能够接近"风景画时代"的过去。将近代早期开始的西欧"风景画时代"与以近代明治时期为起点的日本文学和文化中的"风景"的时代作为"交感"论的一个系谱加以探讨，"风景"论环境文学的重要因素再次受到关注。在其延长线上，作为"风景画时代"所带来的过度关注绘画美感的"风景"观的相对论，后浪漫主义的命题也显露出来。欧洲传统的"风景"概念将美的意识视为根本，这种美主要表现为"画境般"（pictorial）的东西，吉娜·柯兰道尔（Gina Crandell）对此做了如下表述：

> 这是因为我们会对自然之物能否绘制成画做基本的定义与判断。值得留存的是最美丽的东西。而且（如前所论），"美丽的东西"也是"最适于绘制成画的"[③]

柯兰道尔认为，欧洲风景观传统，包括其中的风景画传统，是以"画境

① 柄谷行人『定本　日本近代文学の起源』、岩波書店、2008 年。关于风景的问题，参见野田研一「〈風景以前〉の発見、もしくは『人間化』『世界化』および『風景の問題圏』」、『失われるのは、ぼくらのほうだ―自然・沈黙・他者―』、水声社、2016 年。关于"风景的发现"，参见 Gina Crandell, *Nature Pictorialized : The View in Landscape History*, The Johns Hopkins University Press, 1993, p. 10。

② "特殊性的丑闻"（the scandal of particularitiy）原本是基督教神学用语，引申为普遍现象是以具体物体来表现。参见アニー・ディラード・金坂留美子『ティンカー・クリークのほとりで』、めるくまーる、1991 年、133 - 134 頁。

③ Gina Crandell, *Nature Pictorialized : The View in Landscape History*, p. 3.

般”的东西“能否绘制成画”为基本标准来定义的。他批判在这一历史过程中形成“以绘制成画为优”的不成文标准，以及“风景”概念使以绘画或远近法的视角认定其为“美的东西”的观点居于支配地位。由于“风景”概念过分以美学为基础，即便是在一般考虑“风景”问题时，美学的影响力也无处不在。于是，即使选择的是自然保护对象，也需要先进行美学上的判断。这些问题，引出了“风景”的美学视角与环境论视角之间的矛盾。即美学和环境思想之间的乖离，是目前围绕“风景”讨论的焦点之一。

同样的问题，在马尔柯姆·安德鲁斯（Malcolm Andrews）的《风景和西欧美术》一书中也有论及。安德鲁斯的研究，注意到英文单词“land”和“landscape”之间的区别。在风景画发展为一个独立的绘画流派的 16 世纪前后，“land”向（具有强烈的美学意味）“landscape”的转变，但在 20 世纪后期的“风景”论则描绘使“landscape”从“land”体系中脱离出来的基本过程。这是对过度偏重美学的“风景”观进行矫正、重新定位环境论的一种尝试。从现有的“风景”美学的问题中脱离出来，不仅是对 19 世纪浪漫主义“风景”美学的批判和解构的思想性问题，还成为讨论文学表现中“风景”时的现代课题之一。①

五　后浪漫主义的课题

18～19 世纪盛极一时的浪漫主义自然思想，曾对欧洲近代文学的自然观进行深入界定。在浪漫主义出现以前的欧洲思想并没有把自然放在很重要的位置。自然虽然作为基督教的基本概念之一得到反映，但欧洲整体突然转而关注自然，其原动力无疑是源自浪漫主义的文学、思想、艺术的影响。比如，欧洲绘画史上风景画体裁的产生，以及浪漫主义的自然诗歌群体与风景画是相伴产生的。在浪漫主义最为兴盛的 18～19 世纪，风景画和自然诗可以说是亲密的姐妹关系。

进入 20 世纪后，欧洲浪漫主义对自然情有独钟的情况迎来巨大转变。浪漫主义本身销声匿迹了，有证据表明风景画也走向了衰亡。直到 19 世纪还十分兴盛的风景画流派，在进入 20 世纪后迅速衰败。与之相应的是，在

---

① Malcolm Andrews, *Landscape and Western Art*, Oxford University Press, 1999.

文学领域，自威廉·华兹华斯（William Wordsworth）时代以来的自然诗歌式作品也从主流领域中被排挤出来。这种历史演变可以解读为 18~19 世纪曾占据主导地位的"自然派"在进入 20 世纪后迅速衰落，但在 20 世纪 90 年代初出现了环境文学和环境批评，开启了对上述关系的新证明。对此，可以亨利·D. 梭罗的《瓦尔登湖》为例加以说明。

这部作品是浪漫主义文学的集大成者，也是美国自然书写研究及环境评论的经典作品之一。笔者之所以这样评价，基于如下原因。第一，该作品的形式满足了自然书写的基本要素——"与自然相关的纪实性"和"经验的一手性"，是典型的自然书写作品。第二，该作品在传统美国文学史中找到了稳定的自身定位，甚至被定位为美国文学史中的主流文学流派。第三，19 世纪末以来，美国陆续出现了许多模仿《瓦尔登湖》创作的作家和作品。甚至可以说在美国各地有各种各样的梭罗式作家，梭罗开创的自然书写体裁迅速扩大，形成了庞大的文学派别。

20 世纪后期，继承和发展梭罗式自然书写传统的知名作家辈出。例如，20 世纪 60 年代开始创作的爱德华·艾比（Edward Abbey），70 年代开始创作的安妮·狄勒德，80 年代以后开始创作的巴里·佩洛斯（Barry Lopez）、罗伯特·芬奇（Robert Finch）、理查德·纳尔逊（Richard Nelson）、特丽·坦贝斯特·威廉斯（Terry Tempest Williams）等作家值得关注，他们在持续不断地开拓着"现代文学"。正因为这些作家的不断涌现，才使得 20 世纪 90 年代之后开始形成环境文学研究。

能否说作为 19 世纪浪漫主义发展到顶峰时引人注目的代表人物之一的梭罗和 20 世纪后期的作家们在环境思想层面是处于同一水平的呢？答案是否定的。我们不能将 19 世纪浪漫主义的自然观和 20 世纪后期的自然观等同视之，文学领域的自然观也必然随着时代发生变化。关于风景论，曾经有过纠正过度偏向美学的"风景"观、对环境论进行再定位的尝试，20 世纪的自然书写流派在以梭罗式自然书写为范本的同时，也对其中所包含的浪漫主义思想进行了批判性吸收、尝试超越，这是其核心任务。这种发展趋势即"后浪漫主义"的指向性，最典型的代表作家是爱德华·艾比。艾比是后浪漫主义的自然书写作家（又称"生态文学作家"），其批判浪漫主义所包含的三个关键词——超越论、风景美学、人类中心主义，超越了梭罗式的自然思想。他曾在日记中写下这样一段话：

在沙漠，人类直接和世界相遇。这不是经人类意识投影的世界。正因如此，这是没有被艺术、科学、神话加以解释的世界，是没有留下人类足迹的世界，是一个封闭的人类世界和没有任何联系的世界。沙漠，与人直接面对，是那么具有存在感的、赤裸裸的、难以理解的、绝对的"现实存在"（is-ness）。①

这段文字很精彩地浓缩了后浪漫主义的观点：自然不是人类意识的投影，这体现了非人类中心主义；自然是人类通过"艺术、科学、神话"等加以"解释"的体系之外的广阔世界，这体现了"他者"论的认识；自然是与人类无关、自立且自律、固有的"绝对的'现实存在'"，这体现了存在论。艾比对自然的论述，批判了人类历史上日积月累而形成的从认识论到存在论、伦理和美学等各种人类中心主义的意识形态。

需要注意的是，这里也包含了对过去支持浪漫主义的基督教超越论的批判，艾比将这些批判性论点的根本放在了"沙漠"环境中。所谓"沙漠"，是保持了纯粹天然状态的自然，对人类而言，它很难作为农地或其他生产活动的用地，几乎是无用的自然。艾比认为，正是这种无用性，成为剥离人类对自然的各种观念、导入非人类中心主义的切入口。

结　语

环境文学主要研究"自然 - 人类的关系"，特别是感性和表象的层面，但从文学领域进行环境研究之所以重要，在于其直接体现自然和人类关系的文学体裁。② 在文学作品中，存在以感性和表象的形式具体描述的自然。这是哲学、伦理学或是社会科学等学科无法表现的，是文学或艺术才能展现的世界。自然不仅是思想和观念的对象，还是感觉和认知的对象，我们以此为基础构建出自然观。

---

① Edward Abbey, *Confessions of a Barbarian：Selections from the Journals of Edward Abbey*, 1951 - 1989, Little, Brown and Company, 1994, p. 185.
② 关于"自然 - 人类的关系学"的概念，参见野田研一「序論　交感と反交感—『自然—人間の関係学』のために—」、野田研一編『〈交感〉　自然・環境に呼応する心』、ミネルヴァ書房、2017 年。

对环境文学研究而言，首先要弄清楚我们现在以及过去是如何看待自然的。自然观既不是普遍的，也不是一成不变的。重要的是从历史的视角重新审视我们对自然的感性和认知的结构，不仅要看清对于人类而言的自然，还要看清自然本身所拥有的价值，并以此为起点构思并最终制定关于自然环境的最根本的"政策"和"方针"。

日本的环境文学研究，始于自然书写研究，以批判人类中心主义为核心，致力于多种主题的研究。这些努力的成果呈现为各种研究和论证。从纪实性的问题出发，增加了"交感"论、"变身"谈、舞蹈、"他者性"等诸多研究主题。对环境文学研究而言，重要的不是直接参与"政治过程"。在当前，如何发现超越狭义环境主义言论的多样化主题才是最为重要的。

日本的环境文学研究经过了大约25年的发展，依然止步于日本的环境文学是什么、有怎样的作家和作品，尚未进行具体且系统性的研究。个别研究者也分别列举了各自研究领域的作家，但是还没有将其谱系化，未以"日本环境文学史"的形式加以整理。这样的文学史研究，有必要在古代、中世、近世、近代的历史演变中加以体系化。另外，如果从环境文学和自然书写的视角重新加以把握，也有必要对此前没有置于日本文学史中的一些作家和作品加以关注。近年来，日本以立教大学为中心，正在逐步推进"日本环境文学史"研究的构想。①

The Historical Development of Japan's Study of Environmental Literature

Noda Kenichi

Abstract：Japan's study of environmental literature has developed since the early 1990s, under the influence of American literature. The present situation and future of Japan's study can be examined through the review of its historical

---

① 小峰和明（研究方向为古代、中世日本文学，中国人民大学高端外国专家，立教大学名誉教授）、渡边宪司（研究方向为近世日本文学，立教大学名誉教授）共同于2016年末发起了"日本的环境文学史研究会"，并定期召开研究讨论会。

development and related concepts and theories. The ideological prerequisite of Japan's study of environmental literature is the anti-anthropocentrism, which is quite different from the existing studies of the natural representation in the field of literature. Moreover, the starting point of Japan's study of environmental literature is to study the natural writing of the reality, which is closely related to the re-thinking of the literary paradigm, and is an important part of the re-examination of the literary history. The core content of natural writing is one-time experience and the understanding of the relationship between man and nature. It is necessary for the rethinking of this concept of sympathetic to criticize the "body-changing" story, the dance and the view theory, and need to re-study the existing literary elements from the perspective of environmental literature. However, the study of environmental literature in Japanese literature has not yet been able to reflect on the whole history of Japanese literature. It is recommended that Japan's study of environmental literature should be carried out in various historical stages, such as ancient, middle and modern times.

Keywords：Environmental Literature；Criticizing the Anthropocentrism；Nature Writing；Environmentalism；Otherness

《日本文论》（总第 1 辑）
第 213~228 页
© SSAP，2019

钓鱼岛问题的历史考察

——以中华民国驻长崎领事的"感谢状"的分析为中心

［日］村田忠禧/著　吴雨缪/译

内容提要：日本趁中日甲午战争胜利之际，通过内阁会议决定将钓鱼岛（鱼钓岛）、黄尾屿（久场岛）"编入"冲绳县，但没有将此事向国内外公开。日本虽发现在这一操作过程中遗漏了对赤尾屿（久米赤岛）的处理，却仍选择了无视并继续窃占两岛的态度。1920 年，遭遇海难的福建省渔民漂流到钓鱼岛，被在该岛经营渔业事务所的古贺善次所救。此事本应是一桩关于生命救援的美谈，日本方面却有所顾虑：不能让中方知道渔民获救的地方是钓鱼岛。日本在将此事告知中国的时候，最初对该岛通称"和平岛"，不久又改用一个虚构的岛名——"和洋岛"。被救中国渔民安全归国，中国驻长崎领事为此向相关救援人员赠予了感谢状。日本明知此事发生的地方就是钓鱼岛，却故意用虚构的"和洋岛"来掩盖真实岛名。同时还采取措施，将一直以来被忽视的"赤尾屿"标记为"大正岛"而非"久米赤岛"，"编入"冲绳县。这些都是为不让中国察觉到日本将钓鱼岛等岛屿窃为己有的事实而做的隐瞒工作。

关 键 词：钓鱼岛　渔民救助　感谢状

作者简介：村田忠禧，日本横滨国立大学名誉教授。
译者简介：吴雨缪，中国社会科学院研究生院日本系研究生。

1895 年 1 月，日本政府通过内阁会议决定将钓鱼岛（日方称"鱼钓岛"）和黄尾屿（日方称"久场岛"）"纳入"冲绳县管辖，并许可在冲绳县建立界标。但实际上冲绳县在当时并没有建标，日本政府也没有将把钓鱼岛、黄尾屿"纳入"冲绳县一事对内外公布。当时正处于中日甲午战争的最后阶段，日本的目标是占领台湾和澎湖列岛，不希望因一个无人小岛引发争端。出于这样的考虑，日本没有向国内外公布将钓鱼岛和黄尾屿"编入"冲绳的决定。在中日两国签署的《马关条约》中，清政府承认将台湾、澎湖列岛"永久割让"给日本，不久后，钓鱼岛和黄尾屿被日本政府租借给一个名叫古贺辰四郎的日本民间人士。对于这件事的经过，当时的清政府并不知晓。

1919 年末，31 名福建省渔民遭遇风暴，漂流到钓鱼岛，被岛上经营渔业生意的古贺善次（古贺辰四郎的儿子）所救。为了不让日本暗中占据钓鱼岛的事被中国方面发现，日本政府和冲绳县政府不得不在救助中国渔民的同时做好隐瞒工作，不让中国政府注意到渔民被救于这座岛屿。日本政府是怎么做的呢？日本国立公文书馆亚洲历史资料中心①公开的日方公文中的记录为我们揭开了历史真相。这些文书由日本外务省外交史料馆收藏，文件名为《关于支那人（福州人）救助之事　大正九年一月》，编号为 B12081793600。②

一　日本窃取钓鱼岛的经过

（一）瞒而不报地占有钓鱼岛

1885 年，时任内务大臣的山县有朋想将赤尾屿（日方称"久米赤岛"）、黄尾屿和钓鱼岛三岛"编入"冲绳县辖区，外务大臣井上馨和冲绳县县令西村舍三表示不同意见。1885 年 12 月，关于建立界标的问题，内务大臣和外务大臣联名向冲绳县下达《目前不要建标之事》的指令。这个指令作为政府的政策一直被执行，直到日本本岛尤其是九州地方出现了一批人，想通过开发无人岛大发横财，要求重新审议这个指令。然而，日本真正转变这个方针，是在中日甲午战争期间日本认为自己胜局已定的时候，因为

---

① 为了使脚注尽量简洁，国立公文书馆亚洲历史资料中心的同一篇资料第二次出现时，将"国立公文书馆亚洲历史资料中心"简称为 JACAR，而后面编号的开头字母 A 代表国立公文书馆，B 代表外务省外交史料馆，C 代表防卫省防卫研究所。例如，JACAR：A01000012800。

② 原文没有标点，本文为方便读者阅读，加上了标点。

那时已经可以不用再考虑清政府的反应。① 1895 年 1 月的内阁会议决定，"许可县知事以承认冲绳县之所辖而建设界标的申请案，无特别障碍，可批准"。日本政府同意建立界标的方案，实际上就是不负责任地许可将钓鱼岛和黄尾屿"编入"冲绳县管辖。

事实上，当时日本政府并没有对国内外公布将钓鱼岛、黄尾屿"编入"冲绳县的举措，也没有在冲绳县建立界标。虽然如此，根据内阁会议决定，钓鱼岛和黄尾屿被"纳入"了冲绳县管辖，冲绳县等地的行政机构将这两个岛屿作为冲绳县八重山郡石垣村所属岛屿对待。例如，在明治 30 年（1897）的敕令第 169 号中，就将钓鱼岛作为不施行烟草专卖法的地方记载在册。②

1900 年 5 月，冲绳县师范学校的黑岩恒在钓鱼岛和黄尾屿展开了为期 18 天的调查，写下论文《尖阁列岛探察记事》，并发表在明治 33 年（1900）8、9 月号的《地学杂志》上。文中，他将由钓鱼屿、尖头诸屿、黄尾屿组成的岛屿群重新定义为"尖阁列岛"。

黑岩恒在论文中对钓鱼屿的名称做了介绍："钓鱼屿，被称为钓鱼台或和平山，有的地图上也标记为 Hoa-pin-su。"值得注意的是，黑岩在论文中并没有使用"鱼钓岛"，而是使用了中文的"钓鱼屿"。

"鱼钓岛"被称为"和平山"是从"Hoa-pin-su"的发音而来，这样的称呼在当时的《琉球新报》上也可看到。1908 年 9 月 28 日的《琉球新报》上有介绍古贺辰四郎经营渔业的新闻，"为了制作鲣鱼干，17 名外出打工的渔民在该岛本年度渔期结束时从和平山回到那霸"，其中的"和平山"就是"钓鱼岛"。

与 1895 年 1 月内阁会议的决定相同，黑岩恒定义的"尖阁列岛"也不包括赤尾屿。后来冲绳县厅发现了这个问题，在 1906 年 2 月制作的"冲绳县辖区全图"上将赤尾屿所在区域用黑色涂抹覆盖，就当这个岛屿从来没有存在过一样。③

---

① 参见村田忠禧『史料徹底検証　尖閣領有』、花伝社、2015 年；村田忠禧：《日本窃取钓鱼岛始末：史料与考证》，胡连成译，北京：社会科学文献出版社，2018 年。
② 「葉煙草専売法ヲ施行セサル地方ヲ指定ス」、JACAR：A15113168100－6。
③ 「沖縄縣管内全圖」、国立国会図書館デジタルコレクション、http：//dl. ndl. go. jp/info：ndljp/pid/1089186〔2019－01－02〕。

二　日本在中国渔民遇难事件中对钓鱼岛表记上的隐瞒

（一）中国渔民遇难事件概要

1920 年（大正 9 年）1 月 16 日下午 6 时 15 分，冲绳县知事川越壮介给内务大臣床次竹二郎发去电报，由于东京与冲绳那霸之间的电报通信尚有时滞，外务省通商局二课收到电报时已是次日，即 17 日上午 10 时 13 分。电报中称：

> 中国福州渔民 31 人，乘坐渔船出海遭遇风暴，船体被冲走，于 12 月 30 日在所管辖之八重山郡尖阁四岛（センカクヨットウ）漂流上岸（无人死伤），目前正在救护中。①

由上可知，1919 年 12 月 30 日发生了 31 名中国福州渔民遇难事件，冲绳县正在组织救护。其中"尖阁四岛"（センカクヨットウ）应为"尖阁列岛"的电文翻译错误。

冲绳县知事在 1 月 17 日上午 6 时 50 分再次给外务省通商局局长发电报（当天下午 1 时 10 分收到），询问是否需要将获救的 31 名中国渔民送往中国驻长崎领事馆，并提及索要救援经费的问题。

> 救起遭遇海难的 31 名支那福州人，是否将其送往长崎领事馆。对于旅费及其他费用，请求根据明治 31 年敕令中与清政府约定的偿还所垫付救助遇难渔船费用相关事宜，要求清政府偿还。②

冲绳县知事提到的"明治 31 年敕令"，是指日本政府在明治 31 年（1898）10 月 11 日发布的《帝国政府与清国政府关于失事船只救助费用偿

---

① 「支那人（福州人）救助二関スル件　大正九年一月」、JACAR：B2081793600 - 6。
② 「支那人（福州人）救助二関スル件　大正九年一月」、JACAR：B2081793600 - 3。

还的约定》①，其中第一条如下：

> 两国在彼此救助沿海遭遇海难的民众时所产生的衣食、旅费、医药、捞尸、埋葬等各项费用应由难民所属国政府偿还支付。②

根据这条约定，外务省通商局局长于 1 月 19 日向冲绳县知事做出如下回复：

> 关于本月 17 日的来电，应预先同中国驻长崎领事进行商洽，再将获救中国渔民送往该国领事馆，可以向其索要旅费等救助费用。③

冲绳县川越知事确认了关于救援费用由难民所属国政府（指中华民国政府）承担的约定确实存在后，于 1 月 21 日向内务大臣床次竹二郎提交了题为"关于支那人漂流上岸之事"的报告。

该报告在"二 遭难及救护的状况"④ 中简单地介绍了遇难渔民的住址和姓名等信息。文中写道，他们住在中国福建省泉州府惠安县白寄乡，其中包括船主兼船长郭合顺（38 岁）、舵手郭得胜（50 岁），其他郭姓人员 25 人，张姓、郑姓、江姓各 1 人，共计 30 人。⑤

> 漂流到了管辖内的八重山郡石垣村尖阁列岛内一个被称为"和平岛"的小孤岛。全体船员分乘三艘短艇上岸，却已是粮食尽失。在饥饿难耐之时，所幸被岛上经营渔业事务所的古贺善次和渔民 30 余人所救，他们拿出储存的食物救助了漂流上岸的中国渔民，但救助工作由于天气状况不住而停滞，直到本月 10 日天气状况逐渐好转后，古贺善次调集其所有渔船将获救渔民全部送往石垣村公所，之后他们被收容在该

---

① 「帝国政府卜清国政府卜ノ間ニ締約セル難破船救助費用償還ニ関スル約定」、JACAR：A01200874800。
② 「帝国政府卜清国政府卜ノ間ニ締約セル難破船救助費用償還ニ関スル約定」、JACAR：A01200874800 - 4。
③ 「支那人（福州人）救助ニ関スル件　大正九年一月」、JACAR：B12081793600 - 2。
④ 「支那人（福州人）救助ニ関スル件　大正九年一月」、JACAR：B12081793600 - 7~9。
⑤ 应为 31 人，缺少 1 人原因不明。

村的旅舍中接受保护。他们所乘船只在和平岛靠岸后，被风浪破坏，船具和船体全部都被冲走。

"三　遇难者的安置"中写道："遇难者目前正在石垣村接受政府救助，引渡问题正与中国驻长崎领事协商。"

根据冲绳县知事在 1920 年 1 月 21 日提交的报告，1919 年 11 月下旬，船长郭合顺一行乘坐的"金合号"渔船从福建省出发前往浙江省海域打渔，于 12 月 26 日遭遇风暴，为避免船体倾覆而砍断了桅杆，渔船开始顺水漂流，直到 12 月 30 日到达"尖阁列岛"内名为"和平岛"的岛屿。这座岛上，有古贺善次的渔业事务所，储存着为 30 余名员工准备的食物。遇难渔民得到古贺善次的救护，熬过了饥饿，待 1920 年 1 月 10 日天气转好后，古贺动用所有渔船将遇难渔民全部转移到石垣村公所，由石垣村村政府接手后续的救援工作，并与中国驻长崎领事馆进行交涉。

对于古贺善次的渔业事务所所在岛屿，该报告上的表述为"和平岛"，而按照冲绳县的叫法原本应称为"鱼钓岛"。在 1908 年 9 月 28 日的《琉球新报》上有一篇报道，"为了制作鲣鱼干，17 名外出打工的渔民在该岛本年度的渔期结束时从和平山回到那霸"，这篇报道中用"和平山"来指代钓鱼岛，由此可见"和平岛"也被用来称呼这座岛屿。

（二）岛名由"和平岛"变更为"和洋岛"

1920 年 2 月 17 日，冲绳县川越壮介知事给外务省通商局局长田中都吉提交了题为"关于救助漂流支那国人之事"的情况说明报告。[①]

前文提到的 1920 年 1 月 21 日致床次内务大臣的题为"关于支那人漂流上岸之事"的报告中讲到，遇难渔民在石垣村公所的旅舍中等待回国。2 月 17 日致外务省通商局局长的报告中称："与中国驻长崎领事的商谈结果为，1 月 21 日用从八重山发往台湾基隆的大阪商船'八重山号'将中国渔民送至台湾基隆，25 日从基隆送至厦门，再乘坐'天草号'送至福州。其中石垣村支付了送至基隆之前产生的所有救助费用，台湾仙德洋行支付了从基隆到福州的经费，当地商船公司分社社长的通报上有记录。"该文件详细报告了送遇难渔

---

① 「支那国人漂流救護に関する件」、JACAR：B12081793600 - 11。

民回国之事已顺利完成，以及救援经费垫付的情况。除此之外，1 月 21 日与 2 月 17 日的报告内容大体相同。两份报告在记述上的差异大致有以下三点。

第一，中国渔船从福建出发日期，在 1 月 21 日的报告中是 1919 年 11 月下旬，而 2 月 17 日的报告中是 9 月 7 日。对此，日方与郭合顺等中国渔民交谈后得知，这是因为他们回答的出发日期是农历日期，农历的 9 月 7 日就是阳历的 11 月 30 日。

第二，对于遇难渔民漂流的岛屿表述，在 1 月 21 日的报告中为"八重山郡石垣村尖阁列岛内和平岛"，而在 2 月 17 日的报告中变成了"八重山郡尖阁列岛内和洋岛"，即"和平岛"变为"和洋岛"。实际上，这个"和洋岛"的岛名是虚构出来的，并不存在。

第三，1 月 21 日的报告中记载，中国渔民漂流到"和平岛"后被岛上经营渔业的古贺善次等人所救。而在 2 月 17 日的报告中"古贺善次"的姓名却被隐去，对营救人员的记录只是"私人经营的渔业事务所"。

在 2 月 17 日冲绳县知事的报告中，不仅使用虚构的岛名，还隐去了在营救渔民事件中起最重要作用的真实存在的人物的姓名，这是为什么呢？有人认为这是受内务省的指示。后文将对此做进一步讨论。

（三）石垣村村长的救助费用请求书分析

冲绳县川越壮介知事在 1920 年 3 月 20 日又给床次内务大臣提交了题为"关于支那国人漂流救护之事"的报告①。报告内容和 2 月 17 日致外务省通商局局长田中都吉的报告内容基本一致，都将"金合号"渔船从福建出发的时间记载为 9 月 7 日，都使用了同一个虚构的岛名，都隐去了救助者"古贺善次"的名字。从这三点看，这份报告是 2 月 17 日报告的延续。由此可推断出，虚构出"和洋岛"这个岛名以及隐藏"古贺善次"姓名的处理方针，大概是在 2 月 17 日之前确定的。

作为新增的内容，该报告附了一份八重山郡石垣村村长丰川善佐在 2 月 26 日写的《漂流到岸支那人救援费用请求书》。② 根据请求书记载，向郭合顺等中国渔民索要的救援费用合计 627 日元 67 钱，其中包括：在"尖阁列

① 「支那国人漂流救護ニ関スル件」、JACAR：B12081793600 - 13。
② 「漂着支那人救護費用請求書」、JACAR：B12081793600 - 16～18。

岛"上的饮食费用，12 月 29 日到 1 月 8 日共 11 日，人均一日 40 钱，从共计 136 日元 40 钱；从"尖阁列岛"到石垣港的船资，人均 4 日元，共计 124 日元。值得注意的是，这份材料对该岛的表述是"尖阁列岛"，甚至连"和洋岛"这个虚构的岛名都没有提到。

三　从中国驻长崎领事的感谢状分析
日本对占有钓鱼岛的隐瞒

（一）中国驻长崎领事发感谢状的缘由

由于内务省公文中没有明确说明，冲绳县知事和中华民国驻长崎领事间的交涉详情无从知晓。幸运的是，关于该事件的重要情况被记录在 1920 年 5 月 22 日中华民国驻长崎领事冯冕给冲绳县知事的第 35 号公函中。[①] 以下为公函的内容。

> 迳复着前准大正九年四月十二日地第一一五三之一号公函寄到。福建省惠安县遭难渔民郭合顺等三十一人姓名，并当时从事救护人员氏名清单各一份均已领悉。查此次该渔民等当遭难漂泊饥寒交逼之际，承石垣村长等热情救护，并由村役场公款内垫支宿食各费，使得生还故国。不独身受其惠者感德不忘，即本领事亦同深钦佩。昨经呈准，驻东京公使馆拨支日金贰百圆寄赠石垣村役场慈善事业基金，藉酬救灾恤邻之雅。另由本领事赠给从事救护人员感谢状各壹份，以表谢意而彰义举。兹将该金贰百圆暨感谢状七份，交邮寄上。
>
> 即希查取分别赠送取回。收据早日寄还本馆以资备案，不胜感纫之至。此致
> 大日本帝国冲绳县知事阁下
>
> 　　　　　　　　　大中华民国驻长崎领事　冯冕
> 　　　　　　　　　中华民国九年五月二十二日

---

① 「駐長崎領事館公函第参伍号」、JACAR：B12081793600 - 33。

根据冯冕领事的公函，在 4 月 12 日的 "地第 1153 之 1 号" 文件中附有一封内务省地方局长给中华民国驻长崎领事的信件。信中记录了此次遭难的 31 名中国渔民的姓名以及实施救助活动的八重山郡 7 名日方相关人员的名字。这封信也使用了 "和洋岛" 这个虚构的名称来称呼事发岛屿。

中方通过对获救渔民进行调查得知，以石垣村村长为首的八重山郡人士对渔民进行了热心救助，石垣村用公费垫付了遇难渔民滞留当地时产生的各项费用。冯冕对此表示，不仅被救的渔民非常感激，作为领事的冯冕本人也十分敬服。他向中华民国驻东京公使馆禀明情况，请求拨款 200 日元寄赠给石垣村慈善事业基金以表谢意，并以自己的名义向救援人员分别寄去感谢状表彰他们的义举。书信中还写道，"在此邮寄 200 日元及感谢状 7 封，请各位在收到邮件后尽快将收据寄还领事馆，以便查证"。

感谢状中并没有提到石垣村村长 2 月 26 日的《漂流到岸支那人救护费用请求书》，由此可见截至 5 月 22 日冯冕领事并没有收到 627 日元 67 钱的费用偿还要求。

另外，冯冕领事寄送的 7 封感谢状的落款日期为 5 月 20 日，信中将事发岛屿记为 "日本帝国冲绳县八重山郡尖阁列岛内和洋岛"。这是因为日方在来信中所告知的岛屿名称为 "和洋岛"，所以冯冕领事在信中才会这样写。也就是说，当时中方并没有察觉这个 "和洋岛" 是一个虚构的岛名。

（二）向中华民国政府请求偿还救助费用

中华民国驻长崎领事的感谢状经由冲绳县知事交到 7 名施救者手中。至此，日本认为，用虚构的 "和洋岛" 将钓鱼岛隐瞒起来的工作已经成功，可以不必再担心因岛屿归属问题与中国发生争端。下一步要做的就是根据石垣村村长编写的《漂流到岸支那人救护费用请求书》，向中华民国政府提出要求偿还渔民救助经费 627 日元 67 钱。

感谢状寄出没多久的 1920 年 6 月 2 日，外务大臣内田康哉委托日本驻中国特命全权公使小幡酉吉向中华民国政府提出了 627 日元 67 钱的救助费用偿还要求。对此小幡公使在 6 月 10 日向内田康哉外务大臣做出回应：

（前略）归根结底，如此漂流者救护一事，在人道上以及国际交往上，世界各国间，特别是日中间一衣带水，相互间经常发生之。在此事上由本使正式向中国中央政府提出偿还救护费用的申请，非常无礼。我认为这样做在很大程度上是忘却了拼力救助的宗旨，且如排日者之流或抓住这一点对日本的小气嘲笑不已。毋宁，让世间皆知我方不要一文救护费用，引导世人将日本人视为有德之人为此事处理之肝要，特别要看到，遇难者来自最近排日之风盛行的福建地方，更应如此。（后略）①

小幡公使表示不同意要求中国政府偿还救护经费的做法，理由是救助遇难者是出于人道主义的行为，并且这在国际交往中是经常发生的事情，向对方政府索要救助费用的做法有悖于救助精神。另外，中国在 1919 年发生了排日运动，特别是福建地区民众的排日情绪高涨，所以他认为此事应慎重对待。

小幡公使虽然持反对意见，但也不能无视中日两国之间签订的《关于失事船只救助费用偿还的约定》中关于难民所属国家应偿还难民救助经费的规定。做出回应后没多久，他在 6 月 15 日从北京致电内田外务大臣：鉴于北京当时的形势，以及怕信息误传等种种原因，提议直接向中国驻长崎领事或中国驻东京公使馆请示偿还事宜。② 外务省通商局局长田中都吉接受了小幡公使的提议，于 6 月 29 日委托长崎县知事渡边胜三郎向中国驻长崎领事提出偿还救助费用的要求。③

过了近半年时间，1920 年 12 月 27 日，渡边胜三郎知事才回复外务省通商局局长，称"今日（12 月 27 日）中国驻长崎领事准备了 427 日元 67 钱作为救助费用，希望送交冲绳县知事"。作为补充，副领事表示，救护费用总额为 627 日元 67 钱，之前的 200 日元算作已直接偿还。④ 同日，长崎县知事向冲绳县知事寄去相同内容的信件。⑤

冯冕领事在接到救助费用偿还请求书时感到困惑且不满，他认为，5 月 22 日赠予石垣村慈善事业基金 200 日元并且寄去感谢状，问题就已经解决，因此从 6 月到 12 月的近半年时间里都没有对此做出回应。但问题不能一直

① 「在支那特命全権公使小幡酉吉ノ外務大臣内田康哉宛書簡」，JACAR：B12081793600 - 20。
② 「小幡公使の内田外務大臣宛書簡」，JACAR：B12081793600 - 22 ~ 23。
③ 「支那人漂流救護費償還方申入二関スル件」，JACAR：B12081793600 - 24 ~ 26。
④ 「支那人漂流救護費償還方ニ関スル件」，JACAR B12081793600 - 28。
⑤ 「支那人漂流救護費償還件」，JACAR：B12081793600 - 32。

拖下去，抱着赶紧了结此事的想法，冯冕领事在 1920 年 12 月 27 日又支付了除去 200 日元外的 427 日元 67 钱，他以为事情就此可以了结。

然而冲绳县的川越知事却并不这么认为。他在 1921 年 2 月 4 日向内务大臣呈上《关于漂流支那人救护费用之事》，文书中称 1920 年 5 月中方给出的 200 日元是对石垣村慈善事业基金的赠款，不属于救助费用，因此还有 200 日元未结清。川越向内务省请示可否直接索要这 200 日元。[①] 对此内务省没有直接答复。外务省通商局局长田中都吉在 2 月 22 日对冲绳县川越知事做出"踢皮球式"的回复，他指出中国驻长崎领事对此事可能存在误解，让长崎县知事与中国驻长崎领事进行确认。但之后似乎也没有下文。原本应是中日两国间生命救助美谈的事件，却因为日方太执着于救助经费而使两国之间出现嫌隙。

（三）中华民国驻长崎领事的"感谢状"之反证

如前文所示，1920 年 5 月 20 日中华民国驻长崎领事给救助中国遇难渔民的 7 名日本人分别寄去了感谢状，其中的 2 封尚存，收藏在石垣市八重山博物馆。岛袋绫野在《外务省记录文件中的〈感谢状〉的事件经过》[②] 一文中介绍了冯冕给石垣村村长丰川善佐和村政府职员玉代势孙伴的 2 封感谢状。因为两者内容几乎相同，所以在这里就展示丰川村长收到的感谢状。[③]

感谢状

中华民国八年冬，福建省惠安县渔民郭合顺等三十一人遭风遇难漂泊至日本帝国冲绳县八重山郡尖阁列岛内和洋岛，承日本帝国冲绳县八重山郡石垣村长丰川善佐君热心救护，使得生还故国，洵属救灾恤邻当仁不让，深堪感佩，特赠斯状以表谢忱。

中华民国驻长崎领事　冯冕

中华民国九年五月二十日

---

① 「漂流支那人救護費用ニ関スル件」、JACAR：B12081793600 - 29 ~ 31。
② 「外務省記録文書に見る『感謝状』のいきさつ」、『石垣市立八重山博物館紀要』第 22 号、63 ~ 76 頁。
③ 原文为繁体字，本文表记为简体字。

除这2封感谢状，其余5封已经丢失，无疑其中有1封是赠予当时在"和洋岛"经营渔业事务所并营救了中国遇难渔民的古贺善次。这些感谢状本应是日本与中国特别是冲绳县与福建省之间人民友好交流的见证，现在却成了中日争端的证据。

日本外务省网站上登载的《关于尖阁诸岛Q&A》中有以下的描述：

Q4：日本政府对中国（乃至台湾）有关尖阁诸岛领有权的相关主张有何看法？

相关回答如下：

A4：以往，中国政府和台湾当局举出的所谓历史、地理乃至地质方面的依据，在国际法上，都不足以成为尖阁诸岛领有权属于中国的有效证据。（中略）

在1920年5月中华民国驻长崎领事关于福建渔民尖阁列岛遭遇海难一事写的感谢状中载有"日本帝国冲绳县八重山郡尖阁列岛"的字样。[①]

其实，外务省的以上表述有所隐瞒，在"尖阁列岛"后面还有"内和洋岛"几个字。

"尖阁列岛"本就不是一个岛，据第6版《广辞苑》所载，"列岛"是指连续排列的许多岛屿。类似的词语有"诸岛"，指两个以上的岛屿集团，"群岛"指成群形成的岛屿。至于渔民漂流到了"尖阁列岛"中的哪一座岛，"感谢状"中明确记载为"和洋岛"。然而这个所谓"和洋岛"并不存在，遇难渔民漂流上岸的岛屿在日本的正式名称是"鱼钓岛"。那么，为何有正式的岛名不用，却非要用一个虚构的名字呢？

冲绳县知事1920年1月21日的报告中记载的"和平岛"，在2月17日的报告中却被替换成了"和洋岛"，"和洋岛"这个岛名也出现在了3月20日致床次内务大臣的报告中。而后，这个在2月17日被虚构出来的"和洋岛"被传递到中国，于是在5月20日冯冕领事的感谢状中也就出现了所谓

---

① 参见外务省「尖閣諸島についてのＱ＆Ａ」、http://www.mofa.go.jp/mofaj/area/senkaku/qu_1010.html#q4［2019-02-06］。

"和洋岛"。岛袋绫野认为这个"和洋岛"的称呼被"误记的可能性很高"[1]，但从 2 月 17 日之后对该岛的称呼都被统一为"和洋岛"来看，这大概并不是误记，而是日方故意向中国隐瞒钓鱼岛的结果。[2]

（四）"大正岛"的出现

在 1920 年 12 月 9 日的《官报》第 2507 号上，连续刊载了两则冲绳县的公告。第一则为《所属未定地编入》，内容是："位于北纬 35 度 53 分 55 秒、东经 124 度 33 分 52 秒的岛屿所属地未定，根据冲绳县及岛屿町村制第三条规定，经内务大臣许可，将其编入八重山郡石垣村辖区，今年 2 月 17 日起施行。大正九年十二月　冲绳县"。第二则为《地名设定》："位于北纬 35 度 53 分 55 秒、东经 124 度 33 分 52 秒，属八重山郡石垣村辖区的岛屿，命名为字登野城大正岛，今年 3 月 18 日起施行。大正九年十二月　冲绳县"。

1919 年末发生的中国渔民海难漂流事件使日本当局意识到"久米赤岛"的存在要瞒不住了，于是在 1920 年 2 月 17 日紧急地将该岛"纳入"八重山郡石垣村的管辖。值得注意的是，川越知事给外务省通商局局长田中都吉的那篇使用"和平岛"来表述钓鱼岛的报告也是在这一天提交的。因为"久米赤岛""编入"冲绳县的措施是获得内务大臣许可的，可以推断出，"和洋岛"这个虚构的岛名大概也是受内务省的指示才使用的。

将岛屿编入领土时，不能只用经纬度来表示，一定会为其命名。此时正处于隐瞒钓鱼岛而使用"和洋岛"名称的时候，而"久米赤岛"的称呼又容易让人想起赤尾屿，因此不合时宜。为了给人这是一座新发现的岛屿的印象，便采用当时的年号"大正"来命名，于是将"久米赤岛"取名为"大正岛"。3 月 18 日起，"久米赤岛"的称呼不再被日本政府使用。

另外，这些举措在施行近半年后的 1920 年 12 月 9 日才在《官报》上被刊登出来，为什么要推迟如此长的时间才公布？《所属未定地编入》这则公

---

① 「外務省記録文書に見る『感謝状』のいきさつ」、『石垣市立八重山博物館紀要』第 22 号、73 頁。

② 关于使用"和洋岛"这个虚构的名字的问题是受到浅见真规的启发，参见浅见真规「魚釣島の事を『和洋島』という架空名で通知した日本政府」、http：//masanori - asami. sakura. ne. jp/Diaoyu - Islands_ dispute/false - name_ Heyangdao. htm ［2019 - 02 - 12］。

告不仅在第 2507 号上公布了，还在第 2655 号（1921 年 6 月 8 日）上再次刊登，相同内容的公告为何刊登两次？这些问题的原因尚不清楚，需要进一步研究。

（五）日本占有东沙岛失败的"教训"

此外，日本在中国渔民遇难事件中对钓鱼岛表记上的隐瞒大概还与日本占有东沙岛失败的经历有关。

自日本占领台湾，其海外扩张更加活跃，在这一过程中与中国之间不断发生各种冲突。位于香港东南方向 330 千米的海域有个叫"东沙岛"（Pratas Island）的地方，广东和福建的渔民自古以来在该岛上开发经营。1901 年以后，大量的日本人企图闯入该岛。1907 年，西泽吉治开始在岛上开采磷矿和捕鱼。得知此事后，清政府两广总督在 1909 年 3 月发表声明称东沙岛属于清国，广东和福建民众还发起了联合抵制日本的运动。冲绳的《琉球新报》将其作为"西泽岛问题"进行报道。最终日本驻广东总领事代理与清政府两广总督在 1909 年 10 月 11 日签订了《关于东沙岛引渡的协定》①，清政府用 16 万元购买西泽吉治在东沙岛的产业，而西泽向清政府缴纳 3 万元税金，并承认该岛归属于清国。②

在 1909 年东沙岛主权之争中，日本败给了中国，放弃了占有东沙岛的计划。知晓岛屿"编入"事件原委的日本政府和冲绳县相关人士意识到，如果钓鱼岛的渔民救助事件处理不当，就会招致类似于东沙岛事件的结果。

结 语

日本政府 1895 年 1 月将钓鱼岛、黄尾屿"编入"冲绳的行为不是光明正大的，没有对国内外公开就秘密地将其"纳入"本国领土的行为是违法的。

在钓鱼岛渔民救助事件中，日本人救助中国渔民是值得称赞的，该事件本应作为中日关系改善的标志被传为佳话。然而，让日本陷入尴尬境地的

---

① 「プラタス島（東沙島）引渡に関する取極」、JACAR：B13090914600。
② 平岡昭利『アホウドリと「帝国」日本の拡大』、明石書店、2012 年、221 – 241 頁。

是，福建遇难渔民漂流而至的这座岛屿本属于中国，若被中国方面觉察到它不知从何时起已被日本私人占有并利用，后果将不堪设想。

为隐瞒此事，日本做了大量工作，首先就是用"和平岛"代替"鱼钓岛"的正式岛名，但当他们意识到，"和平山"是"鱼钓岛"的别称，仍存在使钓鱼岛暴露的可能，且将钓鱼岛、黄尾屿"编入"冲绳时，"久米赤岛"尚未被"编入"，日本担心"久米赤岛"会因为救助渔民事件而被人发现，于是就使用了一个崭新的岛名"大正岛"，并用"和洋岛"代替"鱼钓岛"。这样一来，中国方面就难以从该岛联想到钓鱼岛。日本再将该岛上经营渔业的古贺善次的名字隐去，最后将"久米赤岛""编入"冲绳县。中国没有识破日本的这一系列隐瞒工作，错失了得知真相的机会，中国驻长崎领事 5 月 20 日的 7 封感谢状可以说是日本隐瞒工作取得成功的证据。

A Historical Review of Diaoyu Island Issue

—Centre on the Letter of Thanks from the Chinese Consul in Nagasaki

Murata Tadayoshi

Abstract：Japan took advantage of the victory of the Sino-Japanese War, through a cabinet meeting, decided to integrate the Diaoyu Island and Huangwei Island (Kuba Island) into Okinawa prefecture, but did not make the matter public at home and abroad. Although Japan found that the treatment of Chiwei Island (Kume Island) was omitted, it still chose to ignore it and continue to steal the two islands. In 1920, fishermen from Fujian Province who suffered maritime disaster, drifting to the Diaoyu Island. He was rescued by Koga Zenji, who runs a fishery firm on the island. The matter was supposed to be a good incident of life-saving, but Japan was afraid that Chinese would know that the fishermen were rescued on the Diaoyu Islands. Because of that, when Japan informed China of the incident, it initially referred to the island as "Heiwa Island," and soon changed it to a fictional island name "Wayo Island" When the rescued Chinese fishermen returned safely, the Chinese Consul in Nagasaki gave a letter of thanks to the rescuers concerned. Japan deliberately uses the fictional "Wayo Island" to cover up the real name of the island, knowing that the place where it happened is the Diaoyu Islands. At the same time, measures have also been taken by Japan to mark the long-neglected "Chiwei Island" as "Taisho Island" rather than "Kuba Island" and integrate it into Okinawa, which aimed at keeping China unknown about the fact that Japan had stolen the Diaoyu islands.

Keywords：Diaoyu Islands；Fishermen Rescue；Letter of Thanks

图书在版编目（CIP）数据

日本文论. 2019 年. 第 1 辑：总第 1 辑 / 杨伯江主编
. -- 北京：社会科学文献出版社，2019.6
ISBN 978 - 7 - 5201 - 5156 - 6

Ⅰ.①日…　Ⅱ.①杨…　Ⅲ.①日本 - 研究 - 文集
Ⅳ.①K313.07 - 53

中国版本图书馆 CIP 数据核字（2019）第 146136 号

日本文论　2019 年第 1 辑（总第 1 辑）

主　　编 / 杨伯江

出 版 人 / 谢寿光
责任编辑 / 郭红婷

出　　版 / 社会科学文献出版社·当代世界出版分社（010）59367004
　　　　　　地址：北京市北三环中路甲 29 号院华龙大厦　邮编：100029
　　　　　　网址：www.ssap.com.cn
发　　行 / 市场营销中心（010）59367081　59367083
印　　装 / 三河市龙林印务有限公司

规　　格 / 开　本：787mm × 1092mm　1/16
　　　　　　印　张：14.75　字　数：248 千字
版　　次 / 2019 年 6 月第 1 版　2019 年 6 月第 1 次印刷
书　　号 / ISBN 978 - 7 - 5201 - 5156 - 6
定　　价 / 68.00 元